【처음부터 끝까지 따라만 하면 쉽게 이해되는】

앙케트조사와 통계해석

저자 酒井 隆 역자 박명섭

우용출판사
1997
www.choolpansa.com

서 문

인터넷이 보급되고 웹 상에서 앙케트조사가 성행하고 있다. 앙케트표 작성 소프트나 통계해석을 위한 소프트웨어 등도 시판 되고 있어서 손쉽게 앙케트조사를 할 수 있게 되었다. 그러나 많은 사람들로부터 회답을 받아 백분율을 산출하기만하면 조사결과로 활용할 수 있다고 하는 일부의 안이한 풍조에서 위기를 느낀다.

통계는 조작하는 사람의 의도나 지식에 따라, 숱한 과제를 효율적으로 해결해 바른 판단을 이끄는 무기이기도 하지만, 혼란과 잘못된 판단을 이끄는 위험성도 있다는 것을 널리 인식해야 한다. 정보가 온갖 판단을 좌우하는 정보화 사회에서는 앙케트조사나 통계해석에 관해 올바른 이해를 하고 적절하게 활용하는 것이 중요하다.

정확하고 객관적인 정보를 얻기 위해서는 데이터 수집에서 해석까지 수미일관된 지식이 필요하다. 통계분야에도 다양한 해석기술의 연구개발이 진행되고 있으나 수준 높은 해석을 하기 위해서는 정밀한 기획을 바탕으로 올바른 순서로 조사를 하고, 해석기법에 대응되는 데이터를 수집 할 필요가 있다.

본서에서, 앙케트조사의 기본적인 기획·집계·분석으로부터 고도의 통계해석까지 일련의 실무적 지식에 대하여 이해할 수 있도록 해설을 했다. 통계해석의 방법에 관해서는 기본개념, 실시하기 위해서 필요한 데이터, 아웃풋은 어떻게 해석할 것인가의 세 가지 사항을 개괄적으로 이해할 수 있도록 하는데 목표를 두고 있다. 다변량분석의 메뉴집으로서도 활용 가능하도록 가능한 한 많은 해석기법을 소개했다.

앙케트조사와 통계해석의 기본지식이 필요한 사람, 각종 앙케트조사·통계해석의 기법을 알고 싶은 사람, 조사의 기획에서 분석까지 통괄하는 지식을 가지고 싶은 사람, 고도의 해석을 시험해 보고 싶은 사람 등에게 안내서 역할을 한다면 다행이겠다.

2003년 9월

(주)이크자스 사카이 다카시

역자 서문

앙케트 (enquête)란 어떤 조사를 하는 경우에, 관찰하려는 사항에 관해서 이미 일정한 정보·지식을 가진 것으로 생각되는 소수의 전문가·정보통에게 질문을 하고, 그 결과를 통합하여 조사목적을 달성하려는 방법이다.

이 책은「앙케트와 통계해석을 알 수 있는 책」이란 제목의 일서를 완역한 한국어판이다. 주로 마케팅 조사와 관련한 주제를 다루고 있지만, 사회과학 혹은 인문과학 영역의 연구자나 비즈니스 혹은 여론조사에 종사하고 있는 이들도 필요한 앙케트조사를 실무적으로 어떻게 진행하고, 이 조사를 통해 얻은 자료를 어떻게 통계처리하고 어떻게 해석할 수 있는지를 쉽게 알 수 있을 것으로 믿는다.

세계적인 리서치회사 TNS그룹의 데이비드 라우덴 회장이 2007년 8월 모 언론사와 인터뷰를 행한 바 있다. 이에 따르면, 회전속도가 빠른 소비재인 FMCG (Fast Moving Consumer Goods)에 속하는 식품, 음료, 주류, 의약, 화장품, 가전 등의 부문에서 수요변화에 따른 마케팅리서치의 중요성이 커지고 있다.

기업은 자신의 소비자를 제대로 이해하고 시장의 요구를 정확히 측량해야 한다. 그러기 위해서는 지속적인 데이터의 품질관리가 무엇보다 중요하다. 조사방법론과 조사기술이 아무리 향상되었다 해도, 이것이 품질향상과 직결되는 것은 아니다. 데이터의 품질을 향상시키면서 새로운 리서치 방법론을 적용시킬 줄 알아야 한다.

역자는 여태 10권 이상의 영서와 일서를 번역한 바 있다. 이 책의 번역 작업은 특히 힘들었다. 많은 표와 그림과 수치뿐만 아니라, 통계학 분야의 전문용어가 큰 원인이었다. 역자가 대학원에서 담당하는 전공 분야 (무역, 운송, 물류)에서 논문을 작성하는 석·박사과정 학생들이 앙케트조사와 통계처리를 자주 행하고 있다.

가끔 학생들이 체계적이지 못한 조사방법과 부적절한 통계처리와 해석결과를 가지고 논문을 작성하는 것을 보고, 이 분야에 관련한 서적을 뒤적거리다, 우연히 2년 전 이 책의 원저를 발견했다. 공부하는 자세로, 국내의 기존 책들과 비교하면서 통독한 뒤 학생들뿐 아니라 사회인들에게도 도움이 클 것으로 믿어 번역 출간하게 되었다.

이 책은 기초적인 통계 이론이나 응용 능력의 습득이 없어도 누구나 쉽게 이해할 수 있도록 그림과 함께 설명하고 있다. 물론 뒤로 갈수록 수준이 높아져 어렵게 느껴지는 내용도 있다.

지나치게 어려운 수학에 의존해 이론을 전개하지도 않고, 앞뒤 내용이 연속성을 지니고, 나아가 어떤 통계수법이 어떤 경우에 사용되는지를 구체적인 예를 먼저 열거한 뒤, 설명하고 있는 점이 이 책의 가장 큰 특징이다.

끝으로 이 책을 출간하는 데 도움을 준 많은 분들에게 감사의 뜻을 전하고자 한다. 이 책의 초역 일부와 교정 등의 작업을 도와 준 성균관대 대학원 박사과정의 한능호군과 장동현군 그리고 일본대학 경제학과 박사과정의 김효진군에게 특히 고마움을 표한다. 그리고 이 책의 출간을 흔쾌히 허락해주신 우용출판사의 고종식 사장님, 편집부 여러분들의 노고에 대해서도 깊이 감사드린다.

2007년 12월25일

성균관대 경영관 523호에서

역자 박명섭

목차

제 1 부 앙케트조사는 이렇게 진행한다!

제1장 이것이 대표적인 앙케트 조사다

제2장 앙케트조사의 기획을 수립한다

제3장 앙케트표를 작성한다

제4장 실사를 한다

제5장 데이터집계를 한다

제 2 부 통계해석은 이렇게 진행한다!

제6장 통계해석의 기본을 다진다

제7장 다변량해석은 이렇게 진행한다

제 1 부

앙케트조사는 이렇게 진행한다!

제 1 장

▼

이것이
대표적인 앙케트조사다

1 앙케트조사는?

공통의 조사표를 이용해서 다수의 사람에게 응답을 구한 결과를 통계적인 정보로 나타내는 것

앙케트조사의 정의는 다음과 같다.

① 조사대상 (예를 들어, 특정 상품의 고객, 20세 이상의 남녀, 개인 등) 의 의식이나 행동 등을 파악하기 위해서

② 통계적인 조사의 경우 일정한 룰로 조사의 대상을 골라 (통계적이지 않은 조사의 경우 응답자를 모집해서)

③ 여러 가지 조사 방법으로 다수의 사람에게 응답을 구해서

④ 특정 기간 내에서

⑤ 양식화한 질문에의 응답을 근거로 통계적 처리를 하는 것.

조사 대상을 대표해 통계적 의미가 있는 데이터를 얻는 데 일정한 법칙으로 조사 대상을 고르는 샘플링 (**표본추출**)에 의해 이 장에서 소개하는 특정의 조사방법 (면접, 우편, 전화 등)을 사용해 1주간 이내 등과 같이 기일을 정해서 다수인에게 응답을 구한다. 단지 통계적인 필요가 없는 경우에는 인터넷조사처럼 응답자를 모집한다.

질문은 통일된 양식 (**앙케트표** 또는 **조사표**라고 한다)의 일문일답 스타일로 알고 싶은 정보를 응답자가 알기 쉽게 처리, 구성하여 보기 쉽고 답하기 쉽게 레이아웃을 하지 않으면 안 된다. 그리고 앙케트조사로 얻어진 정보를 집계하여 구성비나 평균값을 계산하거나 더 고급의 통계해석을 한다.

통계적 조사로서의 앙케트조사는 같은 조건에서 실시하면 누가 하더라도, 또 답하는 사람이 같은 조사 대상에 속하는 다른 사람이라 하더라도 같은 결과가 얻어지는 재현이 가능한 과학적 조사방법이다. 한편 통계적이지 않은 앙케트조사는 같은 결과가 얻어진다는 보증이 없다는 점을 유의 하지 않으면 안 된다.

◆ 앙케트조사의 5W1H

<table>
<tr><td rowspan="2">WHY</td><td>왜</td><td>• 기존 자료에서 얻고 싶은 정보를 얻지 못하기 때문에</td></tr>
<tr><td>무슨 목적으로</td><td>• 기업 활동, 연구 등에 도움이 되기 위하여</td></tr>
<tr><td>WHAT</td><td>무엇을</td><td>• 조사 대상의 실태·의식·행동 등을</td></tr>
<tr><td>HOW(WHEN·WHERE)</td><td>어떻게 조사할 것인가?</td><td>• 조사 목적에 의해 대상자의 조건을 정함
• 일정한 룰로 조사 대상을 선출
→ 같은 조건에서 실시하면 누가 하더라도 또한 대답하는 사람이 같은 조사대상에 속하는 다른 사람이더라도 같은 결과를 얻을 수 있다
• 통계적일 필요가 없는 경우는 응답자를 모집
→ 통계적이지 않은 앙케트조사는 같은 결과를 얻을 수 있는 보증이 없다
• 많은 사람에게 응답을 구한다
• 특정의 기간 내에 조사를 한다
• 앙케트표를 이용하여 양식화(様式化)된 질문으로 응답을 구한다
• 통계적 처리를 한다</td></tr>
<tr><td>WHO</td><td>조사 주체</td><td>• 기업, 관공서, 연구 기관 등</td></tr>
</table>

2 앙케트의 종류는 각양각색

앙케트의 의뢰 방법과 회수 방법에 따라 각양각색의 방법이 있다

◎ 앙케트조사의 실시 개요

① 조사를 의뢰하는 장소

대상자의 자택, 거리나 시설의 내부, 소매점이나 음식점 점내, 인터넷, 신문이나 잡지광고의 지면 등이 있다.

② 조사를 의뢰하는 방법

면접조사의 조사원, 회합장의 앙케트 모집원, 우편, 전화, FAX, 응답자를 모집하는 매스미디어나 전단지의 광고, 인터넷이나 휴대전화에의 메일 등이 있다.

③ 앙케트표의 기입자

조사원이 기입하는 타기식과 응답자가 기입하는 자기식 2종류이다.

④ 앙케트표 (내용)를 회수하는 방법

의뢰와 같은 방법이 있지만 신문, 전단지 등으로 응답자를 응모하거나 인터넷이나 우편엽서로 응답을 얻는 등 의뢰와 회수의 방법이 다른 경우도 있다.

◎ 주된 조사방법

방문면접조사, 방문유치조사, 가두조사, 내장자 (업소내방자)조사, 우편조사, 전화조사, FAX조사, 인터넷조사, 응답자모집식 조사 등이 있으며, 조사를 의뢰하는 방법은 크게 분류하면 오른쪽 페이지와 같다.

그 밖에 특정의 시점에서만 실시하는 「단발조사」와, 같은 질문 혹은 같은 사람을 대상으로 일정 기간에 반복 실시하여 시간의 경과에 따른 변화를 조사하는 「계속조사」라고 하는 구분 방법도 있다.

조사방법을 결정하기 위해서는 조사과제, 조사목적, 조사기간, 조사경비 등의 여러 가지 사항을 검토하지 않으면 안 된다.

조사를 의뢰하는 방법	조사방법의 종류
조사원이 방문해 의뢰	• 방문면접조사 • 방문유치조사
가두·시설 등에서 조사원이 의뢰	• 가두·내방자 면접조사 • 가두·내방자 자체조사 • 회합장에서의 앙케트 조사
정보 통신 수단을 이용해 의뢰	• 우편조사 • 전화조사 • 인터넷 조사
신문이나 잡지광고·광고지·인터넷 광고·점내 포스터, 패키지 등으로 의뢰	• 응답자 모집식 조사 • 홈 유즈 테스트[1] • FAX조사

- 조사목적
- 조사내용
- 질문의 양
- 대상자
- 예산
- 실시기간 등으로 선정

조사의 종류별로 본 주된 • 의뢰장소 • 의뢰미디어 • 기입자 • 회수미디어		방문면접조사	방문유치조사	내방자 면접조사	내방자 자체조사	회합장 앙케트 조사	우편조사	전화조사	인터넷 조사	응답자 모집식 조사	홈 유즈 테스트	FAX 조사
주요 의뢰 장소	대상자의 자택	○	○				○	○			○	○
	길거리			○	○							
	시설 및 매장내			○	○	○			○			
	인터넷							○	○	○		
	신문·잡지								○			
의뢰미디어	조사원	○	○	○	○						○	
	모집원				○	○						
	우편						○					○
	전화							○				
	FAX											○
	각종 광고							○		○		○
	인터넷								○	○		
	휴대전화								○			
기입자	조사원	○		○				○			○	
	대상자		○		○	○	○		○	○	○	○
회수미디어	조사원	○	○	○	○	○					○	
	우편		○		○		○			○	○	
	전화							○		○		
	FAX									○		○
	컴퓨터								○	○		
	인터넷								○	○		○
	휴대전화								○			
	회수 BOX				○					○		

1) **홈 유즈 테스트** → 조사대상상품을 실제로 가정에서 시험해보아서 그것을 사용한 평가나 구체적 문제점을 묻는 조사

3 방문면접조사란?

조사원이 대상자의 집을 방문하여 대상자 본인에게 질문을 하고, 그 장소에서 응답을 얻는 방법

방문면접 조사는 대상자를 직접 만나기 때문에 대상자 본인의 응답이 확실히 얻어져 조사에 대한 이해나 협력을 얻기 쉽다는 장점이 있다. 또한 질문의 의도가 전해지기 쉽고 조사원의 판단으로 세분된 질문을 효율적으로 진행할 수 있고, 조사원의 관찰에 의한 정보도 얻을 수 있고 기입 오류를 방지하기 쉬우며 보여주거나 들려주거나 만지게 하는 조사가 가능하다는 등의 장점이 있다.

복잡하고 설명을 요하는 질문이 있는 조사, 상품견본 등을 보여주거나 들려주거나 만지게 하는 등의 조사가 가능하기 때문에 체험이 필요한 조사, 대상자가 아이나 노인 등 질문이나 응답방법의 이해가 곤란한 경우에 적당한 조사방법이다.

그러나 대상자를 방문하는 것은 대상자의 이름과 현주소가 알려진 대상자 리스트가 없으면 곤란하다. (주택지도를 이용해 현지에서 대상자를 추출하는 방법도 있다.) 대상자 리스트로는 관공서의 리스트, 사적기관의 리스트, 고객 리스트 등이 있지만 선거인명부[2]나 주민등록대장[3] 등의 관공서 리스트는 개인정보를 취급하는 데 있어 신중해야 하는 세상이라서 일반의 열람이 곤란하게 되어 있다.

또한 생활시간의 야형화 등에 의해 대상자의 부재나 인터폰, 텔레비전폰의 보급 등에 의한 조사거부의 증가, 대상자와 면접이 가능할 때까지 시간을 필요로 하고, 조사원의 면접기술의 질이 조사결과에 반영되고, 조사원의 교육·관리 감독이 곤란하며 많은 사람을 방문하기 위한 교통비가 필요해 조사비용이 많이 든다는 등의 단점도 있다.

단기간에 결과를 내고 싶다든지 조사예산이 적고, 대상자의 이름과 현주소를 알 수 있는 리스트가 없고 현지에서 추출이 곤란하며 조사대상 지역의 범위가 넓어 다른 사람 앞에서 답하기 어려운 질문이 있거나 독신자 등 재택률이 낮은 사람을 대상으로 하는 등의 경우에는 다른 조사방법을 검토하는 편이 좋다.

2) **선거인명부** → 시군구의 선거관리위원회가 관리하는 유권자 리스트.
3) **주민등록대장** → 주소, 이름, 생년월일 등이 기재된 주민등록표를 정리한 것. 전국의 시군구가 제각기 정비·관리하고 있다.

방문면접조사 작업의 흐름	대상자의 집을 조사원이 방문 ➡ 조사원이 대상자 본인에게 질문해 조사원이 기입 ➡ 회수
이 조사방법이 적합한 경우/구체적 예	• 복잡한 질문 등 설명을 요하는 질문이 있는 경우 • 상품견본 등을 보여주거나 들려주거나 만지게 하는 것이 필요한 경우 • 대상자가 어린이나 노인 등 질문이나 응답방법의 이해가 곤란한 경우 • 관찰에서 얻고 싶은 정보가 있는 경우 구체적 예 혼자서 사는 고령자의 생활실태조사, 광고 주목도조사 등
필수 조건	• 대상자의 이름과 현주소를 알 수 있는 리스트가 필요 (현지에서 대상자를 추출하는 경우 불필요)
대상자 본인의 확인	○ 대상자 본인의 응답을 확실히 얻을 수 있다
대상자와 컨택하는 것이 쉬운가?	× 생활시간의 야형화 등에서 대상자의 부재율이 늘고 있다 × 인터넷폰, TV폰으로 인해 거부하기 쉬운가? × 대상자를 만날 때까지 시간을 요함
조사의 협력을 얻기 쉬운가?	○ 조사의 의도가 전달되기 쉬운가? ○ 협력, 신뢰를 얻기 쉬운가?
질문·응답방법의 이해는 얻기 쉬운가?	○ 질문의 보충 설명이 가능 ○ 복잡한 질문도 가능 ○ 보여주거나 들려주거나 만지게 하는 등이 가능 ○ 앙케트 표 이외의 도구를 사용한 질문이 가능 ○ 세분된 질문을 효율적으로 진행할 수 있다 ○ 관찰에 의한 정보가 입수 가능 ○ 기입 오류를 방지하기 쉬운가
스탭관리를 하기 쉬운가?	× 조사원의 면접 기술이 필요 × 조사원의 교육 관리 감독이 곤란
실사[4] 기간	× 단기간으로는 무리한 경우가 많다
실사 비용	× 조사원의 필요한 인원수가 많은 경우 비용이 많이 든다 × 방문을 위한 교통비가 든다
	○ : 장점, × : 단점

제1장 이것이 대표적인 앙케트조사다。

4) **실사** → 대상자 집의 방문에서 앙케트의 실시, 회수까지의 일련의 조사 실무를 말함.

4 방문유치조사란?

조사원이 대상자의 집을 방문하여 조사에의 협력을 의뢰해서 앙케트표를 놓아두고 다음 날에 회수하는 방법

방문유치조사는 방문면접조사처럼 조사원이 대상자를 방문하지만 앙케트표의 기입을 대상자 본인에게 부탁, 후일 재방문해서 앙케트표를 회수하는 점이 다르다. 또한 경우에 따라 대상자가 부재인 경우는 집에 있는 사람에게 대상자에게 주는 전언을 의뢰하고, 앙케트 회수시도 대상자 이외의 사람 손을 거쳐 회수하는 일도 있기 때문에 조사원이 대상자를 전혀 대면하지 않는 경우도 있다.

방문면접조사와 비교하면 방문유치조사의 장점은 질문 항목이 많더라도 대상자의 시간이 여유가 날 때 천천히 응답이 가능하며, 답하는 시간이 걸리는 질문이나 대면해서 답하기 어려운 질문도 가능하고 방문시의 대상자가 부재하더라도 조사가 가능한 경우도 있고 면접기술이 숙련된 조사원이 없어도 가능하다는 등이다. 또한 회수시 체크를 한다면 방문면접조사와 같이 응답 누락이나 오류도 방지할 수 있다.

한편 방문면접조사와 비교하면 대상자 본인의 응답인지 아닌지 확인이 곤란한 경우도 있고 본인의 답에 있어서도 가족 등의 의견이나 생각에 좌우 될 수 있는 가능성도 있으며 조사 의뢰시와 회수시 두 번 방문을 요하기 때문에 교통비나 인건비가 드는 등의 결점도 있다.

방문유치조사는 직접방문해서 조사의 취지를 설명하는 편이 협력을 얻기 쉽고 더욱이 시간을 들여 생각하거나 조사하거나 가족에게 묻거나 해서 응답할 필요가 있는 경우 등에 적당하다. 더욱이 방문하여 앙케트표를 배부하고 우편으로 회수하는 방법도 있다.

또 본인의 생각을 듣고 싶은 질문이나 앙케트표를 읽어도 이해가 곤란한 질문 등 직접 본인에 질문하는 편이 좋은 부분만을 조사원의 면접으로 하는 방법도 있다.

방문유치조사 작업의 흐름	대상자를 조사원이 방문 ➡ 대상자 본인이 동거자에게 앙케트표를 위탁해 협력을 의뢰 ➡ 대상자가 앙케트표를 기입 ➡ 조사원이 재방문해서 회수
이 조사방법이 적합한 경우 / 구체적인 예	• 질문량이 많고, 면접에서 응답을 얻는 데 시간이 걸리는 경우 • 응답자가 시간을 들여서 생각하거나 조사하거나 가족에게 물어보는 등의 필요가 있는 경우 • 면접자와 대면해서 답하기 어려운 질문이 있는 경우 등 구체적 예 • 「가계에 관한 조사」, 「식사의 메뉴에 관한 조사」
필수 조건	• 대상자의 이름과 현주소를 알 수 있는 리스트가 필요 (현지에서 대상자를 추출하는 경우 불필요)
대상자 본인의 확인	× 대상자 본인의 응답인지 어떤지 본인이 확인하지 않으면 알 수 없다. 본인의 응답인데도 가족의 의견일 가능성도 있다
대상자와 컨택하기가 쉬운가?	○ 대상자가 부재중인 경우 가족을 통하여 의뢰하는 것도 가능
조사의 협력을 얻기 쉬운가?	○ 대상자가 바쁘거나, 부재, 질문량이 많은 경우 등도 시간형편이 나는 경우 응답이 가능 × 가족 등을 통해서 의뢰할 경우는 전언이나 조사의 의도가 전달되지 않을 수도 있다
질문·응답방법의 이해를 얻기 쉬운가?	○ 상세한 설명문을 읽고 천천히 생각해서 가족에게 묻거나 조사하거나 하는 등이 가능 ○ 회수시의 응답도 누락이나 오류를 체크 가능 × 보여주거나 들려주거나 만지게 하는 등 앙케트표 이외의 도구를 사용한 질문을 하기 어렵다
숙련된 실사 스탭의 필요성·실사관리를 하기 쉬운가?	○ 의뢰와 회수만인 경우 조사원의 숙련은 불필요
실사 기간	× 단기간으로는 무리인 경우가 많다
실사 비용	○ 대상자가 부재인 경우에도 가족이 집에 있으면 의뢰시와 회수시의 2회 방문비용으로 충분 × 의뢰시와 회수시의 2회의 방문비용 (인건비, 교통비)가 든다

○ : 장점, × : 단점

5 우편조사란?

앙케트표의 송부나 회수 등을 우편 등으로 실시하는 조사방법

우편조사는 앙케트표를 대상자에게 우편 등으로 발송해 대상자가 우편으로 반송하는 조사 방법이다. 우편조사의 최대 장점은 광범위한 조사가 저비용으로 가능하다는 점이고, 결점은 대상자의 이름과 주소를 알 수 있는 리스트가 없으면 실시할 수 없고 발송에서 반송까지의 기간이 길다는 점이다.

또한 조사 대상자와 직접 접촉이 불필요 하다는 점에서 방문유치조사와 같은 장점과 단점이 있고, 질문양이 많은 조사도 가능하며 직접 답하기 어려운 질문에의 저항이 작아 조사원의 교육 · 컨트롤이 불필요하다는 등의 장점이 있다. 한편 대상자 본인의 응답인지가 확인이 곤란하고 응답 오류를 방지하기 어렵다는 점 등의 결점이 있다.

우편소사의 다양화로서는 앙케트의 의뢰는 우편, 회수는 다른 방법으로 하는 방법, 거꾸로 앙케트의 의뢰를 우편 이외의 방법으로 하고 회수를 우편으로 하는 방법이 있다.

앙케트를 우편으로 의뢰해 회수를 우편 이외로 하는 방법에 있어서 조사원에 의한 회수조사, 전화회수조사, FAX회수조사가 있다. 이러한 조사방법을 채택하는 것은 조사 문항이 많고 또는 상품의 사용 테스트를 하는 등에 있어서 앙케트표를 포함한 조사 용구를 보낼 필요가 있는 경우이다. 예를 들어 상품의 가정 사용 테스트가 이것에 해당된다. 조사 대상자는 사전에 조사 협력을 의뢰해 양해를 얻은 계약 모니터인 경우가 많다.

회수만을 우편으로 하는 경우의 의뢰방법으로써 조사원에 의한 방문의뢰, 가두나 시설 내에서의 앙케트표를 직접 전하는 의뢰, 신문 · 잡지 광고 등에서 앙케트의 응답 모집, 애용자 카드나 상품 패키지의 응답 모집 등이 있다. 우송비를 절약하고 싶다거나 응답자의 자기 부담을 적게 하고 회수율을 높이고 싶은 경우에는 응답을 엽서로 요구하는 경우도 있다.

우편조사 작업의 흐름	대상자 집에 앙케트표를 우송 → 대상자 본인이 기입 의뢰 광고 등으로 응답자를 모집하는 등 → 대상자 본인이 기입 대상자 본인이 기입 → 우편으로 반송 / 조사원, 전화, FAX, E-메일 등으로 회수 / 우편으로 회수
이 조사방법이 적합한 경우/ 구체적인 예	• 조사대상 지역이 광범위한 경우, 대상자수가 많은 경우 • 질문량이 많고 면접으로 응답을 얻는 것에 시간이 너무 걸리는 경우 • 면접자와 대면해서 대답하기 어려운 질문이 있는 경우 구체적 예 • 상품이나 서비스 이용자 대상의 전국조사 • 각종 의식조사
필수 조건	• 우편으로 의뢰하는 경우 대상자의 주소를 알 수 있는 리스트가 필요
대상자 본인의 확인	× 대상자 본인의 응답인지 확실하지 않다
대상자와 컨택하기가 쉬운가?	○ 대상자가 부재인 경향이 많을 때도 의뢰 가능 ○ 지역, 시간의 제약이 없다 × 대상자의 주소를 알지 못하면 우송 불능 × 대상자가 장기 부재, 이사의 가능성도 있다 × 앙케트표가 반송될 때까지 기간이 걸린다
조사의 협력을 얻기 쉬운가?	○ 대상자가 바쁘고, 부재, 질문량이 많은 경우 등에도 시간 형편이 날 때에 응답 가능 ○ 대면해서 대답하기 어려운 질문이라도 저항감이 적음 × 보지 않고 버리거나 방치 또는 우체통에 넣는 것을 잊어버리는 등의 가능성이 있다 × 질문량이 많으면 협력을 얻기 어렵다
질문·응답 방법의 이해가 얻기 쉬운가?	× 보여주거나, 들려주거나, 만지게 하는 등, 앙케트 표 이외의 도구를 사용한 질문이 곤란 × 질문에의 오해, 응답 오류의 가능성이 있다
숙련된 실사 스탭의 필요성· 실사관리를 하기 쉬운가 ?	○ 우체통에 넣는 것뿐이라서 조사원이 필요 없다
실사 기간	× 단기간으로는 무리
실사 비용	○ 인건비가 적다 ○ 광범위한 조사가 저비용으로 가능

○ : 장점, × : 단점

6 내장자조사란?

통행인이나 시설에의 내장자에게 그 장소에서 단기간의 면접조사 등을 하는 조사.

내장자(来場者)조사는 쇼핑센터 등 시설의 내장자나 도로를 통행하고 있는 사람 등을 대상으로 조사를 하는 방법을 총칭하며 실시 장소나 조사 대상도 각양각색이다. 구체적으로는 상점가나 번화가에서의 왕래자 조사, 역 등에서의 철도나 버스의 이용자 조사, 대형마트 등 대규모 소매 점포에서의 내점자 조사나 주차장에서의 운전자에게 하는 앙케트조사 등이 있다.

내장자조사의 경우 사전에 실사를 유념하여 시찰해서 조사 지점이나 시간대에 따른 통행인의 성·연령 등의 특성을 파악할 필요가 있다. 또한 조사 장소를 결정할 때에 경찰서나 시설 관리자의 허가가 필요한 경우가 있다. 더욱이 조사원의 면접으로 조사가 행해지는 경우 방문면접조사처럼 조사원 수배와 교육도 중요하다.

내장자조사의 장점은 다수의 대상자에게 단시간에 조사를 할 수 있다는 점이다. 조사원에 의한 대면 조사의 경우 방문면접조사와 같이 대상자 본인의 응답을 확실히 얻게 되고, 조사의 취지나 질문의 의도가 전해지기 쉽고, 세분된 질문의 효율적인 진행이 가능하다. 기입 오류를 방지하기 쉬우며 보여주거나 들려주거나 만지게 하는 등 앙케트표 이외의 조사 용구의 이용이 가능하다는 등의 장점도 있다.

그러나 통행인이나 고객 등이 대상이 되기 때문에 대상자의 협력을 얻기 어렵고, 장시간을 요하는 질문이나 복잡한 질문에는 적합하지 않다. 당일 조사 지점에 오지 않은 사람은 대상자가 될 수 없고, 악천후 등의 영향으로 조사 결과에 영향을 받을 가능성이 있는 등의 결점을 고려해 행할 필요가 있다.

내장자조사는 조사원이 면접으로 하는 방법 이외에 대상자에게 기입을 의뢰해 나중에 우송하여 받는다던지 앙케트표의 회수 박스를 설치해 회수하는 방법도 있다. 복잡한 점내에의 고객을 대상으로 조사하는 경우는 주위의 영향을 배려하여 실사 방법을 검토하는 것이 필요하다.

내장자조사 작업의 흐름	가두, 점두, 각종 시설 등에서 조사원이 대기 → 조사원이 내장자에 협력을 의뢰 → 조사원이 질문·기입·회수 / → 대상자가 기입, 우송, 회수BOX 등으로 회수하는 방법도 있다.
이 조사방법이 적합한 경우/구체적인 예	• 장소, 시간 등을 한정한 조사가 필요한 경우 • 대상자의 리스트가 없는 경우 등 구체적 예 • 대형마트, 도로, 역, 교통기관, 병원, 극장, 테마파크 등 특정 시설 이용자에서의 조사
필수 조건	• 조사 실시 장소에 관하여 경찰서나 시설 관리자의 허가
대상자 본인의 확인	○ 조건에 합치하는 대상자를 그 장소에서 확인 가능 × 사전에 현지를 관찰한 조사 지점이나 시간대에 의한 통행인의 성·연령 등의 특성을 파악할 필요가 있다
대상자와 컨택하기가 쉬운가?	○ 다수의 대상자에게 단기간에 접촉 가능 ○ 시간대, 장소 등의 조건 설정이 가능 ○ 대상자 리스트가 불필요 × 당일 조사 지점에 오지 않은 사람은 조사 불가 × 악천후 등으로 조사 불가한 경우가 있다
조사의 협력을 얻기 쉬운가?	× 대상자의 협력을 얻기 어렵다
질문·응답 방법의 이해를 얻기가 쉬운가?	○ 보여주거나, 들려주거나, 만지게 하는 등에 의한 질문이 가능 ○ 질문 · 응답 방법을 설명 가능 ○ 세분화된 질문을 효율적으로 진행할 수 있다 ○ 기입 오류를 방지하기 쉬운가? × 응답에 장시간을 요하는 질문, 복잡한 질문에는 맞지 않다
숙련된 실사 스탭의 필요성·실사관리를 하기 쉬운가?	× 조사원의 면접 기술이 필요 × 조사원의 교육·감독이 필요
실사 기간	○ 단기간에 가능
실사 비용	× 많은 인력을 필요로 하기 때문에 조사비용이 비싸다

○ : 장점, × : 단점

7 회합장(會合場)앙케트조사란?

통행인이나 시설에서 내장자 등에게 협조를 의뢰하여 조사회장으로 안내를 하여 30분 정도 조사를 하는 방법

회합장앙케트조사는 앙케트의 대상자를 사전 또는 사람이 모이는 장소 등에서 당일에 모집하여 조사를 위해 설치된 회합장에서 조사를 하는 방법으로 센트럴 로케이션 테스트(CLT) 라고 한다.

앙케트의 진행 방법은 2종류이다. 하나는 동시 응답·종료 방식으로 사회자의 진행에 따라 다수의 사람이 동시에 앙케트를 기입 리모콘 버튼을 누르는 등의 응답을 해 나갑니다. 또 하나는 대상자 별로 개시·종료하는 방식이다. 응답방법은 조사원이 하는 면접이나 퍼스널 컴퓨터 화면의 키보드입력하기 등이다.

회합장앙케트는 시장 투입 전의 신제품이나 시작 레벨의 CF 등을 보여주거나 들려주거나 해서 응답을 구하는 조사에서 잘 행해진다. 예를 들면, 아래 목적으로 하는 경우 사용된다.

① 그 장소에서 제일 좋은 것을 선정한다.

신제품 개발의 시제품이나 광고 기획안 등을 테스트하고 싶을 때 행해진다.

② 그 장소에서 찬성 또는 반대하는 수를 안다

TV프로그램 등에서 찬성·반대의 수를 그 자리에서 선택할 때 사용된다. 사회자의 신호에 따라 준비된 스위치로 찬성, 반대의 버튼을 누른 수를 측정한다.

③ 실험 설비를 사용해 반응평가를 알다

가장 눈에 띄는 디자인 인상에 남는 로고마크 등을 선택할 때 행해진다. 예컨대, 회합장의 스크린에 평가 대상의 디자인을 하나씩 시간을 변화시켜 비춰주어 대상자에 보여진 것을 그려서 받습니다. 응답결과를 분석하면 비춰준 시간이 짧고 더구나 정확히 보이는 디자인을 선택할 수 있다.

회합장(會合場)앙케트 조사 작업의 흐름	참가자를 사전에 모집 / 현지 주변의 통행인 등에게 참가를 의뢰 → 참가자는 조사회장으로 → 사회자의 진행에 따라 참가자가 일제히 응답 / → 대상자마다 개별적인 조사를 개시 · 종료
이 조사방법이 적합한 경우/구체적인 예	• 조사 환경을 통일, 컨트롤 할 필요가 있는 경우 • 대규모인 기계설비 등을 사용할 필요가 있는 경우 • 단기간으로 결과를 알고 싶은 경우 구체적 예 • 동일 환경의 자본으로 평가·선정 예 : 신제품 시용, 시식 등에 의한 평가 • 실험 설비를 이용해서 반응·평가를 조사 예 : CM을 보여줘서 반응을 본다 • 그 장소에서 찬반 등을 조사한다 예 : TV프로 등의 실황 앙케트
필수 조건	• 호객 방식으로 대상자를 모으는 경우, 모집 장소에 관해서 경찰서나 시설 관리자의 허가를 얻는다
대상자 본인의 확인	○ 대상자의 확인이 불필요
대상자와 컨택하기가 쉬운가?	○ 다수의 대상자에게 단기간으로 접촉 가능 ○ 시간대, 장소 등의 조건 설정이 가능 × 대상자를 모두 모으는 것이 가능한 조건 (회합장 소재지, 집합시간 등)에서 제약이 있다
조사의 협력을 얻기 쉬운가?	× 구속시간이 길기 때문에 협력을 얻기 힘들다 × 대표성이 있는 대상자를 특정 기간, 특정 장소에 모으기가 곤란
질문·응답방법의 이해가 얻기 쉬운가?	○ 조사 환경을 통일, 컨트롤이 가능 ○ 대규모인 장치 등이 이용 가능
숙련된 실사 스탭의 필요성·실사관리하기 쉬운가?	○ 훈련된 실사 스탭 (사회자 포함)이 필요
실사 기간	○ 단기간으로 결과를 알 수 있다
실사 비용	○ 조사 모니터를 대상이 되는 조사의 경우, 교통비나 인건비 등 경비가 비싸게 든다

○ : 장점, × : 단점

8 전화조사란?

여론조사 등에 잘 행해지는 조사로서 조사원이 대상자에게 전화로 질문해 응답을 얻는 방법

전화조사의 장점은 전화기와 조사원을 다수 배치할 수 있으면 동시에 일제히 실사가 가능하고, 단기간에 회수가 가능하고, 1개 장소에서 한다면 실사 상황의 체크가 가능 하다는 점들이다. 대상자와 대면하지 않음으로써 광범위한 조사를 단기간에 저 비용으로 가능하며 개인적 질문에 대한 저항이 적은 장점이 있다.

한편 대상자의 확인이 곤란, 거부되기 쉽고, 장시간을 요하는 질문, 복잡한 질문에 적합하지 않다는 등의 결점이 있다. 전화조사의 독자적 결점으로서는 응답자가 재택률이 높은 사람에 편향될 가능성이 있으며, 휴대전화의 보급에 의해 고정전화에 가입 하지 않은 독신세대가 늘어나는 등의 문제가 있다. 또 전화번호부로 대상자를 선정하는 경우에는 전화번호부에 등재되어 있지 않거나 주택용 전화와 사무용 전화의 혼재, 대상자의 특성을 알 수 없는 등의 문제도 있다.

전화에 의한 여론조사에는 샘플링을 선거인명부로 한 후에 전화번호를 찾는 경우가 많은 것 같다.

앙케트 응답자를 잡지 등으로 모집해 전화로 응답을 구하는 조사형식도 있다. 음성자동응답 시스템에서 질문을 흘려 전화 상대방이 푸쉬다이얼을 눌러 응답해 그것을 컴퓨터에 기록한다.

또 텔레공[5]도 전화조사의 일종이다.

5) **텔레공** → 앙케트조사의 실시자 (통상 TV나 신문 등의 미디어)가 미디어를 통해 어떤 질문의 선택지에 대응하는 전화번호를 PR해 그것에 응한 응답자로부터 각 전화번호에 걸려오는 통화의 회수를 카운트해서 집계하는 조사. 보도 프로그램의 여론조사 등에 이용 되고 있다. *NTT의 전화투표시스템

전화조사의 작업의 흐름	조사원이 대상자에게 전화 → 조사원이 전화로 질문 → 조사원이 응답을 앙케트표에 기입 → 펀치(천공기에 구멍을 뚫음)입력 후 집계 컴퓨터에서 발생시킨 전화번호에 자동발신 → 전화가 걸리면 오퍼레이터가 컴퓨터 화면의 질문을 읽음 → 오퍼레이터가 응답을 컴퓨터에 입력 → 컴퓨터로 자동집계 잡지광고 등에 앙케트를 게재해 응답자를 응모 → 응답자가 지정한 전화번호로 전화 → 음성자동응답에 버튼을 눌러 응답 → 컴퓨터로 자동집계 잡지광고 등에 앙케트를 게재해 응답선택지마다 전화번호를 지정 → 응답자가 지정한 전화번호로 전화 → 응답자가 선택해 누른 다이얼 횟수를 자동적으로 집계
이 조사방법이 적합한 경우/구체적인 예	• 다수의 사람을 대상으로 단기간에 결과를 얻고 싶은 경우 등 구체적 예 • 컴퓨터에 의한 전화의 자동발신 시스템과 앙케트표의 화면표시·응답입력 시스템을 이용한 보도기관에 의한 여론조사 • 특정 브랜드의 유저의 발견과 유저 앙케트조사
필수 조건	• 대상자의 집에 전화가 있을 것 (응답자를 모집하는 경우는 없어도 됨) • 단기간에 할 수 있는 질문일 것
대상자 본인의 확인	× 대상자 본인의 확인, 대상자의 조건에 합치하는가의 확인이 곤란
대상자와 컨택하기가 쉬운가?	○ 대상자 리스트가 없어도 가능 ○ 방문하는 것 보다 간단히 컨택이 가능 × 휴대전화 보급에 따라 전화 없는 독신세대가 늘고 있다 ○ 인원을 다수 동원하면 동시에 일제히 실사 가능 × 응답자가 재택율이 높은 사람으로 편중 될 가능성이 있다 ○ 전화만 있으면 어디에서든지 컨택 가능 × 넘버디스플레이어나 부재중전화에서 모르는 상대로 부터의 전화는 대답하지 않는 경우가 있다 × 전화를 거는 시간대에 제약이 있다
조사의 협력을 얻기 쉬운가?	× 용건을 듣자마자 거부당하기 쉽다 × 조사원의 신뢰를 얻기 어렵다 × 장기간을 요하는 응답을 구하는 질문은 불가능
질문·응답 방법의 이해가 얻기 쉬운가?	○ 개인적 질문에의 저항이 면접조사보다 낮다 × 복잡한 질문에는 맞지 않다 × 무엇을 보여주고 응답을 구하는 질문은 불가능
숙련된 실사 스탭의 필요성·실사관리가 하기 쉬운가?	○ 실사 상황의 감독이 가능 × 내용에 따라서는 숙련된 조사원이 필요
실사 기간	○ 광범위한 조사가 저비용으로 가능
실사 비용	○ 단시간에 결과를 알 수 있다

○ : 장점, × : 단점

9 인터넷조사란?

인터넷 등에서 응답자를 모집하여 앙케트에의 응답자나 회수를 인터넷사이트나 E-메일로 실행하는 방법

인터넷조사는 응답자 모집식 조사의 대표이다. 조사 대상자 리스트의 불필요, 샘플링 없이도 가능, 조사원이 불필요, 응답 데이터는 그대로 집계 가능하기 때문에 단기간에 조사 결과가 판명되고 조사비용이 싸고 대량의 표본 수 확보가 가능한 장점이 있다. 한편 인터넷에는 응답자가 성·연령이나 이름을 다르게 하는 것이 가능하기 때문에 응답자의 익명성, 사례를 노린 중복 응모 등의 단점도 있다.

그리고 응답자의 모집은 다음과 같은 방법으로 행해진다.

① 인터넷의 복수 사이트 모집 (사이트믹스)

인터넷 접속이 가능한 매체나 복수 홈페이지의 조합을 고려해 응답자를 모집한다. 예를 들어 배너 광고, 자사의 홈페이지, 휴대전화용 사이트에서의 모집 등이 생각된다.

② 복수의 광고매체로 응답자를 모집 (미디어믹스)

매스미디어, 특히 신문광고의 타이업[6]고지나 텔레비전, 라디오에 의한 홈페이지 주소의 광고는 모집에 유효하다.

인터넷조사 전문회사에서는 모니터의 특성을 파악하고 있기 때문에, 예를 들어 「서울특별시에 사는 아이가 있는 30대의 기혼 여성을 조사 대상으로 한다」는 등의 앙케트조사를 실시하는 것이 가능하다.

인터넷조사는 인터넷 이용자이기도 하고, 자발적 응모자만이 대상이 되기 때문에 대상자 전체를 추계하는 의식조사나 실태조사에는 적당하지 않다. 그러나 다수의 응답자가 있으면 전체의 경향 파악이 가능하다는 점도 있기 때문에 모니터의 응답 수치에서 전체를 추계하기 위한 시험이 행해지고 있다.

6) **타이업(Tie-Up)** :복수의 광고주가 하나의 광고 스페이스 또는 시간을 공유하여 상승효과를 노리는 광고로서 영화나 드라마의 명장면이나 배우의 얼굴을 따와서 상품의 인지도를 높이는 광고방법 중의 하나이다.

인터넷 조사 작업의 흐름	응답자 모집 인터넷에서 모집 미디어믹스로 모집 특정의 대상자에게 E-메일을 송신 모니터 회원 전용 사이트에서 모집 ➔ 인터넷 앙케트사이트에서 앙케트로 응답 ➔ 응답자가 응답내용을 송신 ➔ 응답수신 내용을 집계용 데이터로 전환해 집계
이 조사방법이 적합한 경우 / 구체적인 예	• 다수의 사람을 대상으로 단기간에 결과를 얻고 싶은 경우 등 구체적 예 • 인터넷 이용에 관한 앙케트 모집
필수 조건	• 대상자가 인터넷 이용자일 것
대상자 본인의 확인	× 응답자를 모집할 경우는 대상자의 성·연령 등의 확인이 거의 곤란 × 사례품을 목적으로 복수 응모하더라도 완전히 체크할 수 없다 × 특정의 대상자 (각종 회원 등)에게 의뢰하는 경우에도 본인의 응답인지가 확인이 곤란 × 대상자의 조건에 합치하는지 확인이 곤란
대상자와 컨택하기가 쉬운가?	○ 대상자 리스트가 없어도 실시 가능 ○ 시간의 제한 없이 컨택 가능 ○ 인터넷 이용자라면 어디에서라도 컨택 가능 ○ 1회의 수고로 다수에게 발신 가능 × 인터넷을 이용하지 않는 사람은 컨택 불가능
조사의 협력을 얻기 쉬운가?	× 대상자가 관심을 가지지 않으면 응답을 얻지 못한다 × 조사의 테마에 관심이 있는 사람만 응답하는 경향
질문·응답 방법의 이해가 얻기 쉬운가?	○ 개인적 질문에의 저항이 면접조사보다 낮다 ○ 화상을 보여주고 응답을 구하는 질문도 가능 × 응답을 클릭할 때 잘못하더라도 모른다
숙련된 실사 스탭의 필요성·실사 관리를 하기 쉬운가?	○ 조사원이 불필요
실사 기간	○ 광범위한 조사가 저비용으로 가능
실사 비용	○ 단기간에 결과를 알 수 있다

○ : 장점, × : 단점

10 그 밖의 조사방법

FAX, 휴대전화 등 각양각색의 통신수단을 이용한 조사 방법이 있다

① FAX조사

FAX조사는 매스컴 보도 등에 화제가 되고 있는 것에 관해서 어떤 반응인지를 바로 조사할 수 있는 매우 편리한 방법이다. FAX조사는 대부분 모니터 조사이다.

FAX기능도 일취월장해 인터넷을 이용하여 E-메일로 발신하고 FAX로 수신이 가능한 서비스도 제공되고 있다. FAX를 퍼스널컴퓨터로 수신해 OCR (광학식 문자 인식 장치) 시트의 도형인식기술을 이용해서 FAX의 내용을 문자나 숫자로 전화하는 소프트웨어도 있어 FAX 수신 내용을 변환해서 데이터로 즉각 활용하는 것도 가능하다.

② 휴대전화조사

인터넷 접속의 휴대전화 사용자에 이메일로 앙케트표를 송신해 E-메일로 회답을 얻는 조사방법이다. 홈페이지에서의 휴대전화용 앙케트도 가능하게 되었다. 사용자의 현재 위치나 화상도 송신이 가능한 휴대전화가 보급되어 있으므로 조사하고 싶은 대상 (예를 들어 냉장고 안)의 정지영상이나 동영상 등 리얼한 조사결과를 얻는 것도 가능하다.

③ 그 밖의 IT기기를 이용한 조사

IT기술의 진보에 동반해 조사 분야에도 스피드가 가해지고 있다. 팜톱 컴퓨터[7]를 이용한 조사가 방문면접조사, 내방자조사, 회합장앙케트조사 등에서 시도되고 있다. 동영상이나 음성을 집어넣은 앙케트표나 대상자의 허가가 있으면 영상으로 라이프스타일도 조사가 가능하기 때문에 조사 분야가 확장될 것이다.

이 밖에 디지털 방송 등 **쌍방향 통신기기**를 이용한 조사방법도 실용 레벨에 다가가고 있다.

7) **팜톱 컴퓨터(Palmtop)** : 손바닥 위에 올려놓고 사용하는 초소형 컴퓨터로 개인용 정보 단말기인 PDA도 이에 속한다.

	FAX조사	인터넷 접속 휴대전화조사	디지털 텔레비전에 의한 조사
	광고 등으로 공모하거나 방문 등으로 의뢰해서 양해를 얻은 모니터 계약자에게 FAX로 조사표를 송신·회수하는 방법	인터넷 접속의 휴대전화 소유자에게 이메일로 앙케트를 송신해서 반응을 얻거나 홈페이지 상에서 앙케트를 하는 방법	디지털 텔레비전의 쌍방향통신기능에 의해 수신자의 응답을 얻는 방법
장 점	• FAX번호만 알면 거의 확실하게 대상자와 컨택 가능 • 시간의 제약이 없음 • 자동송수신이 가능 • 조사원, 앙케트표 인쇄가 불필요 • 직접 답하기 어려운 질문에의 저항이 적음 • 광범위한 조사가 저비용으로 가능	• 즉시 앉아서 응답을 얻을 수 있음 • IT기술의 진전에 따라 동영상이나 GPS에 의한 현재 지역정보도 보낼 수 있다	• 즉시 앉아서 응답을 얻을 수 있음
단 점	• 조사 모니터 계약을 하지 않으면 불가능 • 통신비용을 필요로 하고 미리 대상자의 이해를 얻지 않으면 나쁜 인상을 줄 가능성이 큼 • 대상자 본인인지 확인하기가 곤란	• 짧은 질문밖에 할 수 없음 • 모니터 계약이 필요 • 대상자가 특정 계층에 편중되기 쉬움	• 해당 시간에 해당 채널을 보고 있는 사람만이 대상이 됨 • 대상자 본인인지를 확인하기가 곤란 함

질문의 터부

질문을 작성할 때 알고 있을 것 같아서 무의식적으로 써버리기 쉬운 응답자의 기분을 상하게 하는 말, 의미가 통하기 어려운 말, 해석이 사람에 따라 다른 모호한 말, 답이 복수가 되는 것 같은 질문 등이다. 응답자의 나이에 따라 의미가 통하지 않는 숙어나 외래어도 많이 있다.

모호한 표현이나 답이 복수가 되는 질문은 의외로 눈에 띄기 어렵다.

Q1 불의 처리나 불이 있는 곳의 관리를 할 수 없는 것이... (개호보험인정조사)
→ 하나의 질문으로써 두 가지를 물어보고 있다.
Q2 샤넬이나 에르메스 등 알고 있는 브랜드명을 들어주세요.
→ 질문에 브랜드 명이 밝혀져 있기 때문에 오도질문이 되어있다.
Q3 식사에는 얼마나 듭니까?
→ 식비인지 외식비인지 식사시간인지 모호한 질문
Q3 어떤 종류의 세제를 사용합니까?
→ 액상세제인지 가루세제인지 세제의 브랜드명인지가 모호

제 2 장

▼

앙케트조사의 기획을 수립한다

11 기획 • 설계의 진행방향

조사과제를 설정하여 예산을 고려해서 조사 대상, 조사 방법, 조사 항목, 분석방법 등을 결정한다.

기획설계에서는 먼저 어떤 목적으로 무엇을 조사하기 위해 조사를 하는가라는 조사과제를 명확히 정리하는 것이 포인트이다.

① 조사 과제를 설정함

ISO(국제표준화기구)에서는 프로젝트를 관리·개선하기 위한 방법으로서 PDCA 사이클을 정하고 있다. 모든 프로젝트에는 계획의 입안 (PLAN), 실행 (DO), 결과의 점검, 감사 (CHECK), 계획활동의 개선, 재검토 (ACTION), 다음 계획활동에로의 반영이라는 계속적인 사이클이 있다. 조사도 PDCA 사이클에 따라 조사과제의 설정을 하면 무엇을 과제로 설정해야 하는지 알기 쉽게 된다.

② 조사 대상자를 설정함

조사 대상자의 조건이나 속성[8] 등을 정의해 대상자를 어떤 리스트에서 추출할 것인가를 검토한다. 통계적인 조사[9] (표본조사라고 한다)를 할 때는 조사대상의 주소·이름 등이 기재되어 있는 리스트가 필요하다. 통계적이지 않은 조사[10]를 한다면 대상자를 모집하므로 통상적으로 리스트는 불필요하다.

③ 조사 (실사) 방법을 검토함

대상자 리스트의 유무, 조사내용, 조사지역, 필요한 조사 정도, 조사기간, 조사비용 등의 조건을 고려해서 조사방법을 선택한다.

④ 앙케트 항목을 결정함

과거의 조사결과나 기존자료, 사내 검토회나 그룹인터뷰 등에서 얻은 정보를 근거로 앙케트의 조사항목을 검토한다.

⑤ 분석 방법을 결정함

다변량해석 등의 고도의 통계해석이 필요한 경우에는 그것에 맞는 앙케트표의 설계와 표본 수, 기간, 비용 등이 필요하다.

8) **속성** → 성별, 연령 등 개인의 특성을 알 수 있는 정보의 사항

9) **통계적 조사** → 조사 대상의 일부를 확률적으로 추출해서 전체를 대표하는 조사결과를 얻는 방법. 예를 들어 강원도에 사는 20대 남성의 음주율을 조사하는 경우 실제 조사 대상자의 전부를 조사하는 것이 불가능하기 때문에 무작위로 수백 명을 추출해서 그 수백 명의 조사결과로 부터 강원도 전체의 경향을 추측한다.

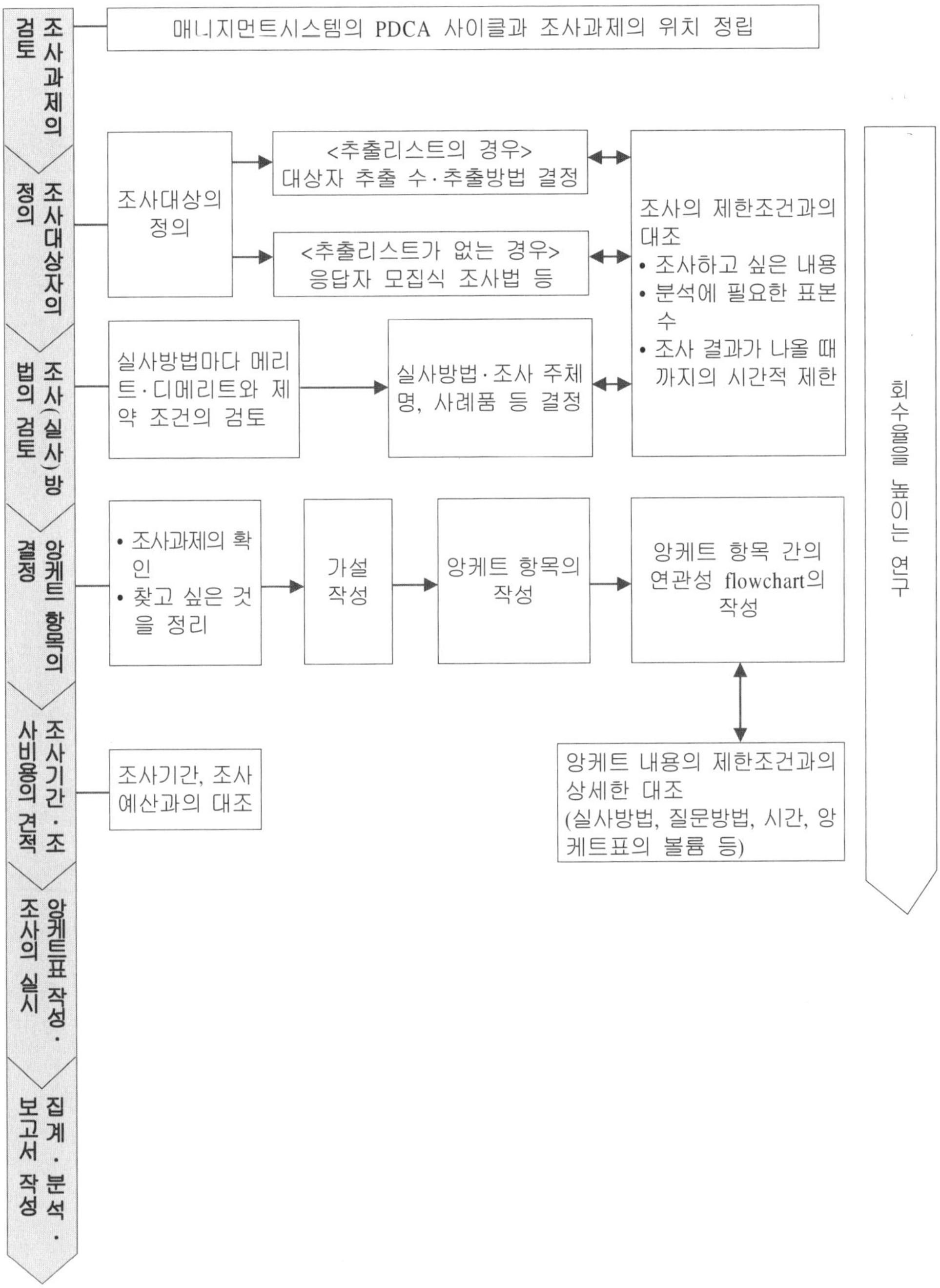

10) **통계적이지 않은 조사** → 조사 대상자를 집단 전체로부터 선택하거나 대상자의 자주적 의지로 모아서 조사 테마에 관심이 있는 사람 등 특정한 사람이 모일 가능성이 있어서, 조사결과는 반드시 집단전체를 대표한다고는 할 수 없다. 인터넷 조사나 응답자 모집식 조사에서는 이 점을 유의할 필요가 있다.

12 조사과제를 검토한다.

이제부터 하고자하는 조사가 PDCA 사이클의 어떤 단계에 위치하는가를 생각해 조사과제를 설정한다.

PDCA 사이클에 조사를 위치 정립하면 아래와 같이 된다.

① PLAN (설계단계)

과제를 추출하거나 가설을 설정하기 위한 조사가 해당한다. 예컨대 시장동향, 주민 의향 등의 조사가 있다.

② DO (실행단계)

실태를 상세히 설명하기 위한 조사가 해당한다. 예를 들면, 소매점의 판매상황, 소비자의 상품 서비스의 이용 실태, 행정 서비스의 이용 상황 등이 있다.

③ CHECK (점검·감사단계)

인과관계를 검증하기 위한 조사나 성과·효과를 측정하는 조사가 해당한다. 예를 들어, 판매 부진의 원인을 찾는 조사, 광고효과 측정, 시책실시 후의 평가조사 등이 있다.

④ ACTION (개선·재검토단계)

장래를 예상하는 조사 (판매나 공표 등에 대한 시장이나 사회의 반응, 수요예상, 아이디어의 수용성 등)나 적·부적합 등의 판단에 서포트를 위한 조사(사업을 계속할 것인가 중지할 것인가를 시장성·고객만족도 등을 근거로 판단)가 있다.

PDCA 사이클은 ACTION이 끝나면 다음 PLAN으로 되돌아가고, 계속 순환한다. PDCA 사이클의 첫 번째에는 비용을 별로 쓰지 않는 조사가 일반적이다. 두 번째 이후가 되면 본격적인 조사를 하는 게 바람직하다.

◆ PDCA사이클과 조사과제의 관계

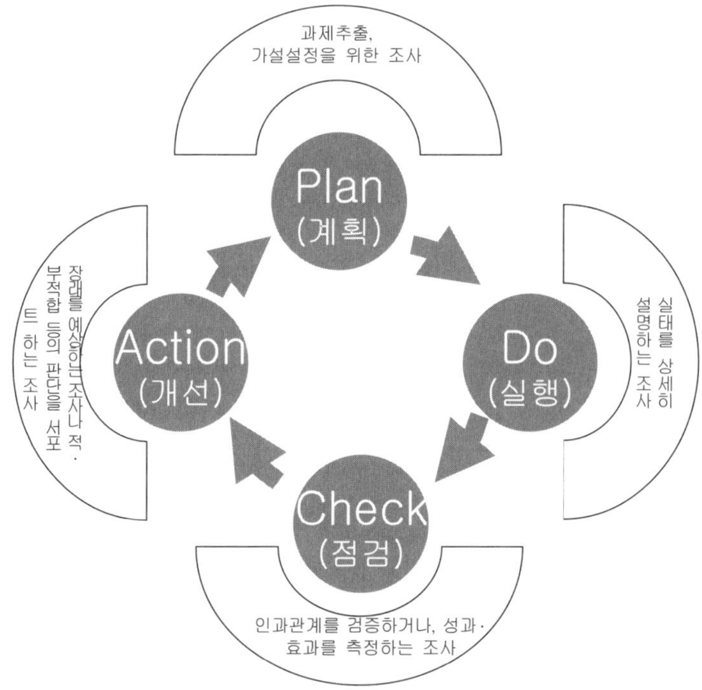

◆ PDCA 사이클과 조사과제의 체크리스트

	사실의 기술			인과관계의 설명		평가	장래 예측		의사결정
	직접 목소리를 듣고 행동, 의식이나 그 이유를 상세 기술	행동의 실태를 정량적으로 기술	중요도나 만족도 등의 의식을 정량적으로 기술	어떤 사상이나 행동의 인과관계의 가설을 세움	어떤 사상이나 행동의 인과관계를 정량적으로 설명	시책 등에 대한 평가·요망을 정량적으로 기술	갖가지 사항에 대하여 시장이나 사회의 반응을 예상	아이디어·컨셉을 개발	적합·부적합 등의 판단을 내리기 위한 서포트
Plan…계획	○	○	○	○			○	○	○
Do…실행		○	○						
Check…점검·감사	○	○	○	○	○	○	○	○	
Action…개선·재검토	○	○	○				○	○	○

13 조사 대상자를 정의한다.

조사 대상자의 구성 단위 (개인이나 세대 등), 필요 조건 (소유상황 등)을 시간적 공간적으로 정의한다.

먼저 조사과제에 따라 조사 대상자의 조건을 정의해 오른쪽 페이지에 제시하는 것과 같은 대상자를 추출하는 리스트의 유무를 확인하다. 리스트에 조사 대상자 전원이 기재되어 있으면 통계적 표본조사가 가능하다.

① 조사 대상자와 추출 리스트를 결정한다.

마케팅 리서치의 경우 상품·서비스의 이용자나 예상 고객층을 대상으로 하는 것이 일반적이다. 타깃이 젊은 층이라면 조사 대상을 15 ~ 24세의 남녀, 소매업의 고객이라면 시설을 중심으로 반경 5km 이내의 주민 등으로 정의한다. 통계적 조사 (표본조사)에서는 조사 대상자의 리스트에서 앙케트 의뢰를 할 사람을 확률적으로 추출하는 방법, 즉 샘플링을 하여 실사 대상자를 선정한다. 표본조사의 대상 (모집단)은 아래와 같이 정한다.

- 조사 대상자의 구성 단위 … 개인, 세대, 회사, 단체 등의 구성 단위.
- 조사 목적에 대응하는 필요 조건 … 성별 · 연령 · 특정 상품 소유 별 등 개인의 특성, 세대의 종류, 상장인가 비상장인가 등의 기업의 특성.
- 공간적 · 시간적 조건 … 시 · 군 · 구, 읍 · 면 · 동, 서울 40km 권내 등의 지리적인 조건이나 ○년 ○월 ○일 현재 ○세 이상 등의 시간적 규정.

② 추출 리스트가 없는 경우의 대상자 결정 방법

조사 대상의 리스트가 없는 경우에는 사람이 모인 장소에서의 회합장(會合場)앙케트나 인터넷 광고 미디어 등을 통한 앙케트를 의뢰하게 된다. 그런 경우에는 호기심이 많은 사람, 경품을 노리는 사람 등에 응답자가 편중되지 않도록 유의해야 한다.

◆ 대상자의 종류와 리스트의 종류

구성단위	필요조건 (예)	시간적·공간적 조건 (예)	공적 리스트	시판 리스트	사적 리스트
개인	성별 연령 결혼 유무 특정 상품이나 서비스 이용의 유무 등	특정 장소로부터 특정 거리 권내 거주 특정 장소를 통행 중 특정 시점에서 특정 연령 이상의 남녀 등	주민등록대장의 선거인 명부 등	전화번호부 등	회원명부 고객리스트 등
세대	독신세대 고령세대 아이가 있는 세대 등	특정 장소로부터 특정 거리 권내 거주	주민등록대장	주택지도 등	
기업·단체·사업소	상장의 유무 종업원 수 자본금 사업의 종류 등	인구 30명 이상의 도시에 소재 설립 후 10년 이상 등	통계청통계국의 사업소·기업통계조사의 사업소 명부 ((재) 통계정보 연구 개발 센터의 추출 서비스)	전화번호부 등	회원기업명부 거래처 리스트 등
사원·직원 등	근무부서 직책의 유무 등	특정 지역에 통근 근속 5년 이상 등		직원명부 등	사원명부 학생명부 등

조사하고 싶은 내용에 따라 대상자의 조건을 결정한다

⬇

【구성단위】

개인
세대
기업·단체·사업소 등

+

【필요조건 (예)】

개인 : 성별, 연령, 특정 상품이나 서비스 이용의 유무 등
세대 : 종류 (독신세대, 고령세대, 자녀가 있는 세대 등)
기업·단체 : 상장의 유무, 종업원 수, 자본금, 사업의 종류 등
직원 : 근무부서, 직책의 유무 등

+

【시간적·공간적조건 (예)】

특정 장소로부터 특정 거리 권내 거주
특정 시점에서 특정 연령 이상의 남녀 등

14 조사 (실사)방법을 검토한다.

조사 대상자의 리스트의 유무, 회수율, 조사내용, 조사지역, 조사비용 등을 검토한다.

① 리스트의 유무를 확인한다.

조사 대상자의 주소 등의 리스트가 있으면 방문·우편조사 등이 가능하지만 없으면 대상자를 모집하는 방법 등에 한정된다.

② 회수율을 고려한다.

일반적으로 회수율이 높으면 조사 정확도도 높다고 판단된다. 통상 방문조사는 전화조사, 우송조사보다 회수율이 높다고 한다.

③ 조사내용의 양과 질의 양면을 생각한다.

조사내용의 양이란 응답을 요하는 시간인데 면접조사에서는 30분 정도, 유치조사에서는 한 시간 정도가 기준이다. 질적으로는 대상자가 응답하기 쉬운 방법을 검토한다. 사람 앞에서 답하기 어려운 질문은 우편조사 등 자기기입식, 보고, 듣는 등의 실험을 수반하는 조사는 회합장앙케트 등의 조사방법을 고려한다.

④ 조사지역을 고려한다.

조사목적이나 예산 등을 고려하면서 조사 대상 지역을 검토한다. 광범위한 지역을 대상으로 하는 경우, 면접조사는 비효율적이고 비용이 높다.

⑤ 조사기간을 검토한다.

언제까지 조사결과가 필요한가에 따라 조사기간의 허용범위가 결정된다. 단기간의 경우엔 방문면접조사, 회합장앙케트 조사 등이 적당하다.

⑥ 조사비용을 검토한다.

조사방법이나 샘플 수, 대상 지역 등의 조건에 의해 조사비용이 많이 변한다. 예를 들면, 방문조사는 조사원의 인건비 등 비용이 비교적 높다. 조사목적과 비용의 밸런스를 고려해서 조사방법을 검토한다.

⑦ 그 밖의 검토 포인트

대상자의 생활시간이나 재택률, 전화의 유무 등 생활양식도 고려한다.

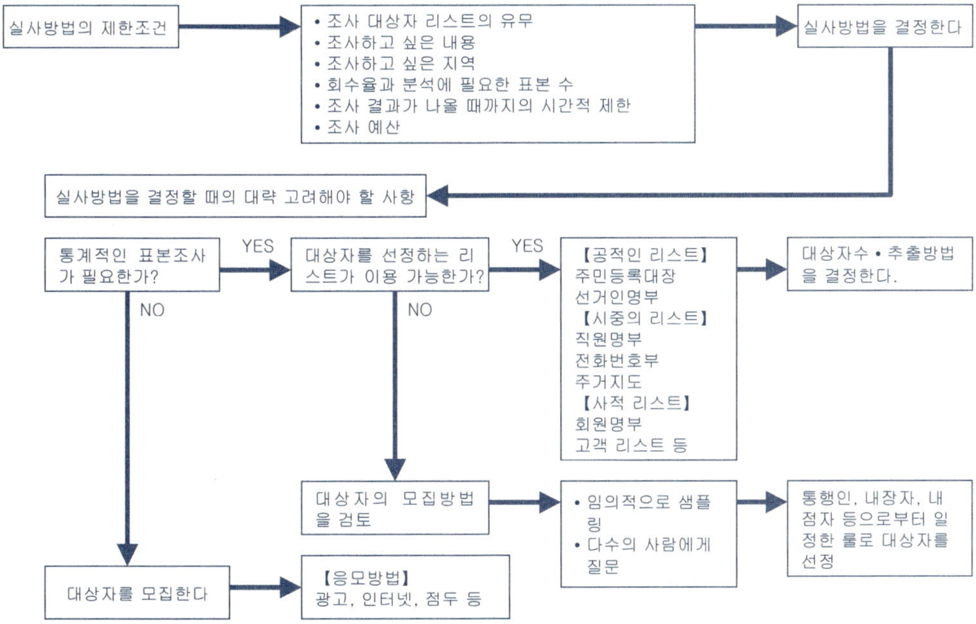

실사방법을 결정할 때의 유의사항

	추출리스트 또는 대상자명부의 필요성	통계적인 대표성의 확보 (○가능, △곤란, ×불가능)	조사지역	조사내용			실사기간	회수율 (주1)
				질문양(○이 많아도 가능, △30분 이내, ×10분 이내)	답하기 어려운 질문의 가부 (○×)	시청이나 촉감 등의 감상의 가부 (○×)		
방문면접조사	필요(현지추출의 경우는 주택지도가 리스트)	○	지리적으로 넓은 지역은 비용이 올라감	△	×	○	1주간을 기준	높음 (80%전후)
방문유치조사	필요	○	지리적으로 넓은 지역은 비용이 올라감	○	○	○	2주간을 기준	높음 (70~80%)
우편조사	필요 (광고 등으로 응답자를 모집하는 경우 불필요)	○	지역은 고려하지 않음	△	○	×	3주간을 기준	중정도 (50~60%)
내장자조사	불필요 (리스트가 없다는 전제)	○	사람이 모이는 장소에만	×	×	○	1일이라도 가능	낮음
회합장앙케트조사	필요 (당일, 응답자 모집의 경우 불필요)	△	회합장에 집합 가능한 범위	○	○	○	1일이라도 가능	-
전화조사	필요 (자동 다이얼 시스템에선 불필요)	○	전국 어디라도	×	×	×	1일이라도 가능	낮음 (70%)
인터넷조사	필요 (응답자모집방식의 경우는 불필요)	×	전세계	×	○	○ (시청)	1일이라도 가능	-
휴대전화에 의한 조사	필요 (모니터)	×	전국 어디라도	×	○	○ (화상통신)	1일이라도 가능	높음
디지털 TV에 의한 조사	불필요	×	전국 어디라도	×	○	○ (시청)	1일이라도 가능	-
홈 유즈 테스트	필요 (모니터)	×	전국 어디라도	○	○	○	1주간을 기준 (장기간도 가능)	높음
FAX조사	불필요	×	전국 어디라도	△	○	×	1일이라도 가능	높음

주1. (　) 안의 %는 여론조사 연감에 의한 회수율
기업명의 경우, 이것보다 회수율이 5할 정도 낮아지는 사례도 있음
회수율은 사례품이나 조사주체의 명칭, 조사내용에도 좌우됨.

15 앙케트 항목을 결정한다.

과거의 자료 등도 참고해 찾고 싶은 과제를 대항목부터 소항목으로 세분해 항목 간의 관련성을 도식화 등을 해 검토한다.

① 과거의 조사보고 서류를 참고할 때의 체크포인트

- **조사과제** … PDCA 사이클의 어느 단계 인가를 판단한다.
- **조사항목** … 목차 구성이나 타이틀부터, 대항목이나 소항목을 파악한다.
- **앙케트 항목** … 조사표의 질문 사항을 참고한다.
- **상세함의 정도** … 어떤 항목을 어느 정도 상세하게 조사했는지 참고한다.
- **인과관계의 가설 검증** … 코멘트 부분을 참고한다.
- **해석기법** … 통계적 해석을 하는 경우, 통계해석기법에 적합한 질문 항목이란 어떤 것인가를 참고한다.

② 내부의 검토회나 그룹인터뷰 등의 발언록에서 조사하고 싶은 과제를 추출한다.

- **키워드를 만든다** … 중요한 흥미를 끄는 발언 등을 키워드화 해서 라벨에 기입하거나 퍼스널컴퓨터에 입력한다.
- **비슷한 것 끼리를 모아서 타이틀을 붙인다** … 키워드를 분류해 다시 크게 분류할 작업을 반복해서 타이틀을 붙인다.
- **행동과 의식으로 분류해 인과관계를 검토한다** … 의식과 행동으로 분류해, 관련성을 검토해 플로차트 등으로 나타낸다.

③ 앙케트 항목을 생각한다.

①②의 작업 후 앙케트 항목을 생각한다. 질문순 또는 대항목에서 소항목의 순으로 항목을 제시하면 알기 쉬울 것이다.

④ 항목 간의 관련성 플로차트를 작성한다.

항목 간의 관련성을 플로차트에 나타내면 집계분석 때의 분석키가 이해하기 쉽게 된다. 오른쪽 페이지 아래에 예로서 신문 상표에 관한 조사항목 간의 관련성을 플로차트로 제시한다. 조사목적은 신문이나 신문광고에 대한 태도와 잘 읽는 신문 상표의 관계를 파악하는 일이다.

◆ 앙케트 항목을 고려하는 순서

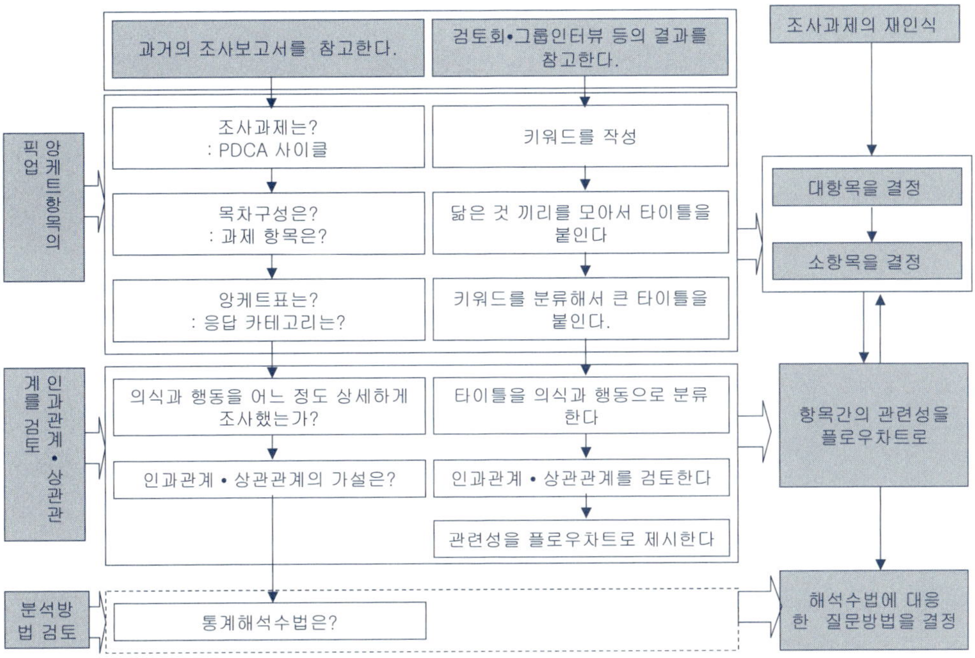

◆ 신문브랜드를 예로 한 항목 간의 관련성 플로차트

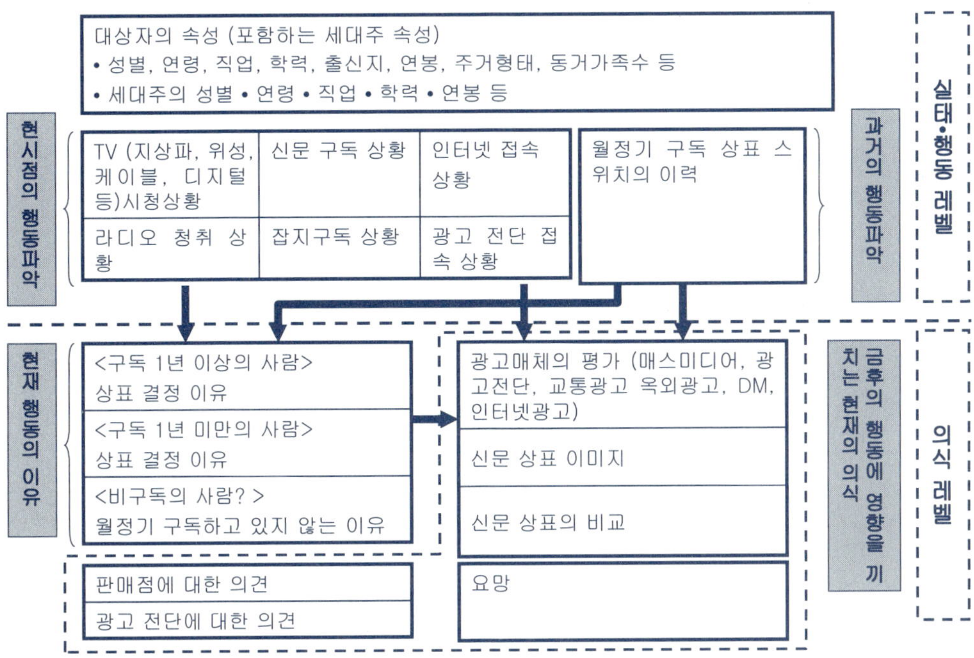

16 조사에 필요한 기간을 정한다.

조사기간은 목적, 내용, 지역 대상자 조사방법, 표본추출방법 등을 고려해서 정한다.

● 각 작업의 필요기간을 정하는 요소

- **조사목적** … 광고 접촉률 조사 등 조사 일시를 특정하는 조사의 경우 실사는 하루 또는 수일 이내에 완료하지 않으면 안 된다.
- **조사내용** … 질문의 내용에 따라 회답에 요하는 기간을 고려한다.
- **조사 문항** … 우편이나 방문유치조사에 조사 문항이 큰 경우, 토요일·일요일 2회가 들어가도록 한다.
- **조사방법** … 조사방법에 따라 필요한 실사 기간이 달라진다.
- **앙케트표의 작성** … 소사항목 질문문 응답 카테고리, 앙케트표 인쇄용 레이아웃 등의 작성에 필요한 기간을 고려한다.
- **대상지역** … 방문면접조사 등 조사원이 현지에 출장하는 조사의 경우, 지리적 범위나 교통편 등이 조사 기간에 영향을 준다.
- **대상자 특성** … 방문면접조사의 경우 대상 연령이나 직업, 재택시간대를 배려해 휴일을 2회 조사기간에 포함하는 것을 생각한다.
- **대상자 리스트와 샘플링** … 다수의 시·군·구 주민등록대장에서의 샘플링 (표본추출)작업에는 1개월 이상 요하는 일이 있다.
- **조사원 수** … 개별방문조사의 경우, 대상자 수에 따라서 임시조사원을 모집해 교육하는 기간이 필요하다.
- **데이터 처리** … 데이터 입력과 집계의 소요기간을 예상한다. 숫자 입력에 양이 많은 경우 데이터 점검 기간도 필요하다.
- **자유응답의 양** … 자유응답이 많고 정리·집계할 필요가 있는 경우엔 소요기간이 늘어난다.
- **해석** … 다변량해석을 하는 경우 소요기간이 늘어난다.

◆ 조사기간을 결정하는 방법

조사스텝 마다 소요일수를 예상하여 적산

조사스텝	회계·설계	→	대상자의 샘플링	→	앙케트표 작성	→	실사	→	회수표 정리	→	집계	→	분석		
기간의 기준	1~2주간	+	2~4주간	+	1~2주간	+	1~3주간	+	1~2주간	+	1~2주간	+	1~2주간	=	8~17주간

◆ 조사기간을 결정하는 요소

조사 목적	특정일에 조사할 필요가 있는 경우엔 실사 기간이 한정된다 예 : 신문광고 접촉율 조사, 선거의 투표행동조사
조사 내용	응답에 시간을 요하는 질문은 기간을 포함 예 : 건강식품의 사용 후 1개월 후의 감상 등
조사 문항	질문양이 많은 경우, 휴일을 2회 끼워 넣는 기간을 설정 (개별방문유치조사, 우편조사 등)
조사 방법	조사방법에 따라 기준이 달라진다 우편조사 (3 ~ 4주간), 개별방문유치조사 (2 ~ 3주간), 면접조사 (1 ~ 2주간), 내장자조사 (평일, 휴일전일, 휴일의 3일간)
앙케트표의 형식·인쇄의 유무	질문문과 응답 카테고리 작성, 인쇄용 레이아웃, 인쇄 등의 소요기간 (1 ~ 2주간 필요)
대상 지역	방문면접조사 등 조사원이 현지에 가는 경우는 지리적 범위나 교통편이 소요기간에 영향
대상자 특성	대상자의 연령·직업에 따라 재택율·재택기간을 고려 (일반 개인대상 조사는 토요일·일요일을 2회 포함한 조사기간에)
대상자 리스트와 샘플링방법	다수의 읍·면·동에 거주하는 대상자를 주민등록대장, 선거인명부에서 추출하는 경우 추출작업의 소요기간이 길다
조사원 수	다수의 조사원이 필요한 경우 조사원의 모집, 교육의 기간도 필요
데이터 처리	데이터 점검, 입력의 소요기간을 미리 예상
자유응답의 양	많은 자유응답을 정리·집계하는 경우, 집계 소요기간이 길어진다
해석의 유무	복잡한 통계해석 (다변량해석)을 하는 경우, 기간이 더 필요

17 조사경비를 합산한다.

조사경비는 표본수, 샘플링 방법, 실사분석 방법, 조사회사에 위탁하는 등 조건에 따라 크게 변동한다.

① 앙케트조사의 경비 합산 방법

앙케트조사의 경비는 원가의 총합으로 견적해 조사를 위탁하는 경우는 원가 합계에 제경비를 합해 견적하는 방식이 일반적이다. 조사의 종류 별로 비용의 합산 항목 예를 오른쪽 페이지에 제시한다.

② 앙케트 비용의 삭감 방법

조사비용을 절감하기 위해선 조사 정도의 저하를 고려하면서 아래와 같은 방법을 검토한다. 개인 대상의 방문조사를 예로 들어보자

- 조사의 표본 수를 작게 한다. 예를 들어, 조사의 지역을 좁힌다.
- 조사 대상자를 개인에서 세대(주부)로 변경할 수 없는지를 검토한다.
- 대상자 리스트를 주민등록대장이나 선거인명부에서 주택지도로 변경 현지추출법11) (개인 대상의 경우엔 성별·연령별로 할당)으로 한다.
- 질문문항을 줄임으로써 실사 비용과 집계 비용을 삭감한다.
- 면접조사에서 유치조사로 변경해 아르바이트 조사원으로 한다.
- 질문조사에서 전화조사법이나 우편조사법 등으로 변경한다.
- 질문수를 압축해 조사회사가 주최하는 통합조사로 변경한다.
- 인터넷 조사나 응답자모집식 조사법으로 변경한다.
- 집계는 대상자 속성별 집계에 한정시키고 특수한 해석은 하지 않는다.
- 그림과 간단한 코멘트만으로 조사한다.

등이다.

단, 어떻게 하더라도 비용절감을 꾀하는 것이 아니라, 앙케트조사의 결과에 기초해 비즈니스의 의사결정을 하는 것이기 때문에, 조사정확도를 우선하는 방침으로 진행하는 게 포인트다.

11) **현지추출법** → 방문조사에서 대상자 리스트가 없는 경우, 주택지도를 근거로 대상자 세대를 현지에서 추출하는 방법.

◆ 조사비용 항목의 내역

		합산의 기본적 사고	개별방문면접조사법	개별방문유치조사법	회합장앙케트 조사	홈 유즈 테스트	가두·내장자면접조사법	가두·내장자자기식조사법	우편조사	전화조사	FAX조사	인터넷조사	응답자모집식조사법
기획·설계	기획설계비	협의·기획기간으로 환산하는 방법이 주류	○	○	○	○	○	○	○	○	○	○	○
	자료수집비	자료검색·인터넷 검색 등의 스탭 이외의 인건비	▲	▲	▲	▲	▲	▲	▲	▲	▲	▲	▲
	도서자료비	자료구입비, 복사대금의 실비	▲	▲	▲	▲	▲	▲	▲	▲	▲	▲	▲
	스탭인건비	자료수집의 스탭인건비	▲	▲	▲	▲	▲	▲	▲	▲	▲	▲	▲
샘플링	명부대금, 복사대금 등	명부구입비, 복사대급의 실비	▲	▲	▲	▲	▲	▲	▲	▲			
	주민등록대장 등 열람비	열람비의 실비, 자치단체에 따라 열람비용이 달라짐	○	○					▲	▲			
	샘플링 인원 수당	아르바이트 일급 × 일수 + 교통비실비	○	○					▲	▲			
	스탭인건비	샘플링계산, 샘플링원 관리	○	○	▲	▲	▲	▲	○	▲	▲	▲	▲
조사표 작성	인쇄비	워딩비, 인쇄비, 복사대금 등의 실비	○	○	▲	○	○	○	○	▲			▲
	스탭 인건비	실사표의 질문문, 인쇄용 레이아웃 작성	○	○	○	○	○	○	○	○	○	○	○
실사 용품	사례품, 사례금	대상자에게의 사례의 실비	○	○	○	○	○	○	○	○	○	○	○
	도표 등 조사용구, 필기용구	조사원용의 조사용구 (도표 등)이나 필기용구	○		▲		○	▲					
	설명도구	컴퓨터, 프로젝터, 회장비 등	▲	▲	○	▲	▲	▲					
	조사원 완장 등	실비	▲	▲	▲	▲	○	○					
조사원 모집	모집 광고비	조사회사에 따라서는 제경비 포함	▲	▲			▲	▲		▲			
	스탭 인건비	상동	▲	▲			▲	▲		▲			
조사원 설명회	조사원 수당	반일분의 수당과 교통비실비	○	○		▲	○	○		○			
	설명회 회합장비	회합장비를 필요로 하는 경우 실비	▲	▲		▲	▲	▲					
	스탭 인건비	설명회개최에 필요한 스탭인원분	○	○		▲	○	○		○			
실사	조사원 수당	조사회사, 조사의 난이도에 대응해 상위	○	○	▲	▲	○	○	○	○			
	교통비	실비정산 등	○	○	▲	▲	○	○					
	통신연락비	우편비, 택배경비, 전화비 등	○	○	▲	○	▲	▲	○	○	○	○	▲
	응답자 모집비	응답자 모집광고비, 소개료 등											○
	실사회장비	실사로 회합장을 사용한 경우의 회합장비			○								
	스탭 인건비	실사관리 스탭 인원수 분	○	○	○	○	○	○	○	○	○	○	
점검 회수	점검회수요원 수당	스탭의 어시스턴트 (아르바이트 등)인수분	○	○	○	○	○	○	○	▲	○		○
	스탭 인건비	점검회수 등의 스탭 인수분	○	○	○	○	○	○	○	○	○	○	○
집계 해석	데이터 입력대금 (펀치대금)	다양하지만 싼 데이터 입력은 오류가 많고 정확도가 낮다	○	○	▲	○	○	○	○	▲	○		▲
	집계비	크로스집계 소프트, 컴퓨터사용요금	○	○	○	○	○	○	○	○	○	○	○
	스탭 인건비	데이터체크, 집계지시, 설계실시 등의 스텝 인원수	▲	▲	▲	▲	▲	▲	▲	▲	▲	▲	▲
	다변량해석 등	해석용 소프트웨어, 컴퓨터 사용료 등	▲	▲	▲	▲	▲	▲	▲	▲	▲	▲	▲
분석	분석비	분석스텝 인건비, 그래프나. 코멘트문의 작성, 보고서 정리 등	○	○	○	○	○	○	○	○	○	○	○
제경비 영업비		상기 비용총액 × 제경비율, 스탭 인건비 × 기술경비 등 조사회사에 따라 각각	▲	▲	▲	▲	▲	▲	▲	▲	▲	▲	▲

주) 스탭 인건비, 영업비는 위탁을 한 경우의 경비 항목

18 표본 수를 결정한다.

샘플링 오차를 고려하는 관점이나 경험에 따른 관점으로 결정한다.

① 비율 (백분율)의 샘플링 오차로부터 결정하는 방법

표본 수가 많을수록 오차가 적기 때문에 오차를 어느 정도까지 허용할 것인가는 조사비용과 밀접한 관계가 있다. 「백분율의 샘플링 오차 조견표[12)]」를 보면 표본 수가 많을수록 오차가 적어진다. 예를 들면, 어떤 의미에의 찬성율이 50%일 때, 표본 수 100에서 ±10%, 결국 진정한 값은 40%~60%의 사이에 있다고 간주한다. 50%±10%이기 때문에 2할의 정확도이다. 목표 정도를 1할(50%±5%)로 하려면 표본 수를 400으로 할 필요가 있다.

백분율의 샘플링 오차는 통계적으로 신뢰도 95%, 즉 20회 조사를 하면 19회는 같은 결과를 얻는다는 것을 의미한다. 2단추출법[13)]은 샘플링 조사가 $\sqrt{2}$ 배로 증가한다고 말할 수 있다.

② 경험에서 결정하는 방법

필요한 표본 수에 관해서는 경험적으로 아래와 같다고 한다.

- 1지역이나 1시설의 표본 수가 500이라면 여러 가지 분석이 가능하다. 예를 들면, 3지역을 비교하는 경우 각 지역 500인, 합계 1500인의 회수 표본 수가 있으면 충분하다. 또한 내장자나 가두조사의 경우에도 1일의 조사에서 500인의 회수가 가능하면 충분하다.
- 크로스집계[14)]를 할 때는 1그룹당 최저 30샘플은 필요하다. 예를 들면, 성별, 연령을 10대~60대 이상의 구분으로 분석하는 경우, 360명이 필요하지만 연령 구성비가 적은 층을 고려하면 500명 정도 필요하다.
- 크로스집계의 결과를 근거로 통계적 검정[15)]을 하는 경우, 1그룹 당 최저 25샘플, 가능하면 50샘플은 필요하다.
- 다변량해석에는 변수 수의 10배 정도의 표본 수가 필요하다.

12) **백분율의 샘플링 오차 조견표** → 회답비율의 오차와 표본 수와의 관계를 나타내는 표. 오른쪽 페이지 참조.
13) **2단추출법** → 대규모 모집단에서 표본추출한 경우, 1단계에 街를 추출하고, 2단계에 그 街에 거주하는 개인을 추출하는 등, 2단계로 나뉘어 추출하는 방법. ([32.표본비례 2단추출법] 참조).
14) **크로스집계** → 복수의 질문항목 간의 집계. 예를 들면, 연령별로 어떤 의견의 찬반을 집계하는 방법.
15) **통계적 검정** → [53.카이제곱검정이란] 참조.

◆ 표본 수를 결정하는 방법

필요한 조사대상 표본 수 = 분석에 필요한 회수 표본 수 ÷ 조사방법마다의 회수율

샘플링 오차의 허용범위로 결정한다

↓

표본 수가 많을수록 정확하지만 고비용

↓

목표정확도에 필요한 표본 수를 아래 표에서 구해 예산을 기안해 결정

↓

경험으로 결정

경험에 의한 목표

- 지역·시설마다 다양한 분석을 하려면 각 지역·시설마다 500샘플이 필요
  예 : 지역별 비교 지역수 x 500, 3지역이면 1500샘플
- 크로스집계에는 1그룹당 30샘플 이상이 필요
  예 : 성, 연령 별 카테고리 분석수 x 30
  성·10대 ~ 60대까지의 6분류라면 360샘플
  연령분포를 고려하면 500샘플
- 다변량해석에는 변수 수의 10배정도의 샘플수가 필요
  예 : 50변수이면 50 x 10 = 500샘플

백분율의 샘플링 오차의 조견표 (5% 수준의 위험도 = 신뢰도 95%)

표본 수 (n)와 샘플링 오차 (E) $= 2\sqrt{p(1-p)/n}$
계통 추출법 등 단순무작위추출법의 오차 (단위 : %)

%(P) \ 표본 수		100	200	300	400	500	1,000	2,000	3,000
1%	99%	2.0	1.4	1.1	1.0	0.9	0.6	0.4	0.4
5%	95%	4.4	3.1	2.5	2.2	1.9	1.4	1.0	0.8
7%	93%	5.1	3.6	2.9	2.6	2.3	1.6	1.1	0.9
10%	90%	6.0	4.2	3.5	3.0	2.7	1.9	1.3	1.1
15%	85%	7.1	5.0	4.1	3.6	3.2	2.3	1.6	1.3
20%	80%	8.0	5.7	4.6	4.0	3.6	2.5	1.8	1.5
25%	75%	8.7	6.1	5.0	4.3	3.9	2.7	1.9	1.6
30%	70%	9.2	6.5	5.3	4.6	4.1	2.9	2.0	1.7
35%	65%	9.5	6.7	5.5	4.8	4.3	3.0	2.1	1.7
40%	60%	9.8	6.9	5.7	4.9	4.4	3.1	2.2	1.8
45%	55%	9.9	7.0	5.7	5.0	4.4	3.1	2.2	1.8
50%	50%	10.0	7.1	5.8	5.0	4.5	3.2	2.2	1.8

보는 방법 : 단순무작위추출법을 기초로 조사결과로 표본 수 100일 때 어떤 응답의 %가 10% 또는 90%인 경우, 조견표의 값 6.0%$(= 2 \times \sqrt{10 \times 90 \div 100})$, 즉 10%±6% (또는 90%±6%)에 참된 값이 있다고 간주한다.
통계적으로 이 범위에 참된 값이 포함되는 것은 95% 확실 (95%의 신뢰도, 5%의 위험도, 20회에 1회는 틀릴 가능성) 하다.
2단추출법의 경우 샘플링오차는 일반적으로 위의 표 수치의 $\sqrt{2}$ 배이다

필요한 표본 수의 간편계산식(위 표의 50%, 50%의 행의 값을 참조)

표본 수 = $(2 \div 목표정확도)^2$

계산 예 목표정확도 10%의 경우의 표본 수 = $(2 \div 0.1)^2 = 400$

목표정확도 10%이란 즉 50%일 때 ±5% (= 5% – 50% = 0.1)의 오차를 목표로 함

목표정확도를 2배 → 표본 수는 $2^2 = 4$배

19 회수율을 높이는 방안에 대해 생각한다.

회수율은 조사방법, 조사원 매너, 조사 문항수, 조사 주체명, 사례품 등에 좌우된다.

① 회수율의 계산방법

회수율이란 조사어택 수 (조사 의뢰수)를 100%라 할 때 회수표 수의 비율이다. 어택 수의 정의에 따라 회수율이 변하기 때문에, 회수율을 볼 때는 계산방법과 회수 불능 이유에 주의할 필요가 있다.

② 회수 불능이 되는 이유

- **조사 대상자의 리스트 불비** … 이사, 사망, 주거표시 누락 등.
- **사건 사고** … 재해나 교통사고 등에 따른 조사 불능.
- **대상자의 사정** … 출장, 여행, 입원 등에 따른 장기 부재 등.
- **실사 관리** … 조사원에 대한 교육 부족에 따른 거부, 방문처 불명 등.

③ 회수율을 높이는 방안

- **사전의 조사 의뢰장** … 대상자에게 조사의 의의나 취지를 이해시켜, 조사 주체나 조사원에의 신뢰감을 얻는다.
- **조사원의 신분증명 제시** … 신분증명서를 대상자에게 제시한다. 내장자조사에서는 조사원 명찰도 몸에 착용하도록 하다.
- **인사장은 성심성의껏** … 조사 주체와 연락처, 조사의 취지, 대상자를 선택한 방법, 개인정보 보호의 확약 등을 기재하다.
- **독촉장** … 우편조사의 경우, 반송 마감일 수일 전에 첫 번째, 마감일의 1주 후에 두 번째의 독촉장을 보내거나 한다.
- **응답자의 입장에서** … 답하기 쉽도록 지나치게 가득 채워 넣지 않은 앙케트표를 작성
- **조사원의 매너 교육** … 복장, 언어 사용의 교육이 필요하다.
- **사례** … 조사 시간에 대한 사례가 필요하다.
- **조사 주체의 명칭** … 지명도가 낮은 기업이 조사 주체인 경우, 사전에 의뢰장에 성의를 표시해 조사에 대한 이해를 구한다.

회수율은 조사정확도와 비례	회수율이 낮음 ——— 회수율이 높음
⬇	⇩ ⇩
조사대상 전체를 어느 정도 반영하고 있는가의 기준	조사정확도가 낮음 ——— 조사정확도가 높음

회수율의 산출 방법은 하나가 아니다

회수율 (%) = 회수 표본 수 ÷ 조사어택 수 x 100

조사어택 수 = 조사를 의뢰한 전대상자수

① 전수조사의 경우 대상자수 = 대상자 전원의 수

② 리스트에서 대상자를 추출하는 경우, 대상자수 = 리스트에서 추출한 사람 수
또는 리스트에서 추출한 사람 수 – 회수 불능 수 (불능이유 ① ~ ④*)

③ 가두조사의 경우 대상자 수 = 조사를 의뢰한 통행자 수 (거부를 포함)

④ 현지추출의 경우 대상자수 = 대상자에게 해당하는지 아닌지 질문 대상자
또는 대상자에 해당하는지 아닌지 질문 후, 대상자에 해당한 사람 수

*** 회수 불능의 이유**

① 대상자 리스트의 불비
이사, 서류상의 거주, 사망, 기재오류, 주거표시변경 등

② 사건·사고
추출지점이 풍수해, 대형지진, 대형사고 등 재해를 당한 경우
추출지점에의 교통수단이 없는 경우

③ 대상자의 사정
출장, 여행, 해외 부임, 출가, 입원 등 조사 기간 중의 부재
질병에 의한 앙케트 응답을 할 수 없는 심신상태

④ 실사 관리
주소를 찾을 수 없거나 단기 부재, 거부 등

대상자의 신뢰감을 높이는 방안의 회수율 제고

- 조사 주체명이 관공서, 공익법인, 교육기관, 매스컴 등 공공성이 높은 단체나 지명도가 높은 기업이라면 유리
- 방문조사는 사전에 의뢰장 (사전에 조사목적, 의견 등을 설명)을
- 성의 있는 인사장을 첨부
(조사목적의 설명, 조사결과의 용도, 개인정보의 비밀 준수, 협력에의 사의 등을 나타냄)
- 조사원은 신분증명서를 제시
- 내장자조사에서는 조사원은 유니폼, 명찰 등을 몸에 갖춘다
- 조사원 매너에 주의 (복장, 태도, 말투의 지도)
- 앙케트표는 대상자의 입장에 맞는 질문량·내용으로
- 응답 시간에 상응한 사례품을
- 우편조사에서는 독촉장을 (마감일의 전과 후에 각 1회씩 보내는 것이 효과적)

앙케트조사의 사례품

앙케트조사에는 사례가 회수율을 높이는 데 유익한 키포인트이다. 관공서의 조사에서도 볼펜 등의 사례를 준비하기도 하다.

응답의무가 없는 앙케트에선 의무감을 첨부하기 위한 중요한 도구의 하나다. 사례의 전달 방식이나 사례의 가치에 따라 회수율이 달라진다. 앙케트를 의뢰할 때 사례를 주면, 회수 후에 사례를 주는 것 보다 회수율이 높아진다.

우편조사의 경우, 응답해 주면 전원에게 1천원 상당의 사례품을 우송하는 것 보다 추첨으로 1등 10만원, 2등 5만원, 3등 1만원 상당의 사례를 보내는 게 회수율이 높아진다.

앙케트조사의 사례는, 이전에는 가볍고 부피가 있는 것 (대상자가 좋아할 것 같은 것으로, 조사원이 운반하기에 무겁지 않은 것), 예컨대 타월이 깔끔하게 포장된 것을 사용했다. 지금은 사례의 예산이 5000원 이상이면 각종 선불카드가 이용된다. 5000원 미만의 사례는 응답할 때 사용하는 필기용구, 손수건 등의 일용품이 사용된다.

제 3 장

▼

앙케트표를 작성한다

20 앙케트표 작성의 순서

앙케트표는 협력을 부탁하는 인사말, 질문의 본문, 응답자 특성의 3부로 구성한다.

① 앙케트표의 기본 구성

- **조사 협력의 부탁** … 대상자와 최초의 접촉은 「조사에의 협력 의뢰」 이다. 『인사장]은 조사 주체나 조사원에 대한 신뢰획득」 하는 데 중요하다.
- **질문 본문** … 질문문과 응답 카테고리로 구성된다. 답하기 쉽게, 알기 쉽게, 질문순. 언어사용. 응답 카테고리[16]를 고안해 단시간에 끝나는 문항수로 간추린다.
- **응답자 특성** … 맨 끝에 질문하는 것이 바람직한 항목이다. 주소·이름이나 연령, 직업, 월수입 등에 관해서는 개인정보보호의 확약도 필요하다.

② 질문 본문의 작성 순서

- **질문 순서의 안을 작성** … 답하기 쉬운 질문부터 시작해, 질문간의 연결을 자연스럽게 해 답하기 어려운 질문은 뒤로 한다.
- **질문의 유형을 결정** … 질문으로 요구하는 것은 자유의견인가·선택방식인가, 응답 유형은 단수·복수응답, 자유응답인가 등을 결정한다.
- **응답 카테고리 안을 작성** … 각 질문의 응답선택지의 안을 결정한다.
- **응답 척도[17]의 유형을 결정** … 수집된 데이터로 어떠한 집계를 했는가에 따라 60~65페이지에 제시한 응답척도의 유형을 정한다.
- **질문문안을 작성** … 응답 카테고리와 응답 수도 지시한다.
- **앙케트표의 레이아웃 안을 작성** … 조사 문항, 용지 사이즈, 인쇄의 방향, 괘선이나 문자, 일러스트 등 레이아웃을 검토한다.
- **앙케트표 검토를 위해 프리테스트를 실시** … 동료를 대상자로 삼아 질문안이나 응답 카테고리에 문제가 없는가를 살펴보게 한다.
- **문제점을 개선** … 문제점의 재검토, 개선을 한다.
- **레이아웃을 결정** … 레이아웃을 결정 인쇄 (또는 복사)한다.

---

16) **응답 카테고리** → 응답의 선택지를 말함 성별(남·녀)이나 혈액형 (A·B·AB·O) 등과 같은 응답선택지를 나타내고, 그 가운데에서 응답을 선택하도록 작성함. 남·녀이라면 2카테고리, A·B·AB·O이라면 4카테고리가 된다.

17) **응답 척도** → [23. 조사대상자를 측정하는 척도란?] [24. 태도를 측정하는 척도란?] 참조.

◆ 앙케트표의 작성 순서와 포인트

작성순서	포인트
질문순의 안 작성	질문의 흐름을 알기 쉽게 답하기 쉬운 질문을 먼저 중요한 질문은 되도록 먼저
각 질문의 질문방법, 응답방법 결정	질문 내용에 대응해서 응답 카테고리의 유무 응답 카테고리의 종류 (척도) 답의 수 답의 형식 등을 결정
말투를 결정	대상자, 조사내용에 상응한 말투
각 질문의 응답 카테고리 안 작성 및 질문문 작성	간결명료 오도질문에 주의 한 질문에 복수질문이 들어가지 않도록
응답방법의 지시문 안 작성	응답방법에 따라 지시문을 통일 (맞으면 동그라미의 하나에 ○) (자유롭게 답해주세요) 등
레이아웃 안 작성	조사 문항수의 조정 용지 사이즈 종서 • 횡서 괘선 둘레, 일러스트 삽입 등
인사장 (조사의뢰장)작성	대상자의 입장에서
프리 테스트	앙케트 (안)을 이용해서 내부에서 실사를 해서 문제점을 체크
재검토 • 문제점 개선	
앙케트표의 레이아웃 결정	
인쇄 (또는 복사)	

21 질문순서를 생각한다.

간단하고 쉬운 질문으로 시작해서 논리적인 순서로 질문한다.

① 질문은 논리적 순서로 열거

- **질문의 우선 순서** … 대상자 선정의 스크리닝 질문[18] (유저 조사의 경우, 소유의 유무 등)은 맨 앞에서 한다. 광고조사의 경우, 재생지명[19]은 재인지명[20] 앞에 질문한다.
- **유도적인 질문 순서의 배제** … 다음 질문에 영향이 없도록 질문 순서를 배려한다. 예를 들어, 상품의 장점 다음에 구입의향을 질문한다면 구입의향이 높아질 가능성이 있으므로 구입의향을 먼저 질문한다.
- **화제의 변화를 명확히** … 화제마다에 질문을 정리한다.

② 간단하고 쉬운 질문부터 시작

대상자에게 있어서 간단하고 쉬운 질문, 흥미를 끄는 질문부터 시작한다.

③ 일반적 질문부터 개별의 구체적 질문으로 전개

일반적 화제부터 가까운 화제, 구체적 질문부터 일반적 질문으로, 간단한 테마부터 복잡한 테마로 답하기 쉬운 순서를 생각한다.

④ 사실을 묻는 질문을 먼저, 의식을 묻는 질문은 나중에

사실을 묻는 질문은 답하기 쉽기 때문에 먼저 한다. 또한 질문수가 많으면 응답자도 힘이 들기 때문에 중요한 질문을 먼저 한다.

⑤ 종합평가는 개별평가의 전인가 후인가를 검토

광고평가 등 감성에 관한 평가는 종합평가를 먼저, 개별평가를 나중에 묻는다. 시책평가 등 객관적으로 평가해야 하는 사항은 개별평가가 먼저이다.

⑥ 대상자의 특성을 묻는 질문은 나중에

대상자의 수입이나 지위 등 싫어하는 질문은 나중에 한다.

18) **스크리닝 질문** → 조사 대상자의 조건에 맞는 응답자로 좁히기 위한 질문. 예를 들어 운전자 대상의 질문에는 운전면허의 유무.
19) **재생지명** → 힌트를 주지 않더라도 생각이 나는 명칭
20) **재인지명** → 힌트를 받아서 비로소 생각이 나는 명칭

◆ 질문의 순서를 경정하는 포인트

- 유도 질문이 되지 않도록 주의
- 응답자가 답하기 쉬운 순서로
- 응답자의 심증에 배려를

논리적 순서로	• 재생지명 (힌트 없이 생각나게 하는)→재인지명 (힌트를 주어 생각나게 하는) • 지명의 유무→이용의 유무→평가→금후의 이용 의향 • 소유의 유무→소유 대수→최근의 구입 년도 등
시간의 흐름을 따라서	• 과거의 상태→현재의 상태→장래의 예상 또는 이것의 반대
간단히 답하기 쉬운 질문을 먼저	• 사실을 묻는 질문 전후에 의식을 묻는 질문을 • 가까운 것을 먼저
일반적 질문과 구체적 질문의 순서는 케이스 바이 케이스로	• 질문순서에 의한 응답자에의 심리적 영향의 유무 • 질문 흐름의 알기 쉬운 점 등을 고려
종합평가와 개별평가의 순서는 케이스 바이 케이스	• 평가가 좋고 싫음 등 감성에 관한 경우는 종합평가가 먼저 • 좋고 나쁨 등 객관적 평가를 구하는 경우엔 종합평가가 나중
중요한 질문은 가능한 한 먼저	• 응답을 구하는 대상이 되는가를 확인하는 질문을 먼저 • 질문수가 많은 경우, 우선적으로 묻고 싶은 질문을 앞 쪽에
대상자의 특성은 나중에	• 성별, 연령 등을 먼저 • 연봉, 학력, 지위 등은 뒤로

22 질문의 유형과 응답의 유형을 생각한다.

응답의 방법을 지시하기 위해서 질문이나 응답의 유형을 결정한다.

질문의 유형과 조사방법 (조사원이 소리 내어 읽을 것인가, 대상자가 읽을 것인가)에 따라 질문문항을 작성한다.

① **질문의 유형**

- **자유응답형 질문** … 자유로이 응답을 하게 하는 질문으로 응답은 말·문자, 일러스트나 숫자가 된다.
- **프리코드형 질문** … 번호나 기호를 사용한 응답 카테고리에서 응답을 선택케 하는 질문이다.

② **응답의 유형**

- **자유응답** (문자주체 / 숫자)
- **이항목선택식 응답** (단수응답 (일대비교 포함))
- **다항목선택식 응답** (단수응답 (순위응답 포함) / 복수 응답, 무제한 선택 / 복수응답, 제한 선택)

프리코드형 질문의 응답은 2항목선택식과 다항목선택식으로 나뉜다. 2항목선택식 응답은 「네」 또는 「아니요」 등 응답 코드에서 1개를 선택하게 하는 것이다. 「A상품과 B상품에서 좋은 쪽」 과 같은 일대일 비교에 의한 단수응답도 포함된다. 다항목선택식 응답은 세 개 이상의 응답 코드에서 선택하여 받는다. 이 방식에는 단수응답과 복수응답이 있다. 단수응답은 복수의 선택지에서 한 가지를 선택하게 한다. 복수응답에는 「몇 개라도 알려 주세요」 라고 하는 무제한 선택식과 「3개까지 알려 주세요」 와 같은 제한 선택식이 있다.

오른쪽 페이지의 질문방법의 장점과 단점도 참고하기 바란다.

◆ 질문의 유형과 응답의 유형

질문의 유형	응답의 유형
자유응답형 질문 · 구체적 숫자를 질문→단위를 나타낸다 · 문장으로 의견이나 감상을 질문한다	**● 자유응답** · 언어, 문자, 숫자 · 일러스트 등
프리코드형 질문 · 질문의 답을 응답 카테고리로 나타낸다	**● 이항목선택식** 「네」 또는 「아니오」, 「A」 또는 「B」 등 2자택일 **● 다항목선택식 (선택지 셋 이상)**
프리코드부 자유응답형 질문 · 조사원에 의한 질문 만 가능하다 · 대상자는 자유로이 응답해 해당하는 응답 카테고리를 조사원이 선택한다	**● 다항목선택식 (선택지 셋 이상)** · 단수응답 (하나만 선택) · 복수응답 · 무제한 선택 (얼마든지 선택) · 복수응답 · 제한선택 (세 개까지 등 질문에 지시된 수를 선택)

◆ 질문방법의 종류와 장단점

질문방법	장 점	단 점
자유응답형 질문	· 질문자가 기대하지 않는 응답이 얻어진다 · 숫자나 의견 등이 구체적으로 이해된다 · 응답의 내용이나 숫자의 폭을 예상할 수 없어도 질문 가능하다	· 집계나 정리에 시간이 걸린다 · 응답에 노력이 들기 때문에 무응답이 많아지는 경향이 있다 · 초점을 벗어난 응답도 발생한다
프리코드형 질문	· 집계나 정리하기 쉽다 · 질문의 의미를 알기 쉽다 · 단시간으로 응답 가능하다	· 응답 코드가 부적절한 경우 정확한 결과를 얻을 수 없다. · 응답 코드가 응답의 힌트가 되어버린다
프리코드부 자유응답형 질문	· 집계나 정리하기 쉽다 · 초점을 벗어난 응답이 발생하지 않는다 · 응답 코드를 제시하지 않으므로 자유로운 의견을 들을 수 있다	· 조사원에 의한 면접조사에 이용 가능하다 · 조사원의 능력이 낮으면 올바른 결과를 얻을 수 없다

23 조사 대상자를 측정하는 4개의 척도란?

명목척도나 순서척도로 정성적데이터를 측정, 구간척도나 비율척도로 정량적데이터를 측정한다.

• **통계적 데이터는 4개로 분류할 수 있다.**

통계적으로 처리 가능한 데이터를 얻기 위해선 척도라고 하는 기준으로 측정할 필요가 있다. 척도에는 명목척도, 순서척도, 구간척도, 비율척도의 4종류가 있다. **명목척도와 순서척도로 측정한 데이터는 정성적 데이터, 구간척도와 비율척도로 측정한 데이터는 정량적 데이터**이다.

① 명목척도

성별이나 직업 등의 대상자 특성을 편의적인으로 숫자로 표시한 것이다. 스포츠 선수의 등번호나 신용카드의 번호도 명목척도의 하나이다. 대상자를 카테고리로 나누기 위한 명목척도로서는, 예를 들어 남성은 1, 여성은 2 등이 있고 전원이 할당된 숫자에 포함된다.

명목척도의 숫자는 가감승제는 할 수 없다. 통계처리의 방법으로서 남성은 112명, 여성은 138명이라고 하는 것처럼 각각의 숫자를 충분히 얻은 도수 (빈도수, 즉 해당하는 사람 수)나 도수의 순위에 의한 최빈수 (최고로 많았던 응답 카테고리의 도수)등이 가능하다.

② 순서척도

가장 좋아하는 것으로부터 순서로 랭크를 결정, 「A보다 좋다」 든지 「B보다 싫다」 등의 관계를 표시할 수 있는 숫자이다. 다수의 선택 카테고리와 관련, 좋은 순서나 사고 싶은 것의 순위를 질문하거나 복수의 선택지 가운데서 베스트 3이나 워스트 3을 질문하거나 한다.

순서척도로 얻은 수치는 중앙값 (각 선택지 카테고리에 주어진 순서값을 세워 놓고 그 가운데 위치에 해당하는 수치)나 순위상관계수 (1위 10점, 2위 9점… 등의 득점을 할당하여 상관계수를 계산함) 등의 통계처리가 가능하다.

◆ 데이터의 유형

대상자의 응답을 숫자로 나타냄 (데이터화)

척도에 따라 통계적 처리의 방법이 달라짐

- 정성적 데이터
  - 명목척도 (이름, 성별 등)
  - 순서척도 (좋은 것의 순위 등)
- 정량적 데이터
  - 구간척도 (온도, 성적 등)
  - 비율척도 (거리, 중량, 금액 등)

◆ 명목척도

대상자 특성을 편의적 숫자로 표현

예

성별 : 남성 = 1, 여성 = 2

좋아하는 동물에 ○

: 개 = 1, 고양이 = 2, 작은 새 = 3, 토끼 = 4, 햄스터 = 5, 그 외 = 6 등

● 통계적 처리의 방법 ●

· 도수 (빈수)의 카운트

(예 : 남성 112명, 여성 138명)

· 도수의 순위

(예 : 1위 고양이 57명, 2위 개 49명, 3위 토끼 41명 ‥)

◆ 순서척도

순위나 베스트 3, 워스트 3 등을 질문

예

· 다음 동물에서 좋아하는 순위를 붙여 주십시오

· 가고 싶은 나라부터 순서로 셋을 말해 주십시오

● 통계적 처리의 방법 ●

· 순위별 도수

(예 : 1위 개 36명, 고양이 28명...
2위 개 19명, 토끼 17명...
3위 고양이 32명, 작은 새 28명...)

· 순위의 득점 환산

(예 : 1위 3점, 2위 2점, 3위 1점으로 카테고리 별로 평균 득점을 산출)

③ 구간척도

앙케트조사로 가장 많이 사용되고 있는 것이 구간척도이다. 「매우 만족, 꽤 만족, 약간 만족, 어느 쪽도 아님, 약간 불만, 꽤 불만, 매우 불만 가운데에서 해당하는 것에 ○를 넣어주세요」라고 하는 질문 형식을 사용하는 것이다. 본래는 일종의 순서척도이지만 구간척도로서 취급한다.

구간척도에서는 눈금 간격의 차는 동등하다고 하는 가정 아래 「매우 만족 7점, … 매우 불만 1점」과 같은 득점을 줄 수 있다. 원점을 자유로 정할 수 있으므로 「매우 만족 + 3점, …, 어느 쪽도 아님 0점, …, 매우 불만 − 3점」과 같은 득점화도 가능하다. 그러나 심리적으로는 눈금 간격의 차 (1점)는 다를 가능성이 크기 때문에, 눈금 간격의 심리적 거리를 측정하는 방법도 있다. ([57.시그마값법이란?]참조)

구간척도로 얻은 수치는 평균값, 분산, 표준편차, 상관계수 등의 통계적 처리가 가능하다. ([51.범위와 표준편차란?] [55 t 검정과 분산분석이란?] 참조)

④ 비율척도

통계적 처리가 가장 자유롭게 되는 것은 비율척도이다. 비율척도는 예를 들면, 무게, 길이, 금액 등이다. 100만 원은 1만원의 100배, 100만원은 10만원의 10배의 크기라고 하는 것처럼 수치적으로 비율관계가 있다. 절대적 원점을 가지고 있기 때문에 갖가지 평균을 계산할 수 있다, ([50대표치란?] 참조)

소매점 대상의 앙케트조사에 있어서 연간 매상액, 내점 객수, 주차 대수 등을 질문하거나 소비자 대상에서는 연수, 연령 등을 질문하거나 할 때 사용된다.

◆ 구간척도

평가 등을 질문

예

· 만족도 (서열척도지만 눈금 간의 차는 같다고 가정하여 구간척도로서 활용)

- 매우 만족
- 조금 만족
- 어느 쪽도 아님
- 조금 불만
- 매우 불만

에서 선택 등

• 통계적 처리의 방법 •

· 도수의 카운트

(매우 만족 15인, 만족 23인...)

· 득점 환산

매우 만족 5점 ~ 불만 1점으로 평균득점 산출

(5점 x 15인 + 4점 x 3인 +...)

(15인 + 3인 + ...)

· 분산, 표준편차 등 데이터의 불규칙 분포 등

◆ 비율척도

수, 량 3 등을 질문

예

· 연봉
· 연령
· 연간 매상금액
· 내장자 수 등

• 통계적 처리의 방법 •

· 카테고리화로서 도수를 카운트

(10대 18인, 20대 25인)

· 산술평균의 산출

(평균 연령 42.8세)

· 기하평균

(연평균 성장률 1.5배)

· 조화평균

(평균시속 40.7km, ...)

<평균에 대해서는 [50 대표 값이란?] 참조>

· 분산, 표준편차 등 데이터의 불규칙 분포

<[51 범위와 표준편차란?] 참조>

등

24 태도를 측정하는 기준이란?

질문의 목적에 따라 태도를 측정하는 기준을 구분해 사용하자.

심리학에서는 태도[21]를 측정하는 기준을 **태도척도**라고 부르고 있다. 태도는 인지요소, 정서요소와 의도·행동요소의 셋으로 이루어져 있다. 태도를 측정하기 위해서 심리학 등에서 고안된 기준의 예를 아래에 제시한다.

① 카테고리 척도

가장 많이 사용되는 기준이다. 두 카테고리는 「1. 찬성 2. 반대」 이다. 7단계 척도에는 「1. 매우 중요 2. 꽤 중요 3. 약간 중요 4. 어느 쪽도 아니다 5. 약간 중요하지 않다 6. 그다지 중요하지 않다 7. 매우 중요하지 않다」 등 이다.

② 극카테고리 척도

카테고리 척도는 모든 카테고리에 붙는 명칭이지만, 이 척도는 양단의 「극」에만 붙는 명칭이다.

③ 양극 척도, 단극 척도

「밝음 – 어둠」 등 플러스와 마이너스의 양극을 가진 척도를 양극척도라고 한다. 단극척도는 「예쁨 – 보통」 처럼 중립점으로부터 한 쪽 방향만으로 확대하는 경우이다.

④ 밸런스 척도, 언밸런스 척도

언밸런스척도는 「1. 매우 만족 2. 제법 만족 3. 약간 만족 4. 어느 쪽도 아니다 5. 불만」 등, 한 쪽 극은 세분하지 않는다.

⑤ 강제선택 척도

「어느 쪽이라고 말할 수 없다」 라는 응답을 피하기 위해 고안한 척도이다. 예를 들어 「1. 매우 만족 2. 만족 3. 불만 4. 매우불만」 이라는 척도이다.

⑥ 상대평가 척도

일대비교를 구간척도로 질문하는 방법이다.

21) **태도** → 생활환경의 다양한 상황에 대해 일관되고 일정한 반응·경향을 나타내는 것을 의미·비교·판단, 좋아하고 싫어하기, 반응이나 행동의 의도가 포함.

◆ 태도를 측정하는 여러 가지의 척도

태도를 구성하는 요소

- **인지요소** • 주목 → **지식요소** • 이해 • 특성판단 → **정서・감정요소** • 흥미 • 행위 • 기억 → **의도요소** • 구입의도 • 확신 → **행동요소** • 구입준비 • 구입행동

예 : 광고업계의 AIDMA이론

- Attention (주목) → Interest (관심) → Desire (욕구) → Memory (기억) → Action (구입)

태도척도로 계측

카테고리 척도
모든 카테고리에 명칭을 붙임

- 1. 찬성 2. 반대, a.좋음 b.싫음 등
- 5단계 평가의 예
  중요 / 약간 중요 / 아니 어느 쪽도 / 별로 중요하지 않음 / 중요하지 않음

극(極)카테고리 척도
카테고리의 양극에 명칭을 붙임

- 카테고리를 플러스와 마이너스의 숫자로 평가
  예 만족 +2 +1 0 −1 −2 불만

양극척도(SD척도)

- 카테고리에 상반되는 양극을 가지게 한다
  예 좋음↔싫음, 필요↔불필요 등

단극척도

- 카테고리에 방향의 극을 가지게 한다
  예 필요↔필요하지 않음, 좋음↔좋지 않음
  깨끗함↔더러움 등

밸런스 척도

- 양극간을 균등하게 구분한 카테고리 척도
  1. 매우 만족, 2. 꽤 만족, 3. 어느 쪽도 아님, 4. 꽤 불만 5. 매우 불만

언밸런스 척도

- 양극의 한 쪽만 자세히 구분한 카테고리 척도
  1. 매우 만족, 2. 꽤 만족, 3. 조금 만족, 4. 어느 쪽도아님, 5. 불만

강제선택 척도

- 양극의 중립적인 카테고리를 만들지 않고 강제적으로 응답을 어떤쪽의 극으로부터 선택시킴
  매우 만족 / 꽤 만족 / 조금 만족 / 조금 불만 / 꽤 불만 / 매우 불만

상대평가 척도

- 일대일 비교를 간격척도로 질문
  예 1. 개보다 고양이가 매우 좋음
  2. 개보다 고양이가 조금 좋음
  3. 어느 쪽도 아님
  4. 고양이보다 개가 조금 좋음
  5. 고양이보다 개가 매우 좋음

25 질의문을 작성할 때의 주의 점

질문의 대상자나 질문방법을 고려하며, 간결하게 알기 쉬운 문장을 고안함

① 질의문은 간결하게 한다.

응답자가 짜증스럽게 여기거나, 건너 뛰고 읽지 않도록 간결하게 한다.

② 누구나 이해 할 수 있는 말을 사용한다.

어려운 말이나 한자, 전문용어나 유행어 등은 사용하지 않는다.

단, 대상자가 매니아, 전문가 등 특수한 용어에 익숙해 있는 경우는 적극적으로 활용하는 것이 좋을 때도 있다.

③ 의미나 범위 등이 명확하지 않은 말은 사용하지 않는다.

「때때로, 이따금, 종종」「00주변, 이 부근, 여기, 이 근처」등, 시간이나 범위가 애매한 질문은 갖가지 해석을 가져온다. 또 기간, 범위, 단위 등을 특정하지 않은 질문은 혼란을 불러일으킨다.

④ 유도적 질문을 하지 않는다.

이름을 알리기 위한 목적으로 브랜드명을 질문문에 포함시키는 등, 질문자에게 유리한 응답을 도출하는 것 같은 유도질문은 조사결과를 왜곡되게 한다.

⑤ 하나의 질문으로 복수의 사항을 묻지 않는다.

「미용과 건강이 좋다」「재미있고 도움이 된다」「편리하므로 권하고 싶다」등 복수의 말은 하나의 질문에 넣지 않고 복수의 질문으로 나눈다.

⑥ 필요 이상 프라이버시를 건드리지 않는다.

프라이버시 보호를 위해, 생년월일을 묻지 않는 등 배려가 요구된다.

⑦ 질문 상대를 명확히 한다.

특정한 응답을 한 사람에게만 질문하고자 하는 경우, 응답해야 하는 사람의 조건을 명시하고, 응답을 요구받지 않은 사람은 어느 질문까지 건너 뛸 것인가를 지시한다.

⑧ 조사방법에 걸맞는 질문문으로 한다.

전화조사나 면접조사에서는 들어서 알 수 있는 질문문을 고안한다.

◆ 질의문 작성의 포인트

- 질문상대의 특성을 고려해서
- 알기 쉬운 말로
- 질문방법에 걸맞는 문장으로
  (대상자에게 읽어서 들려주거나, 읽도록 한다)

간결한 문장으로	• 알기 쉽게, 또 가급적 짧게 • 경어는 지나치게 많지 않도록
대상자가 이해할 수 있는 말로	• 전문용어, 업계용어, 유행어는 원칙적으로 사용하지 않는다. • 매니아, 전문가 등이 대상인 경우, 전문용어, 업계용어가 좋은 경우도 있다. • 연소자가 대상인 자필식(自筆式)조사에서는 한자에 토를 다는 등, 어렵지 않은 말로
의미나 범위를 명확히	• 의미, 정도가 애매한 말이나 표현은 사용하지 말 것 • 질문의 대상이 되는 범위, 기간 등을 명확하게
유도적 질문을 하지 않는다.	• 표현이나 언어사용이 응답에 영향을 주지 않도록 • 유리한 응답을 도출하는 질문은 하지 않는다.
하나의 질문으로 복수사항을 묻지 않는다	• 「미용과 건강에 좋다」, 「친근하고 편안한 호감이 간다」 등 관용구에 주의한다
개인정보에 관련한 질문은 최소한으로	• 생년월일보다 나이, 나이보다 연대를 • 연봉은 범위로 표시하기 등

26 조사 문항을 조정한다.

조사대상자의 응답에 필요한 시간을 배려, 질문량을 조절한다.

조사 문항 (앙케트표의 질문량)을 고려할 때의 주된 요소는, 조사가능 시간, 조사주체의 명칭, 사례품 등이다.

① 조사가능 시간을 배려한다.

조사방법 별의 조사가능 시간의 기준을 오른쪽 페이지 위쪽에 제시했다. 이것을 참고로 조사가능 시간 내에 마치도록 강구하는 것이 좋겠다.

② 조사주체의 명칭과 사례품으로써 협력의식을 높인다.

민간기업의 명칭으로 앙케트조사를 할 때, 조사 문항이 많을 경우는 사례품을 가급적 고급품으로 해서 앙케트에의 협력의식을 높이는 배려가 필요하다.

③ 조사 문항을 적게 하는 방안도 검토한다.

조사 문항이 많으면 응답이 무성의해지며, 회수율도 낮아지기 쉽다. 조사 문항을 적게 하는 방법을 아래에 소개한다.

- **질문수를 감소시킨다.**

  조사 문항을 줄이는 첫 번째의 방법은 질문수를 적게 하는 것이다.

- **응답형식을 변경한다.**

  응답형식을 바꾸기만 해도 응답시간을 적게 할 수 있다. 자유응답을 문자주체방식에서 프리코드형의 다항목선택식응답으로 바꾼다.

- **특정인에게만 질문한다.**

  전원에게 질문하지 않고 특정한 응답을 한 사람에게만 질문하면, 그 밖의 사람에게는 부담을 끼치지 않습니다.

- **다른 조사방법과 병용한다.**

  조사 문항을 줄이지 않는 경우는, 다른 조사방법을 병용한다. 이를테면, 방문면접조사는 유치조사와 우편조사가 병용된다.

◆ 조사가능시간의 기준

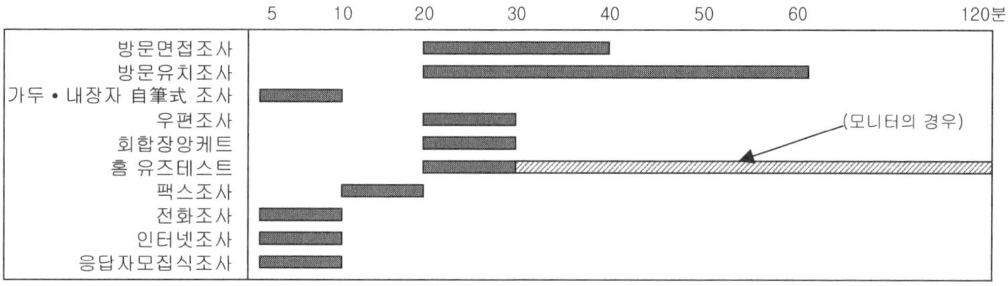

◆ 조사가능시간을 연장하는 조건

조사가능시간 많음>조사가능시간 적음

- 조사주체명 → 관공서, 공적기관>민간기업, 민간기관
- 사례품 → 고액>소액>없음

◆ 조사 문항을 줄이는 포인트

질문수를 줄임 →

- 필요하지 않은 대상자의 특성을 묻는 질문은 없는가
- 조사 목적상 불필요한 질문은 없는가
- 응답에 시간이 걸리는 질문은 없는가
- 동일한 패턴의 질문이 지나치게 계속되고 있지 않는가
- 같은 내용의 질문의 중복은 없는가

응답형식을 바꿈 →

- 자유응답을 프리코드방식으로 한다.
- 단수응답의 복수질문을 복수응답의 하나의 질문으로 합친다.

(예) ① 개········1. 좋아한다 2. 싫어한다
②고양이···· 1. 좋아한다 2. 싫어한다
➡ ①~⑩ 가운데서 좋아하는 것에 ○

- 무제한 선택질문과 제한 선택의 질문을 하나의 질문으로 합친다.

(예) 문1 ①~⑩에서 좋아하는 것을 몇 개 라도
문2 ①~⑩에서 가장 좋아하는 것을 한 개
➡ 문1 ①~⑩ 에서 좋아하는 것 몇 개라도 ○, 가장 좋은것에 ◎

질문 대상자의 범위를 좁힘 →

(예)
문1 현재의 주택은 소유하시는 집입니까?
1. 자가 2. 임대→별지 문8로

문2 ~최근 1년이내에 집을 구입할 예정이 있습니까?
1. 있다 → 문3으로 2. 임대→별지 문8로

문3~문7
구입한 부동산에 관한 질문

(별지) 문8 라이프플랜의 의견에 관하여 찬성에 ○를...

조사방법의 병용 →

- 그 자리에서 응답하는 조사표와 다음에 응답할 조사표로 분할

(예) 방문면접조사+유치(留置)조사
방문면접조사+우편조사 등

27 대상자 특성을 5그래픽스로 파악한다.

조사목적에 따라서 성•연령•직업 이외의 각양각색의 특성도 파악하자

대상자의 특성은 5가지로 분류가능하다. 이 가운데 인구통계적 특성은 반드시 파악하지만, 그 밖의 특성은 조사테마에 따라 고려한다.

① 인구통계적 특성 - 데모그래픽스

인구통계적 특성이란 남녀의 성별, 연령, 결혼의 유무, 학력, 직업, 취업상의 지위, 세대의 종류, 세대인원, 가계수입, 개인의 연봉, 주거의 종류 등을 말한다. 앙케트 결과를 어떤 단면에서 분석하고 싶은가 등을 미리부터 고려해서, 필요 이상으로 상세한 개인정보수집이 되지 않도록 배려한다.

② 심리적 특성 - 사이코그래픽스

대상자의 감성이나 지성에 관련한 특성, 예컨대 어떠한 감정, 사고방식, 관심, 어떠한 성격과 라이프스타일이냐 하는 것이다.

③ 경험적 특성 - 익스페리언스그래픽스

조사테마와 직접적인 관계가 있는 것 하나하나에 관련한 경험을 나타내는 특성을 말한다. 예컨대 인터넷쇼핑에 관한 조사라면 인터넷 이용의 유무, 인터넷 사용 기간, 인터넷쇼핑 경험의 유무, 구입품목, 구입금액 등을 생각할 수 있다.

④ 지리적 특성 - 지오그래픽스

예컨대 내장자조사나 교통기관에 관한 앙케트조사라면 주소지, 제일 가까운 역, 제일 가까운 역에서의 시간·거리나 교통수단 등을 생각할 수 있다.

⑤ 특수한 특성 - 스페셜그래픽스

지금까지 설명한 특성 이외의 특성이다. 예를 들면 영양드링크 등에 관한 조사라면 체력을 특수한 특성이라고 하는 것을 생각할 수 있다.

◆ 인구통계적 특성

• 성별	• 연령	• 혼인여부	• 학력
• 직업	• 직종	• 직책	• 가족구성
• 동거가족수	• 주거형태	• 세대별 연수입	• 개인 연수입 등

↓

예컨대, 국세조사의 직업 구성비와 비교 → 조사결과의 왜곡유무 확인

◆ 직업분류의 예

① 사무직	관공서·회사·단체의 사무직·영업직 등
② 전문직, 기술직	의사·간호사·약사·변호사·회계사·교사·프로그래머·전문기술자·예술가·작가·디자이너·카메라맨 등
③ 관리직	의원·과장 이상의 종업원 또는 그에 준하는 지위 이상의 공무원·회사·단체임원·선장·기관장 등
④ 상공 자영업	소매점주·도매점주·음식점 및 그 가족종업원·공장경영자 및 그 가족종업원
⑤ 판매·내근서비스업 관계 조사자	소매점·음식점의 점원·부동산중개업·보험 외판원·조리사·호텔·오락시설 등의 종업원·이용사·미용사·아파트관리인 등
⑥ 생산·외근서비스업 관계 종사자	공원·직공·운전수·역무원·우편배달부·경찰관·경비원·선원·스튜어디스·청소원 등
⑦ 농림·어업종사자	
⑧ 전업주부	
⑨ 학생(재수생 포함)	
⑩ 기타 직업·무직	

◆ 심리적 특성 [감성과 지성] ▶ 느낌, 생각, 관심, 기억, 라이프스타일, 성격 등

◆ 경험적 특성 [조사테마와 직접 관련되는 경험] ▶ 흡연의 유무, 흡연량 (개수), 흡연의 계기

◆ 지리적 특성 거주지, 가장 가까운 역, 제일 가까운 역까지의 시간과 거리 등

◆ 특수한 특성 조사테마에 대응한 분석에 필요한 특성

28 앙케트표를 레이아웃 한다.

응답을 구하는 사람을 바르게 지정하고, 싫증내지 않고 응답을 이끌어 낼 수 있도록 레이아웃 한다.

레이아웃을 생각할 때, 결정해야 하는 사항은 아래와 같다.

- **앙케트표의 크기** … B5, A4, B4, A3 등
- **용지의 방향이나 인쇄면** … 가로인지 세로인지 단면인쇄인지 양면인쇄인지
- **질문란과 응답란의 위치관계** … 좌우사용 (질문란을 좌, 응답란을 우)인지 상하사용인지 (질문란을 상, 응답란을 하)
- **응답을 구하는 사람의 지정방법** … 세분되는 질문으로 질문상대가 바뀌었을 때에만, 또는 질문마다.
- **문자의 크기** … 몇 포인트로 인쇄 또는 화면표시를 할 것인가
- **질문번호의 표시방법** … 알파벳표시 (Q1, SQ4 등) 또는 한국어표시 (문 1, 질문 2, 물음 3 등)
- **조사원에의 지시 위치** … 질의문의 바로 앞, 또는 그 이외
- **응답 종류의 지시방법** … 단수응답, 복수응답 등의 지시나 약호표시 (단수응답은 SA, 복수응답은 MA, 응답수 제한의 복수회답은 제한수도 표시해 3MA, 자유응답은 OA, 숫자에 의한 응답은 FA 등)
- **표 형식의 응답을 사용하는 경우** … 질문이 다르지만 응답 카테고리가 같은 경우, 표 형식으로 한다면 한 번에 볼 수 있어서 알기 쉽게 된다.
- **자유응답의 기입 공간, 컷 그림의 사용 등**도 결정하지 않으면 안 된다.

앙케트표의 레이아웃을 검토할 시간이 그다지 없을 때는, 워드프로세서의 표준으로 되어있는 A4 사이즈를 사용하여 질문란 다음에 응답란의 순으로 작성해 나간다. 조사원에 의한 면접조사의 경우는 이 형식으로 충분하다. 하지만 자필식인 유치조사나 우편조사의 경우는 응답하는데 싫증이 나므로 여기에도 레이아웃을 연구해서 대처해야 한다.

◆ 레이아웃의 방침을 결정하는 포인트

스페이스를 고려	필요한 스페이스를 고려한다.	타이틀 + 질문 + 응답 + α (조사주체명, 연락처 등)
	용지 사이즈	B5 / A4 / B4 / A3 등
	인쇄면	단면인쇄 / 양면인쇄
체제를 좋게	용지의 방향	세로사용 / 가로사용
	질문란과 응답란의 구별	좌우분할 / 상하분할 / 별지분할
보기 쉽게	질문과 질문사이의 구별	괘선의 구분 / 공백·행간 구분 등
	스페이스를 넉넉하게	컷 도표의 사용 등
읽기 쉽게	문자의 크기	가능하면 12포인트 정도로
	한자의 사용	대상자에 따라 신축성 있게
이해하기 쉽게	질문번호의 표시방법	1. 2. 3. … / (1). (2). (3) … A. B. C. …/ 가. 나. 다. … 등
	응답 카테고리의 배열방법	복수열이면 숫자는 행방향으로 오름차순
	응답을 구하는 사람의 지정	세분화된 질문만 지정 / 질문마다 지정
	조사원에의 지시 위치	질의문의 바로 앞 등
	응답 종류의 제시 방법	단수응답 (1개만 ○표시), 복수응답 (몇 개라도 ○표시), 숫자 · 문자로 응답을 지시, 복수응답의 경우 응답수의 제한 등 단수응답 (SA : single answer) 복수응답 (MA : multiple answer) 자유응답 (OA : open answer) 숫자에 의한 응답 (FA : figure answer)
기입하기 쉽게	응답란의 아이디어	응답 카테고리가 같은 질문이 연속될 때는 표 형식으로
	응답의 기입 스페이스	자유응답의 스페이스는 충분하게
데이터 처리도 고려해서	질문 외의 기입란도 필요	조사일시, 조사지점, 대상자 번호, 조사원 이름 등
	능률적인 데이터 입력이 될 수 있도록	응답 위치를 알기 쉽게

29 인사장을 작성한다.

인사장에는 사전, 조사 시작시, 독촉의 3종류가 있다. 인사장이 잘되고 못되고는 회수율에 영향을 준다.

① 사전에 보내는 조사에 대한 인사장

방문조사나 위치 조사 등, 조사원이 대상자의 자택을 방문하는 경우, 사전 예고의 유무로 대상자의 협력 자세가 변한다. 예고 없는 돌연한 방문은 조사원에게 있어서도 정말 고통스럽다. 사전에 우편엽서로 예고장을 발송해 두면 이사나 소재불명 등도 알 수 있으며, 대상자 리스트에서 제외할 수 있으므로 불필요한 수고를 줄일 수 있다.

② 대상자에게 보여주거나, 직접 전해주는 인사장

대상자의 자택을 방문할 때, 조사원은 인사장을 직접 전해주고 구두로 조사에 대한 협조를 의뢰한다.

내장자조사의 경우, 인사장을 직접 전해주면 조사종료 후는 버려져 쓰레기가 되기 때문에, 보여주기만 하고 조사원에 의한 구두 인사를 전하는 게 좋다. 단, 요구하면 직접 전해주도록 한다.

③ 독촉장

우편으로 앙케트표를 반송 받는 조사방법을 채용했을 때, 대상자에 대한 앙케트조사 협조와 반송의 독촉은 엽서에 의한 독촉장이 되겠다.

대상자 개인 별로 회수 상황을 관리하고 있을 때는 앙케트표가 미도착된 대상자에게 독촉장을 보낸다. 그 이외에는 대상자 전원에게 사례를 겸한 독촉장을 보내도록 한다.

◆ 제시(송부)의 타이밍

- 조사의 사전 (방문조사)
- 조사의 직전 (내장자조사, 우편조사 등)
- 회수 마감일 전의 독촉 (우편에 의한 회수)

◆ 제시의 대상자

- 대상자본인 / 보호자 (미성년자 등)

◆ 제시되어야 할 내용

- 사전에 내는 조사의 인사장
  - 조사에의 협조부탁의 캐치프레이즈
  - 계절 인사
  - 조사주체의 소개
  - 조사의 취지(목적이나 용도 등)
  - 대상자의 선출방법
  - 응답결과의 사용방법과 프라이버시 보호
  - 방문예정기간
  - 사례품의 내용
  - 연월일
  - 조사주체의 명칭, 연락처

- 반송하지 않은 대상자에의 독촉장
  - 앙케트표의 반송 부탁
  - 앙케트표 도착의 유무 확인
  - 조사의 취지 설명
  - 조사기간 연장의 통지
  - 조사에 대한 협조 의뢰
  - 연월일
  - 조사주체의 명칭, 연락처

- 대상자 전원에게 사례를 겸한 독촉장
  - 앙케트에 대한 협조 감사
  - 조사결과의 활용방도 알림
  - 미반송자에게 기한 통지와 반송 독촉
  - 연월일
  - 조사주체의 명칭, 연락처

◆ 제시되어야 할 내용

○○에 관련된 앙케트를 부탁드립니다.

무더운 여름에 귀댁 가족의 청안하심을 축원합니다.
이번에 저희들(조사주체명○○)은 (조사위탁처명칭△△)로부터 조사위탁을 받아, ○○에 대해서의 앙케트조사를 하게 되었습니다.
이번의 조사의 목적은 ○○에 관해 여러분의 폭넓은 의견을 파악함으로써 더 좋은 상품, 서비스를 제공하기 위한 힌트를 얻기 위함입니다.
앙케트를 부탁받는 분은 주민등록대장에서 추첨식으로 선정되었습니다.
답해주신 내용은 전부 %나 평균 등으로 통계적으로 나타내고, 개인명이나 응답내용 등 프라이버시에 관련 정보가 공표되는 일은 결코 없을 것을 약속드립니다.
바쁘시리라 생각합니다만, 조사의 취지를 이해하시어 방문을 허락해 주실 것을 부탁드립니다.
조사원이 하기의 기간 내에 사전에 연락을 드린 후 방문을 할 것이오니 잘 부탁드립니다.
희망일 : 200○년 ○월 하순 ~ ○월 초순의 사이로 편리하신 날
앙케트시간은 30분 정도입니다.
앙케트 조사원 성명 ○○○
혹시 이 조사에 대하여 분명치 않거나 의심이 되는 점이 있으시면, 아래의 연락처로 연락을 주십시오.
연락처
조사주체명칭, 부서, 담당자 성명
우편번호, 주소
전화번호, FAX번호
E-mail 주소

앙케트조사와 개인정보보호

「개인정보의 누설」에 관련, 1999년에 총무성우정사업청(구 우정성 전기통신국)이 전기통신서비스모니터 1000명을 대상으로 한 조사에 따르면, 개인정보(주소, 전화번호, 직업 등)가 모르는 사이에 이용되고 있다고 느끼는 일이 「있다」는 사람이 93%였다. 타인에 알려지고 싶지 않은 개인정보는「연간수입·재산상태·납세액 등의 정보」,「가족·친족 등 가족생활의 정보」,「전화번호」등이 톱 3로 「개인정보를 누설한 행위자 및 그 조직 쌍방에 대한 법적 규제가 필요」가 84%와, 개인정보보호에 대한 관심과 경계심의 고조를 나타내고 있다.

앙케트조사의 대상자가 되는 것을 위험하다고 생각하는 사람도 있을 것이다. 조사주체는 조사대상자의 협조를 얻기 위해, 개인정보보호의 약속에 보태어 보호방법도 공개할 필요가 있다고 생각한다.

개인정보를 취급하는 업계·단체에서는 개인정보보호JIS규격에 적합한 기업에 「프라이버시 마크」의 로고 사용을 인정하고 있다. 또한 독자적으로 「프라이버시 방침」을 정해 공표하는 업계·단체나 기업도 있다.

해외에서는, OECD의 개인정보보호에 관한 8원칙이 있으며, 조사·리서치의 글로벌화와 더불어 세계표준의 개인정보보호를 위한 법령이 필요하게 될 것이다.

제 4 장

▼

실사를 한다

30 샘플링이란?

샘플링이란 조사대상 전체를 충실히 대표하도록, 대상자의 일부를 추출하는 일

조사대상자의 전체를 통계학에서는 **모집단**(**母集團**)이라고 한다. 샘플링이란 조사대상의 전체, 즉 모집단(예를 들어, 서울특별시 종로구에 거주하는 20세 이상의 남녀 개인 등)의 일부를 통계적으로 추출하는 일이다. 그렇기 때문에 전체 수를 조사 할 수 있으면 샘플링은 필요 없다.

앙케트조사를 대상자의 추출방법의 시점에서 보면 **전수조사 (전체조사)**와 **표본조사** (**샘플링조사**라고도 한다)의 두 종류가 있다.

대상자 리스트 (샘플링대장)가 있지만 전수조사를 할 비용도 시간도 없는 경우는 표본조사를 실시하게 된다. 표본조사에는 샘플링으로 추출한 표본 (샘플)의 응답결과에서 전체의 경향을 추론, 추측한다. 때문에 샘플링은 모집단을 충실히 대표할 수 있는 방법으로 해서 샘플링 오차를 작게 하지 않으면 안 된다.

조사대상의 모집단 리스트가 없을 때라도, 편의적으로 샘플링을 하는 방법도 있다. 예를 들어, 방문면접조사에서는 편의적으로 주택지도를 리스트로 간주해서 샘플링을 한다. 또한 내장자조사에서는 시간을 같은 간격으로 하여 대상자를 뽑는다. 전화조사에서는 컴퓨터로 무작위로 숫자를 만들어서 전화번호를 만든다.

인터넷이나 광고 등으로 응답자를 모집하는 조사 (응답자모집식조사)에서는 샘플링을 하지 않는다. 때문에 모집단을 대표하는 표본인지 통계적으로 검증할 수 없다. 그렇지만 표본 수가 다수이고, 모집단 특성의 분포를 알 수 있을 때에는 모집단과 응답자의 특성을 비교해서 모집단에 유사한지 어떤지를 확인한다.

◆ 앙케트 대상자의 추출 방법

● **전수조사 (전체조사)**
● **표본조사 (샘플링조사)**

⬇

샘플링 을 한다.

(전수를 조사할 수 없는 경우, 전체의 경향을 추론하기 위해 모집단을 충실히 대표할 수 있도록 조사대상자를 추출한다.)

◆ 샘플링의 필요·불필요

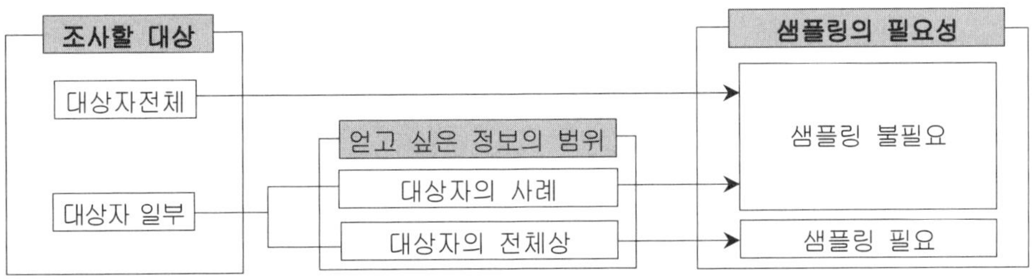

◆ 샘플링의 방법

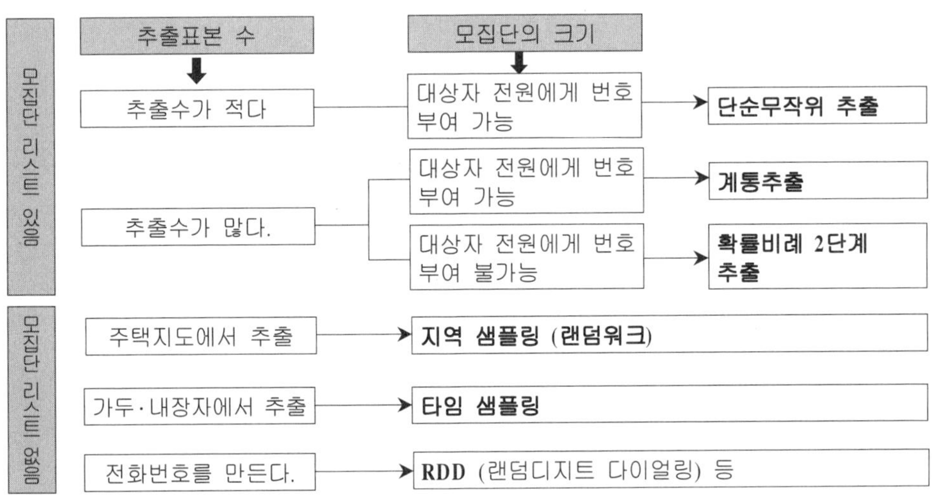

◆ 샘플링을 하지 않는 조사

● 전수조사
● 응답자모집방식
(인터넷사이트 / 신문·잡지·전단지 등 / 점두·각종 시설내 / 상품 패키지)

명부에서 랜덤으로 추출하는 샘플링

31 단순추출법과 계통추출법

단순추출법과 계통추출법은 대상자 전원에게 부여한 일련번호를 바탕으로 무작위로 추출하는 방법

단순추출법 (**단순무작위추출법**이라고도 한다)은 대상자 전원에게 일련번호를 붙일 수 있을 때 이용할 수 있는 추출방법이다. 대상자 번호를 난수표를 뽑는 등의 방법으로 무작위로 추출한다. 이를테면, 고객명부에 500명이 기재되어 있고, 일련번호가 붙어있다고 하자. 난수표를 뽑아서 중복 없는 난수를 50개 골라, 그 번호에 해당하는 사람을 표본으로 한다. 단순추출법은 전체를 대표하는 표본을 빠짐없이 추출할 수 있다는 점에 있어서 정확도가 높은 방법이지만, 표본 수가 많으면 난수표를 뽑는 횟수도 많아져서 힘이 든다.

수고가 든다는 점에서는 계통추출법이 편리하다. **계통추출법**에는 **추출간격치** (인터벌이라고도 함, 명부기재 인원수 ÷ 추출수의 소수점 이하를 끊어버린 정수)로 구한다. 다음에 이 범위에서 난수 하나를 골라 시삭번호로 한다. 시작번호에 인터벌을 가산해서 표본으로 한다. 또 그 값에다 다시 인터벌을 보충해서 표본을 고른다. 추출한 표본 수가 추출수보다 많을 때에는 단순추출법으로 삭제하는 표본을 선정한다. 예를 들면, 500명의 고객명부에서 50명을 픽업하는 경우, 인터벌은 500 ÷ 50 = 10, 스타트번호는 난수표에서 4가 선택 되어졌다고 한다. 다음은 4 + 10 = 14, 그 다음은 14 + 10 = 24 …처럼 하여 494까지 50명을 추출한다.

또한 계통추출법은 룰은 간단하지만 명부의 기재방법에 일정한 규정이 있는 경우에는 문제가 발생하기도 한다. 예를 들어, 종업원 명부 등 부문 단위로 기재되며, 한 부문의 인원이 대등하게 임원 순으로 줄지어 있을 때, 시작번호를 1, 인터벌은 부문의 인원수대로 한다면, 부장만이 선정되고 만다. 명부의 특징을 조사하고 나서 샘플링 방법을 선택한다.

◆ 단순추출법과 계통추출법의 특징과 실시순서

단순추출법	표본 전부를 무작위로 추출
계통추출법	무작위로 추출한 표본을 시점으로 하여 등간격으로 추출

	장점	단점
단순추출법	정확도가 높다.	· 노력·시간이 많이 걸린다. · 모집단이 넓은 지역이면 방문 조사의 경우 실사비용이 많이 든다.
계통추출법	노력·시간이 들지 않는다.	· 단순추출법보다 정확도가 떨어진다. · 모집단 리스트에 규칙성이 있을 때, 특정한 성질의 표본만이 선정될 가능성이 있다. (아래의 예)

계통추출법으로 특정의 성질을 가지는 표본만이 선택되는 예 : 사원명부에서 추출(1000명에서 100명 추출)

총무부	No.	경리부	No.	영업부	No.	기획부	No.
부장	1	부장	11	부장	21	부장	31
과장	2	과장	12	과장	22	과장	32
과장 대리	3	과장 대리	13	과장 대리	23	과장 대리	33
계장	4	계장	14	계장	24	계장	34
계장	5	계장	15	계장	25	계장	35
직책 없음	6	직책 없음	16	직책 없음	26	직책 없음	36
직책 없음	7	직책 없음	17	직책 없음	27	직책 없음	37
직책 없음	8	직책 없음	18	직책 없음	28	직책 없음	38
직책 없음	9	직책 없음	19	직책 없음	29	직책 없음	39
직책 없음	10	직책 없음	20	직책 없음	30	직책 없음	40

No.3에서 스타트한 인터벌 10일 때, 과장 대리만이 추출된다.

(해결방안)

· 사원명부의 차례를 연령 등으로 바꿔 줄을 세워서 계통추출이나 단순추출법으로 추출한다.

단순추출의 작업 예

① 모집단 전원에게 일련번호를 붙인다.

⬇

② 난수표에 의한 표본추출
필요한 표본 수보다 더 많이 PC상에서 난수를 Excel 함수 등으로 발생시킨다.

⬇

난수표의 예(모집단이 2자리수 경우의 예)

31	78	79	41	89	3	34	20	59	36
53	93	59	76	11	34	45	28	13	31
14	67	53	8	26	53	22	16	22	89
49	73	44	91	84	3	98	2	51	19
68	38	58	58	71	27	41	33	21	98
47	65	96	2	22	85	18	56	31	64
58	89	70	34	44	94	36	29	70	58
21	16	84	15	44	87	94	98	65	17
54	24	95	6	29	91	75	71	2	14
76	85	91	25	51	64	75	92	18	87

⬇

발생한 번호에 해당하는 표본을 선택하고, 중복번호는 제거한다.
예 : 31, 78, 79, 41, 89, 3, 34, 20, 59, 36, 53, 93, 76, 11, 34, 45, 28, 13, …

계통추출의 작업 예

① 모집단 전원에게 일련번호를 붙인다.

⬇

② 추출하는 표본의 인터벌을 계산함
예 : 999에서 50 샘플링을 추출할 때 999 ÷ 50 = 19.98 → 소수점 이하를 삭제한다. 인터벌은 19로 한다.

⬇

③ 시작번호를 무작위로 추출
인터벌의 수 이하의 난수 1개를 PC상에서, Excel함수 등으로 생성시킴
난수의 예 : 16

⬇

④ 추출한 표본번호를 산출
시작번호 + 인터벌에 따라 최종 번호를 넘는 자리까지 차례로 추출
16, 35, 54, 73, 92, 111, ……985
51개가 추출되었기 때문에, 51-50 = 1개 여분

⬇

⑤ 여분의 표본을 무작위추출로 선정해 삭제
추출한 표본에 일련번호를 붙여, 추출 수의 범위에서 난수를 발생시키고 해당하는 수를 삭제
예 : 1~51의 일련번호를 붙여, 그 범위에서 난수를 발생 .6이 나왔으므로, 6번째의 표본번호 111을 삭제

지역과 대상자를 압축해 넣는 샘플링

32 확률비례2단추출법

샘플링의 추출 단위가 복수인 경우의 추출방법으로 광범위한 모집단에서도 효율적으로 추출이 가능하다.

확률비례2단추출법이란 먼저 읍·면·동을 선택하고 (제1차 추출단위), 다음에 선정된 읍·면·동의 세대 또는 개인(제2차 추출단위)을 선정하는 방법이다. 개인추출의 확률비례2단추출법에서는 읍·면·동별로 인구를 누적해서 합계 인구를 추출 지점수로 나눈 정수를 인터벌, 인터벌 가운데서 난수표를 뽑은 하나의 정수를 시작번호로 하여 읍·면·동을 계통추출하고, 다음에 뽑은 읍·면·동에서 개인을 계통추출 한다.

제2차 추출단위의 샘플 (세대나 개인)을 선정할 때는 선택한 읍·면·동 마다에 시작번호와 인터벌을 정한다. 실용상, 읍·면·동을 추출했을 때의 추출수치 (제1차 추출시의 시작번호 + 인터벌 x 지점번호)가 선정된 읍·면·동의 몇 번째에 해당하는지를 계산하여 시작번호로 한다. 인터벌은 10(조사대상지를 제외)으로 하는 경우가 많은 것 같다.

그런데 선거인명부나 주민등록대장에 의한 샘플링은 쉽지가 않다. 선거인명부의 열람은 개인정보보호의 관점에서 전국적으로 규제되어 있고, 실질적으로 행정기관, 매스컴과 대학 등 연구기관만이 이용할 수 있을 뿐이다. 또한 주민등록대장의 열람을 규제하고 있는 자치단체도 있다. 명부업자 등이 상업적인 목적으로 이용되는 것이 문제가 되고 있기 때문이다.

주민등록대장의 열람을 원한다면 앙케트의 목적, 조사의뢰 주체, 실사기간, 앙케트 내용 등을 명기한「주민열람신청서」의 제출이 의무적이다. 또한 열람의 차례를 기다리거나 추첨을 하는 자치단체도 있다. 그리고 자치단체마다 열람요금이나 요금체계가 다르다. 주민등록대장으로 샘플링을 하기 위해서는 기관과 관람료, 샘플링 요원의 인건비와 교통비 등도 고려해야 할 필요가 있다.

◆ 확률비례2단추출법의 실시 순서

특징 : · 샘플링의 추출단위가 2단계
(예 : 1단계 = 지역내의 읍·면·동, 2단계 = 읍·면·동내의 주민)
· 광범위한 지역을 대상으로 한 방문조사의 경우에 이용하는 일이 많다.
장점 : · 모집단 구성원이 다수이거나, 범위가 넓다고 해도 효율적으로 표본추출이 가능
· 방문조사의 경우, 조사 지역이 너무 분산되어 있다.
단점 : · 단순무작위 추출이나 계통추출보다 정확도가 낮다.
· 모집단이 성격이 다른 그룹으로 구성되어 있는 경우, 전체를 반영하지 않는다.
(예 : 1단계가 연령층별, 소득액별, 성적별의 그룹 등)

① 1단계와 2단계의 추출단위를 결정한다.
예 : 조사대상모집단 경기도민 68000세대
표본 수 200세대
1단계 읍·면·동 2단계 세대

⬇

② 1지점 (읍·면·동)마다의 표본 수와 추출지점수를 결정함
예 : 1지점 10세대
추출지점수 = 200 ÷ 10 = 20지점

⬇

③ 읍·면·동마다의 세대수를 리스트업 해서 세대수 합계를 산출 (예)

수원시 구·동명	세대수	세대수누적	조사대상지구 No.	비고
권선구 고색동	1203	1203		
곡반정동	408	1611		
구운동	1451	3062	1	2358을 포함
권선동	862	3924		
금곡동	768	4692		
당수동	238	4930		
대황교동	746	5676		
서둔동	1520	7196	2	2358 + 3400 = 5758을 포함
세류1동	428	7624		
세류2동	329	7953		
세류3동	298	8251		
영통구 망포동	1895	10146	3	2358 + 3400*3 = 12558을 포함
매탄1동	1754	11900		
매탄2동	106	12006		
매탄3동	1427	13433	4	
매탄4동	689	14122		
영통동	489	14611		
·	·	·	·	
·	·	·	·	
장안구 송죽동	526	68000	20	2358 + 3400*19 = 66958을 포함

⬇

④ 지점을 추출하는 인터벌을 계산
예 : 68000세대 ÷ 20지점 = 3400

⬇

⑤ 난수를 발생시켜 시작번호를 추출하여 시작지점을 결정한다.
예 : 인터벌 3400보다 작은 난수를 발생시킴
2358 = 시작번호로 한다.
2358번이 포함되는 읍·면·동 = 시작지점

⬇

⑥ 시작번호 + 인터벌로 20지점을 추출
예 : 지점 No.1 = 2358번이 포함되는 읍·면·동
지점 No.2 = 2358 + 3400 = 5758이 포함되는 읍·면·동
·
지점 No.20 = 2358 + 3400 x 19 = 66958이 포함되는 읍·면·동

⬇

⑦ 추출된 지점과 세대를 계통추출
지점마다 시작 No.=
1단계의 추출세대번호 - 하나 앞의 지점까지의 누적 세대수
예 : 지점No.1 = 2358번째의 세대
지점 No.2 = 5758 - 5676 = 원인가1가의 82번째의 세대
인터벌은 10으로 하는 예가 많다.

주택지도에서 추출하는 샘플링

33 에리어 샘플링 (랜덤워크)

방문조사로 대상자 리스트가 없는 경우, 주택지도를 샘플링대장으로써 이용하는 방법

방문조사에서는 주민등록대장이 이용하기가 어렵기 때문에 1단계의 읍·면·동을 선정한 후의 2단계 샘플 (세대나 개인)을 선택할 때의 샘플링대장으로 주택지도를 이용하는 일이 있다. 주택지도를 샘플링대장으로 이용하는 방법을 **에리어 샘플링** 또는 **랜덤워크**라고 일컫는다.

에리어 샘플링은 단독주택, 정원이 있는 집, 차가 있는 집 등의 조건으로 해서 세대를 찾는 데는 편리한 경우도 있다. 우선 시판 되고 있는 주택지도의 해당 페이지수를 난수에서 선택한 다음 시작주택을 무작위로 고른다. 주택지도 상에 시작주택이 결정되면 시계방향으로 주택을 방문하기 위한 길과 순서를 화살표로 표시해 둔다. 인터벌은 3가옥에서 10가옥으로 정한다.

대상자 리스트 없이 방문조사가 실시되는 장점이 있지만, 다음과 같은 단점도 함께 지니고 있다. 세대대상 조사의 경우에는 대개 1주택 1세대이며, 사람이 거주하고 있는지는 외견상으로 대략 알 수 있으나, 대상자의 조건까지는 알지 못하기 때문에 방문세대가 조사대상외일 가능성이 있다. 또한 개인대상조사에서는 해당하는 성별이나 연령의 사람이 거주하고 있더라도, 대상자가 외출 중일 가능성도 있기 때문에 실사는 더욱 비효율적이고 어려워진다.

그리고 에리어 샘플링은 재택율이 높은 대상자에게 편중하는 가능성이 있는 점에도 유의할 필요가 있다. 그래서 표본의 대표성을 갖기 위해, 모집단의 속성구성비에 가까운 비율이 되도록 대상표본을 할당하든지, 집계시에 모집단의 속성구성비에 가까운 비율이 되도록 웨이트백[22]을 한다.

22) **웨이트백** → 여성 20~49세를 대상으로 하는 조사의 경우, 예를 들면 조사지점 A의 여성인구가 20대 1000명, 30대 1500명, 40대 2000명이라고 한다. 앙케트조사의 1지점의 표본 수를 6명으로 해서, 각 연대2명 씩 현지추출을 한다고 한다. 이 경우의 1표본의 웨이트는 20대 500(= 100 ÷ 2), 30대 750(= 1500 ÷ 2), 40대 1000(= 2000 ÷ 2)이 된다. 집계할 때에 지점A의 표본은 연령에 따라 위에서 산출한 웨이트를 곱한다. 이와 같은 집계방법을 [웨이트백을 한다]라 한다.

◆ 에리어 샘플링 (랜덤워크)의 실시 순서

특징 : · 방문조사로 대상자 리스트가 없는 경우에 사용한다.
장점 : · 주민등록대장 등 명부가 없어도 방문 조사가 가능
· 외견으로 알 수 있는 조건의 세대를 찾는데 편리한 때도 있다.(정원이 있는 집, 차가 있는 집 등)
단점 : · 재택율이 높은 대상자에게 편중될 가능성이 있다.
· 외견으로 알 수 없는 조건이나 개인 대상 조사의 경우는 비능률 (방문 세대가 조사대상 조건에 비해당, 대상자가 외출중인 경우 등)

확률비례2단추출법에서의 ①~⑥의 순서로 읍·면·동을 추출

⑦ 읍·면·동마다, 조사 목적이나 모집단의 속성 구성비 등을 고려하고, 추출하는 조사대상의 속성, 속성마다의 추출수를 결정한다.

예 : 커뮤니티 활동에 관한 의식 조사
대상자의 조건 20세 이상의 남녀

		20대	30대	40대	50대	60대 이상
	남성	1	1	1	1	1
추출수 20	여성	1	1	1	1	1

모집단의 속성구성비에 가까운 비율로 하든지, 집계시에 모집단의 속성구성비에 가까운 비율이 되도록 웨이트백을 한다.

⑧ 읍·면·동마다, 주택지도로 조사대상을 추출

예 :

1) 추출된 읍·면·동의 주택지도를 준비한다.
2) 난수로 페이지 No.를 추출
3) 주택을 추출
(1) 가로, 세로를 센티미터로 측정한다.
(2) 가로, 세로, 각각의 위치를 난수로 결정한다.
(3) (2)의 크로스 한 위치를 시작지점으로 한다.
(4) 인터벌을 결정함 (5가옥에서 10가옥)
(5) 인터벌에 따라 시계방향으로 추출
(6) 개인대상 조사의 경우, 대상조건에 해당하는 사람이 있는지 확인

조사원에의 지시서(예)

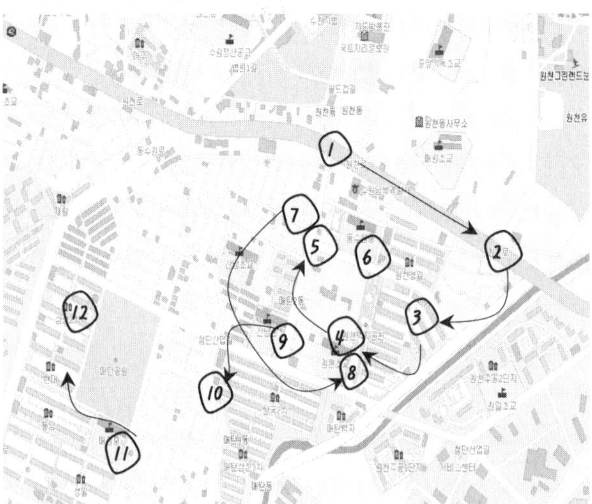

이 조사에 있어서의
랜덤워크법의 원칙

1. 사전에 정해진 시작지점에서 지번 순으로 5가옥 간격으로 일반주택을 방문
2. 조사 대상자 세대를 추출, 조사대상이 되는 「가족의 존재를 확인」하고, 「조사의 협조 의뢰」를 한다.
3. 승낙을 받은 대상자의 성별, 연령을 조사 대상명부에 기입한다.
4. 차례차례 같은 방법으로 조사를 의뢰하여 조사대상자명부의 할당 부족분을 보충
5. 기타
   ① 공동주택이 조사대상일 경우는 그 중에 3가옥 간격으로 추출한다.
   ② 한 블록 내는 순서와는 관계없이 3가옥 간격으로 돌아, 그 블록 내의 세대 추출이 끝나면 다음 지역으로 이동한다.

통행인이나 전화번호를 추출하는 방법

34 타임샘플링, RDD, 플러스1

통행일을 시간 간격으로 추출하는 타임샘플링이나, 난수를 발생시켜 만든 전화번호로 조사하는 RDD 등

• 통행인이나 내장자에게서의 샘플링

타임샘플링은, 예를 들어 통행인 50명 가운데에서 한 사람에게 조사를 의뢰하고자 할 때에 이용하는 샘플링이다. 모집단을 알 수 없기 때문에 추출율은 계산이 되지 않는다. 그러나 표본 수를 늘리거나 추출간격을 가급적 같게 하여 편의적으로 대표성을 지니게 하는 연구를 하고 있다. 표본이 대표성을 갖게 하는 데는, 경험적으로는 500명 이상, 가능하면 1000명 정도가 필요하다.

조사지점의 요일별·시간대별·통행인수를 사전에 알게 되면, 필요한 조사인원수, 추출간격이나 목표회수인수를 정하는데 도움이 된다. 이를테면, 조사지점별의 통행인수를 회수 목표인수로 나누면, 몇 사람 간격으로 조사를 의뢰하면 좋을지 계산이 된다.

사전에 관찰한 시간대별 통행인수와 실제로 회수된 시간대별 표본구성의 실태가 다른 경우, 집계결과를 웨이트백에 의해 조정할 필요가 없다.

• 전화번호의 자동발생이나 전화번호부에 의한 샘플링

전화조사 자체의 샘플링방법으로써, **RDD** (랜덤·디짓·다이얼링)와 **플러스 1**이 있다. RDD는 지역에 따라 사용하고 있는 전화번호 자릿수의 번호를 난수로 발생시켜 전화번호를 만든다. 플러스 1은 전화번호부 데이터베이스로 추출한 전화번호의 마지막 한 자리 1부터 9의 어느 것을 가산 또는 감산하는 방법이다. RDD도 플러스 1도 만든 전화번호를 자동으로 다이얼링 하는 컴퓨터상에서 실행해지는 것이라서 샘플링작업이 실제로는 이루어지지 않는다. 인쇄된 전화번호부를 샘플링 대장으로 하는 방법도 있지만, 전화번호부 미등재 등의 문제점도 있다.

◆ 타임샘플링의 특징

특징 : · 가두조사, 내장자조사 등, 그 장소에 온 사람을 일정한 시간 간격으로 추출한다.
장점 : · 명부가 필요 없다.
단점 : · 모집단의 수가 분명하지 않다.
 · 시간대에 따라 통행인이나 내장자의 수가 다르기 때문에, 시간대에 따라서 추출율이 달라지는 점을 고려할 필요가 있다.

① 조사지점에서 시간대별 통행인, 내장자의 수를 사전에 관찰한다.
일요일에 조사를 하려면 사전 조사도 일요일에 실시하는 등 조사일과 같은 조건으로 실시한다.

↓

② 사전관찰의 결과에서 시간대별 표본 수의 배분, 조사원 배치 등을 검토한다.
예 : 필요표본 수 = 1000으로 했을 경우의 계산방법

	내장자수	내장자구성비(%)	필요 표본 수
10시~12시	1500	22.7	227
12시~14시	1300	19.7	197
14시~16시	2000	30.3	303
16시~18시	1800	27.3	273
합계	6600	100.0	1000

↓

실제 회수 된 시간대별 표본구성이 실태와 다른 경우, 집계 결과를 웨이트백에 의해 조정하는 것이 필요

◆ RDD (랜덤·디짓·다이얼링)의 특징

특징 : · 전화조사에 사용하는 샘플링방법
 · 전화번호를 난수표로 자동적으로 발생시켜서 조사대상으로 하는 방법

장점 : · 전화번호부가 필요 없다.
단점 : · 모집단의 수가 분명하지 않음 등

◆ 플러스1의 특징

특징 : · 전화조사에 사용하는 샘플링 방법
 · 전화번호부 데이터베이스로 추출한 전화번호의 마지막 자리 숫자에 1～9를 가산 또는 감산

장점 : · 전화번호부 데이터베이스에 등재되지 않은 세대도 추출
단점 : · 전화번호부 데이터베이스의 갱신이 필요

35 방문조사의 포인트

조사원 관리, 고용계약 및 설명회, 회수 등의 체크를 분명하게 실시한다.

① 조사원을 채용한다.

교육 및 훈련된 전속조사원이 있는 조사회사도 있지만, 표본 수가 많은 경우에는 아르바이트 조사원을 모집해서 교육·훈련 하는 기간이 필요하다. 조사원의 필요 인원수는「표본 수 ÷ 당일 실사완료예정 수 (할당량) ÷ (실사 일수－1.5일)」이다. 1.5일은 설명회 및 중간 점검과 회수에 필요한 기간이다.

조사원과는 고용계약을 맺는다. 계약서에는 허위 등의 부정행위 방지나 대상자의 개인정보보호 등을 기재한다. 또한 조사원의 뜻하지 않은 사고에 대비하여 손해보험의 가입도 검토해야 한다.

② 조사원 설명회를 실시한다.

조사원 설명회에서는 조사의 취지와 조사방법 등을 설명한다. 설명회의 준비 및 설명 사항에 대해서는 오른쪽 페이지를 참조해 주세요.

③ 실사관리를 실시한다.

실사관리자는 조사원의 회수표 수의 파악, 조사원이나 대상자에게서 온 문의에 대한 대응, 조사원을 증원하는 필요성의 판단, 조사원이 주택을 발견하지 못했을 때의 지시 등을 행한다. 실사의 품질관리를 위해 대상자가 부재중이거나 거부를 할 경우에도 일정과 시간을 조정하면서 최소한 3회는 조사의뢰의 노력을 하는「3콜의 원칙」을 준수토록 한다.

④ 점검·회수를 실시한다.

조사원마다 회수한 최초의 표 몇 장을 담당자가 점검한다. 원칙으로서 설명회 다음날 또는 2~3일 후에 중간 점검을 실시해 오해하고 있는 점이 없는가를 점검한다. 점검 오류를 방지하기 위해 점검·회수매뉴얼의 작성이 필요하다. ([40.회수데이터의 체크] 참조)

◆ 방문면접·방문유치조사의 실시 순서

기획·설계 → 샘플링 → 실사 → 집계분석 → 보고

(1) 조사원 모집

① 조사에 필요한 인원 계산

예 : 필요한 조사원수

= 표본 수 ÷ 1일당 실사완료 예정수(할당량)

÷(실사기간 일수 − 1.5일)

② 조사원모집

③ 조사원과의 고용계약

· 고용계약 (개인정보의 보호 준수, 해고조건, 손해배상청구 등을 기재

· 손해보험 (조사원의 불의의 사고에 대비)

동시진행

(2) 실사준비

- 앙케트표·인사장 인쇄
- 사례품, 조사용품 구입
- 인사장 발송

↓

(3) 조사원설명회

① 설명회 준비

· 설명회장 예약

· 조사원에게 안내

· 유인물 준비

조사원별로 대상자 리스트 (현지에서 추출할 경우 실사지점 할당 리스트)

조사원 수당의 지불기준서

조사원의 수첩 (조사개요, 실사절차와 주의사항 등)

조사용구

[앙케트표, 인사장, 사례품, 대상자 리스트, 지도, 필기구, 신분증명서, 교통비청구용지, 담당자 연락전화번호 등]

② 설명회 실시

· 조사용구, 앙케트표 배부

· 조사에 관한 설명

(설명자료, 앙케트표 등의 내용에 관련한 질의응답)

· 면접 실습

↓

(4) 실사관리

· 조사원관리

· 회수사항 파악

· 대상자에게서 받은 문의에의 대응

· 불의의 사태에의 대응 (예비표본의 지시, 사고에의 대응 등)

↓

(5) 점검·회수

· 회수표수의 확인

· 지정 대상자를 면접했는지를 확인

· 회수표의 기입누락, 기입 오류 등을 체크 (점검·회수 매뉴얼 작성)

· 부정행위 체크 (회수표와 대상자 리스트를 생년월일 등을 대조)

36 내장자조사의 포인트

조사장소의 사전 시찰이나 현장에서의 조사원 관리, 도로 시설의 사용허가나 기후 등, 준비에 만전을 기해

① 조사장소를 시찰한다.

조사장소는 조사목적에 따라 정해지지만, 조사원을 배치하는 지점은 현지를 보고 판단한다. 포인트는 아래와 같다.

- 시찰 필수용구 (비디오카메라, 카메라, 시각표, 도로지도, 주택지도, 시설배치도, 점내 배치도, 카운터 등)의 준비
- 교통 액세스 (교통기관의 다이어, 주차장의 유무 등)나 교통비의 파악
- 실사 불가능 또는 곤란한 기상과 시간대를 판단
- 도로에서 조사를 할 경우, 집합시설이나 자판기의 앞 등 영업방해가 되지 않는 지점인지를 확인, 관할 경찰서에 도로사용 허가를 신청
- 시설 내에서의 조사를 할 경우에는 시설관리자와 의논하여 허가를 취득 (주차장이나 출입구 부근 등 방해가 안 되는 지점을 추출)

② 실사계획서를 작성함

실사계획서는 실사를 적절히 실시하기 위한 체크리스트를 겸해, 조사장소 관리자에의 허가신청의 설명 자료도 될 수 있도록 만든다.

③ 실사준비

실사계획서에 따라 필요한 조사서를 모집하거나, 실사 당일을 목표로 준비를 한다.

④ 실사당일의 유의점

조사 개시시각 전에 조사지점에 조사원을 전원 대기시키고, 조사실시를 알리는 애드벌룬·간판 등이 있으면 설치한다.

조사 지점을 순회하면서 1시간 마다 회수 수를 체크하고, 목표 회수 수가 부족하면 조사원을 더 투입, 많으면 추출 간격을 넓히는 등의 판단을 한다. 실사 완료 후, 조사원마다의 회수 수를 확인한다.

◆ 내장자조사의 실시 순서

기획·설계 → 조사장소시찰 → 실사계획서 작성 → 실사 → 집계분석 → 보고

(1) 조사장소 시찰

- 교통 억세스의 파악
- 방향별 교통량의 계측
- 사람·차량의 흐름, 동정 등을 관찰·파악
- 실사에 의한 주변에의 영향, 트러블 발생여부 파악
- 실사조건의 판단
  - · 실사에 적절한 요일, 시간대, 지점, 실사중지조건 등의 검토
  - · 도로, 시설 등 조사장소의 사용허가신청 우선, 허가취득여부 확인
  - · 대상자의 추출방법과 추출간격의 검토

↓

(2) 실사계획서 작성

- 조사장소를 관리자에게 허가를 신청하기 위한 설명자료로서 필요
- 실사를 적절히 실시하기 위한 체크리스트를 겸한다.
- 기재내용
  - · 조사개요 (목적, 조사대상 장소, 조사기간 등)
  - · 실사방법 (면접조사, 자필식 현지회수, 자필식 우편회수 등)
  - · 실사일시, 실사연기의 조건 및 예비 실사일
  - · 조사지점 (지점수와 지도 상에의 배치)과 지점선정 이유
  - · 보행자와 자동차의 교통량(시간대별, 요일별 등)이 있으면 기재
  - · 조사원 배치계획
  - · 대상자 추출방법(타임샘플링, 추출간격 등)
  - · 우천시를 대비
  - · 도로 상에서 실사할 경우 경찰서에 가서, 시설 내에서의 경우 시설관리자의 허가
  - · 조사원의 손해보험 가입
  - · 사례품의 종류
  - · 조사주체의 명칭

↓

(3) 조사원모집

([35 방문조사의 포인트] 참조)

동시진행

(4) 실사준비

- · 조사원 배치도
- · 조사표 인쇄
- · 경찰에 도로 사용허가신청
  (공공도로에서 조사를 할 경우)
- · 시설관리자에게 인사장
- · 필요시 조사원 유니폼, 완장, 조사 실시중 애드벌룬 등의 준비

↓

(5) 조사원설명회

([35 방문조사의 포인트] 참조)

↓

(6) 실사관리

- · 조사원관리 (현지순회)
- · 회수 상황의 파악 (회수 상황에 따라 인원배치나 추출간격을 조절)
- · 불의의 사태에 대응 (문의, 트러블에의 대응 등)

↓

(7) 점검·회수

- · 회수표 수의 확인
- · 지정한 조건의 대상자를 면접했는지의 확인
- · 회수표의 기입누락, 기입 오류 등을 체크

37 우편 • 전화 • FAX 조사의 포인트

우편조사는 배달일에 주의, 전화 • FAX조사는 IT기기를 사용하여 효율적으로...

① 우편조사의 포인트

우편조사에서는 앙케트표를 발송한 후 반송되어 올 때까지 2~3주가 필요하다. 수신인은 자필로 앙케트 내용을 기재하지만, 요금별납으로 하는 등, 대상자가 받았을 때의 인상과 조사비용을 고려해 선택한다.

발송 후에는 대상자에게 확인을 해서 의문점에 대한 대답을 하거나 회수표를 점검한다. 반송매수는 매일 기록해서 회수율이 저조할 경우에는 독촉할 것을 검토한다.

회수율을 높이는 방안으로써 응답하기 쉬운 앙케트표를 작성하고, 목~금요일에 도착하도록 발송하고, 마감일 전에 토·일요일을 2회 포함시키고, 사례품을 동봉하고, 마감일 직전에 사례를 겸한 독촉엽서의 발송 등을 생각할 수 있다.

② 전화조사의 포인트

전화조사시스템은 컴퓨터 화면에 표시된 질의문을 조사원이 읽어서 응답내용을 입력하는 형태로서 실사관리와 집계가 간단하게 이루어진다.

표본 수가 많은 전화조사는 전화조사시스템을 가진 조사기관에 의뢰하는 것이 일반적이다. 의뢰를 할 때에는 조사원의 집중관리, 전화의 완전자동발신시스템, 앙케트표의 화면표시와 입력시스템의 유무 등을 확인하여, 샘플링방법, 조사대상자의 스크리닝 방법, 회수율의 분자와 분모의 정의 등도 협의해 둔다.

③ FAX조사의 포인트

FAX번호는 전화번호부에 등재되어 있지 않고, 수신자에게 용지비용 부담이 된다든가, FAX수신은 주택용 전화가 사용되지 않는다는 등의 이유로, FAX송신에 의한 조사의 경우는 대상자의 사전모집이 필요하다. 회수만 FAX로 하고 조사 의뢰는 우편, 방문, 광고 등으로 하는 경우도 있다. 컴퓨터 소프트웨어 등에 의한 FAX 일제수신이나 데이터변환 등의 효율화도 가능하다.

◆ 우편조사 실시 순서

기획·설계 → 샘플링 → 실사 → 집계분석 → 보고

- **우편조사의 실시순서**
  - 우편의뢰 → 우편회수
  - 방문면접의뢰 → 우편회수
  - 가두 또는 시설내에서 의뢰 → 우편회수
  - 신문·전단 등 광고, 상품패키지의 복사문 등으로 응답자 모집 → 우편회수
- **우편조사의 회수율을 높일 수 있는 고안의 예**
  - 읽기 쉽고, 기입하기 쉬운 조사표를 고안
  - 조사의 사전의뢰엽서 발송

- **우편의뢰 → 우편회수 경우의 스케줄**

  ① 수신인 기재

  ② 발송
  - 목요일~금요일에 도착할 수 있도록 발송(주말에 기입할 수 있도록)

  ③ 회수상황 체크
  - 회수 수를 매일 기록해서 회수 마감일까지의 회수 수를 예측하고, 독촉장의 필요여부를 판단

◆ 전화조사시스템의 예

예 1 : 전화 오퍼레이터에 의한 조사

기획·설계 → 샘플링 → 실사 → 집계분석 → 보고

- 샘플링: 컴퓨터에 의한 완전자동발신시스템
- 실사: 조사원이 퍼스널컴퓨터 화면의 앙케트표를 읽어주어 대상자의 응답을 입력
- 보고: 퍼스널컴퓨터로 자동집계

예 2 : 음성자동회답시스템에 의한 조사

기획·설계 → 실사 → 집계분석 → 보고

- 실사: 잡지 등에서 응답자를 모집
  - 푸쉬폰에 의한 음성자동응답방식으로, 응모자가 응답번호를 입력
- 집계분석: 퍼스널컴퓨터로 자동집계

◆ FAX조사의 실시 순서

기획·설계 → 모니터설정 → 실사 → 집계분석 → 보고

- 모니터설정: 광고 등에 의한 모집, 방문조사에 의한 의뢰 등
- 실사:
  - 팩스의뢰 → FAX답신 → 팩스수신
  - 우편의뢰 → FAX답신 → 컴퓨터수신
  - 퍼스널컴퓨터에 미리 팩시밀리번호를 등록하여 일제히 자동수신이 가능하도록 한다.
- 집계분석: 문자변환소프트웨어로 수신내용의 입력을 생략

38 회합장에서의 앙케트조사 포인트

대상자를 당일 또는 사전에 모집하는 등 회합장소 준비에 만전

대상자를 당일 모집하는 경우의 체크포인트를 아래와 같이 제시한다.

① 모집장소의 사용허가를 취득해 둔다.

도로를 사용하는 경우에는 사전에 관할 경찰서에 도로사용 허가를 신청한다. 시설 내이면 시설관리자의 허가를 얻어둔다.

② 모집용구를 준비한다.

회합장(**會合場**)앙케트의 대상자를 모집하고 있음을 고지하는 홍보용구 (현수막, 간판 등)를 모집장소와 그 전후 10미터 부근에 배치한다.

③ 모집전단지를 준비한다.

전단지에는 조사의 취지, 앙케트 내용, 개인정보보호, 소요시간, 사례, 조사 주체명, 소재지, 연락처 등을 기재한다. 또는 모집종료 후에 전단지가 버려져있으면 주변을 청소한다.

④ 모집담당자의 유의점

모집전단지를 손으로 전달해 협조를 의뢰하는 사람은 청결한 복장으로 신분증명서를 상단에 부착한다. 말씨는 정중하게 하고, 무리한 권유는 엄금한다.

⑤ 회합장으로 안내한다.

협조를 약속해준 대상자를 회합장으로 안내한다. 회합장과 모집장소가 떨어진 곳에 있는 경우는 지도를 주든지 안내인을 동행시킨다.

⑥ 트러블 대응의 포인트

모집책임자는 항상 모집장소에 있지 않으면 안 된다. 보행자로부터 통행에 방해가 된다는 불평을 듣는 즉시 지적된 사항을 개선한다. 도로상에서 모집을 할 때에 경찰서에서 제재를 해오면 경찰관에게 기다려 달라고 요청을 해야 한다. 그렇게 하지 않으면 모집을 할 수가 없고, 다음에 도로사용 허가를 신청할 때 허가를 얻지 못하는 경우도 있다.

◆ 회합장앙케트조사 실시 순서

기획·설계 → **참가자모집** → **실사** → **집계분석** → **보고**

기획·설계

- **회합장 장소 선정과 회합장 예약**

  (확인사항)
  - 모집인원 또는 한 번에 모일 수 있는 인원수
  - 실사스탭 인원수나 조사원 인원수
  - 앙케트의 응답용구 (퍼스널컴퓨터방식, 핸드스위치식이나 앙케트표기입식
  - 전원이나 콘센트 위치, 멀티탭
  - 프로젝터 스크린이나 대형 TV 등
  - 다과나 식사
  - 당일 모집의 경우, 모집장소에서 회합장으로 안내, 액세스
  - 회합장 사용시간 (준비나 뒷정리 시간 등도 고려)

- **응답자 모집장소의 선정과 허가**
  - 도로상에서 모집을 하려면 관할 경찰서로 가서 사전에 도로사용허가를 얻어야한다. (서류는 주택지도가 필요)
  - 시설내에서 모집을 할 경우에는 시설관리자의 허가가 필요
  - 모집장소가 상가 등의 경우에는 영업방해가 되지 않는 지정된 장소를 선정
  - 조사취지를 설명할 공간도 필요

참가자모집

- 광고 등으로 사전 모집
- 통행인 등 당일 모집

실사

- 동시 응답, 동시 종료 방식
- 그룹단위로 시작, 종료 방식
- 대상자 별로 시작, 종료 방식

- 핸드스위치 방식 (on/off형, 숫자형 등)으로 앙케트를 사회자가 진행, 퍼스컴앙케트 (응답은 마우스로 입력 등)
- 조사원에 의한 면접조사
- 자필식 앙케트

등

회합장 준비

- 책상이나 의자의 배치
- 평가를 요구하는 물건
- 응답용 기계 (핸드스위치나 퍼스널컴퓨터)
- 필기용구
- 사례

등

집계분석

- 리얼타임 집계
- 추후에 집계

39 인터넷조사의 포인트

다수의 응답자를 모으는 데는 복수의 사이트와 매스미디어 등도 이용한다.

① 웹페이지 (또는 사이트)앙케트조사의 방법

Yahoo! 등의 검색사이트에 광고를 내서 응답자를 모집한다. 광고에 흥미를 가진 사람은 클릭해서 회원등록사이트에 접속을 한다. 그리고 희망자는 주소, 성명, 연령, 전화번호, e메일 주소, 직업 등 개인속성과 취미 등 라이프스타일을 응답한다.

앙케트 그 자체의 응답은 웹페이지의 앙케트표 응답코드를 클릭한다. 그리고 응답을 보낸다. 휴대전화용 앙케트의 웹페이지도 개발되어 있다.

② E-메일 조사의 방법

E메일의 첨부파일, 또는 텍스트 문만으로 앙케트 표를 송신한다. 첨부파일의 경우, 웹페이지 조사와 같이 동영상도 송신이 가능하다. E-메일주소를 등록한 회원을 대상으로 조사목적에 맞는 남성 30대 등으로 정하는 것도 가능하다.

응답의무가 없는 회원대상의 세미클로즈형과 응답의무가 있는 계약모니터회원대상의 클로즈형이 있다.

③ 휴대 E-메일 조사의 방법

인터넷접속이 가능한 휴대전화 등의 사용자를 대상으로 한 앙케트로 내용은 텍스트문 뿐이다. 간단한 질문 밖에 할 수 없지만, 언제 어디에서라도 앙케트에 응답할 수 있는 간편성이 그 특징이다.

④ 모니터회원 웹조사 방법

ID와 패스워드를 입력하지 않으면 볼 수 없는 회원전용의 웹페이지를 설치한다. 전자게시판을 설치하여 인터넷으로 그룹인터뷰를 실시할 수도 있다.

◆ 인터넷조사의 실시 순서

기획·설계 → 응답자모집 → 실사 → 집계분석 → 보고

(응답자모집)

- **복수사이트로 모집**
  - 검색페이지의 배너광고
  - 자사나 협력회사의 홈페이지에 링크
  - 휴대전화전용 사이트에서 모집
- **매스미디어에 의한 모집**
  - 신문광고와 홍보 및 고지
  - 텔레비전, 라디오 등에 홈페이지 주소의 광고
  - 신문의 삽입전단지에 홈페이지 주소의 광고

많은 응답자를 얻기 위해서는 인터넷 조사의 결점(대표성의 애매함)을 보강해야 한다.

◆ 인터넷조사의 종류와 응답·취합의 방식

	웹페이지 (홈페이지)	회원전용사이트 (홈페이지)	E-메일	인터넷 접속의 휴대전화
공모식 (**오픈형** : 공모에 의한 응모자 대상) **공모겸회원식** (**세미오픈형** : 공모에 의한 응모자와 앙케트 응답자가 되는 회원을 합한다)	Yahoo!나 MSN 등의 검색사이트를 통해 응답자를 모집, 웹페이지에 앙케트표를 표시하고 응답을 얻는다.		인터넷 접속을 제공하는 프로바이더의 협력이 있으면, 메일 주소를 가지고 있는 가입자의 전원 혹은 일부에게 앙케트를 의뢰할 수 있는 경우도 있다.	휴대전화 전용 검색사이트의 광고로 응답자를 모집 웹페이지에서 질문하고 응답을 얻는다.
회원식 - 응답의무 없음 (**세미 클로우즈형** :앙케트의 응답의무가 없는 모니터 회원 대상) **모니터 - 계약·응답의무가 있음** (**클로우즈형** : 앙케트에 응답해야 할 계약을 맺고 있는 모니터 회원 대상)		회원전용 웹페이지를 설치해서 ID와 패스워드를 입력하지 않으면 웹페이지를 볼 수 없다. 전자게시판도 설치할 수 있다.	E-메일의 첨부 파일로 앙케트 송부, 또는 텍스트문 만으로 앙케트를 발송	인터넷을 접속하여 휴대전화 등을 사용하는 사람을 대상으로 텍스트 문으로 앙케트를 발송

40 회수데이터의 체크

한 표마다의 정보를 쌓아서 올려 결과를 내는 앙케트조사는 회수표의 체크가 중요

① 방문면접이나 유치조사의 데이터체크

조사원의 부정이 없는가를 방문, 전화, 엽서 등으로 확인한다.

- 방문에 의한 확인 : 기간을 늘려서 다른 조사원을 대상자의 집으로 방문시켜 본인의 응답인지, 조사원에게 문제는 없었는지를 확인한다.
- 전화에 의한 확인 : 회수직후에 회수표의 10%~20%를 랜덤으로 추출해 대상자에게 전화를 해서 확인한다.
- 우편에 의한 확인 : 응답자 전원에게 엽서로 앙케트를 실시, 대상자가 된 사실이나 조사원에 대해 느낀 점을 질문한다.

② 우편조사의 데이터체크

우편조사의 경우, 조사표에 이름, 주소, 전화번호가 기재되어 있으면, 10% 정도를 추출해서 인사를 겸한 전화로 확인을 한다. 무기명식의 경우, 반송용 봉투에 번호 등을 붙이면 대상자는 특정할 수 있지만 본인의 기입여부는 확인할 수 없다.

③ 응답자모집식조사의 데이터체크

인터넷, 신문, 잡지 등의 기사나 광고로 응답자를 공모하면, 사례품이 고가일수록 중복응모가 생긴다. 중복응모자는 사례품을 받을 주소, 이름, 전화번호, E-메일 주소 등을 근거로 체크한다.

④ 모니터 등 조사의 응답계약자의 데이터 체크

모니터 계약자도 본인의 동의나 지시로 가족이 응답할 가능성이 있다. FAX나 우편에 의한 모니터조사에는 과거와 현재의 필적 등을 비교해서 뚜렷한 차이가 있는 경우, 조심스럽게 확인을 한다. 인터넷 조사의 경우 필적 체크가 불가능한데다가, 패스워드를 다르게 하더라도 본인의 동의로 다른 사람이 대신한 응답은 확인이 불가능하다.

◆ 회수표의 체크포인트

대상자에 대해서 ① 대상자 본인의 응답이 맞는지의 확인	→	조사원의 태도나 말투에 있어서 문제가 없었는지도 확인하고, 조사원 교육에 활용한다.
앙케트표의 기입내용에 대해서 ② 거짓 응답이 없는가를 체크 ③ 응답오류, 기입오류의 체크	→	거짓말이 많은 회수표는 집계대상에서 제외 응답 오류, 기입 오류는 대상자나 조사원에게 확인

◆ 대상자 본인의 응답인가를 체크하는 방법 (예)

조사의 방법	대상자 본인의 응답인가를 확인하는 방법
면접·유치하여 조사	• 시간을 늦추고, 다른 조사원을 대상자 집으로 방문시켜 확인 • 회수표로부터 랜덤하게 추출한 대상자에게 전화로 확인 • 대상자 전원에게 회신용 엽서로 확인
우편조사	• 주소, 이름, 전화번호가 기입되어 있으면 답례를 겸한 전화로 확인 (사례품의 발송을 위해 주소, 이름, 전화 번호 기재를 부탁한다)
응답자모집식 조사	• 이름, 주소, 전화번호, E-메일 주소 등, 사례품목에 맞춰서 중복 응답자를 발견
모니터 등 조사의 응답 계약자	• 과거와 현재의 앙케트 응답표의 필적 등을 비교해서 의심스러울 경우에는 실례가 되지 않도록 문의한다.

의심스러운 응답의 예

- 같은 번호에 ○표를 했거나, ○표가 지나치게 규칙적으로 표시되어 있다.
- 무기명이 너무 많다.
- 수치로 응답을 요구했을 경우의 범위가 상식을 초월하고 있다. (예 : 한 달의 용돈이 1,000만원 등)

실사의 바이어스 (bias)

실사에는 여러 가지의 바이어스 (편의)가 발생한다. 예를 들면

- 어느 회사가 조사를 하고 있을까. 메이커를 평가하는 질문의 응답으로 맨 앞에 적힌 회사가 스폰서일 것이다. 일부러 조사를 하는데다 좋다라고 하는 결과를 내고 싶어 하기 때문에, 좋다고 답을 해주자.
- 이렇게 많은 질문에 답을 시키고 사례품은 값싼 것이라 빨리 끝내자,
- 의미를 알 수 없는 질문이고 귀찮으니 1번이라고 답해야지…
- 앞선 질문에서도 '좋다'라고 답했으니까 이것도 '좋다'라고 답해버리자.

등이라고 응답자가 생각한다면 타당성이 있는 조사결과는 나오지 않는다.

또한 실사에서는 조사원의 거짓말이나 잘못을 예방하기 위한 확인과 대책이 필요불가결하다. 면접조사의 경우, 가장 곤란한 것은 대상자에게 면접을 하지 않고 조사원 본인이 대상자인 양 응답을 하는 것이다. 실사에서는 회수표의 일정비율에 대해 정말로 조사를 했는지를 대상자 본인에게 확인할 필요가 있다.

번화가에서 세일즈맨이 앙케트조사를 구실로 물품을 판매하는 일이 있다. 또한 앙케트조사의 의뢰를 구실로 주택의 문을 열게 해서 강도짓을 하는 예도 있다. 세상이 어수선하게 되어버려서 조사원에게는 신분증명서를 휴대하도록 하여 대상자에게 제시하여서 이상한 사람이 아니라는 것을 믿게 해줄 수 있는 등의 대책이 필요하다.

제 5 장

▼

데이터 집계를 한다

41 집계작업의 순서

회수표의 최종 점검에서 시작하여 데이터 입력, 데이터 클리닝, 집계, 통계해석의 순서로 실시한다.

앙케트표를 정성을 다해 체크하고, 거기에다 집계키 항목이나 자유응답의 카테고리 분류를 확정한다.

① 집계작업의 흐름

집계작업의 흐름은 아래와 같이 된다.

1) 회수표의 최종 점검과 정리 (통칭, 에디팅)

2) 자유응답의 카테고리 분류 (통칭, 코딩)

3) 데이터입력 (데이터펀치라고도 한다)

4) 질문 흐름의 논리성 체크로 데이터 클리닝

5) 단순집계(질문의 응답 카테고리마다의 도수와 구성비)

6) 크로스집계(복수 항목간의 응답 카테고리의 도수와 구성비)

필요하면 검정이나 다변량해석 등을 한다.

② 매뉴얼류의 작성

- **에디팅매뉴얼** : 회수된 앙케트표를 최종 점검하기 위한 매뉴얼이다.
- **코딩매뉴얼** : 자유응답을 분류해서 빈도수로 집계하기 위하여 응답의 카테고리 분류와 코드번호를 표시하는 매뉴얼이다.
- **데이터입력지시서** : 데이터입력을 위탁하는 경우엔 지시서 또는 협의 사항의 확인서가 필요하다. 내부 작업에도 지시서는 필요하다.
- **데이터체크 (클리닝)지시서** : 에디팅매뉴얼을 프로그래머용으로 작성한 것인데, 컴퓨터로 질문의 흐름이나 있을 수 없는 응답코드를 체크하기 위한 지시서이다.
- **집계, 점검, 다변량해석 등의 지시** : 어떤 집계나 통계해석을 할 것인가를 지시한다.

◆ 회수표의 체크포인트

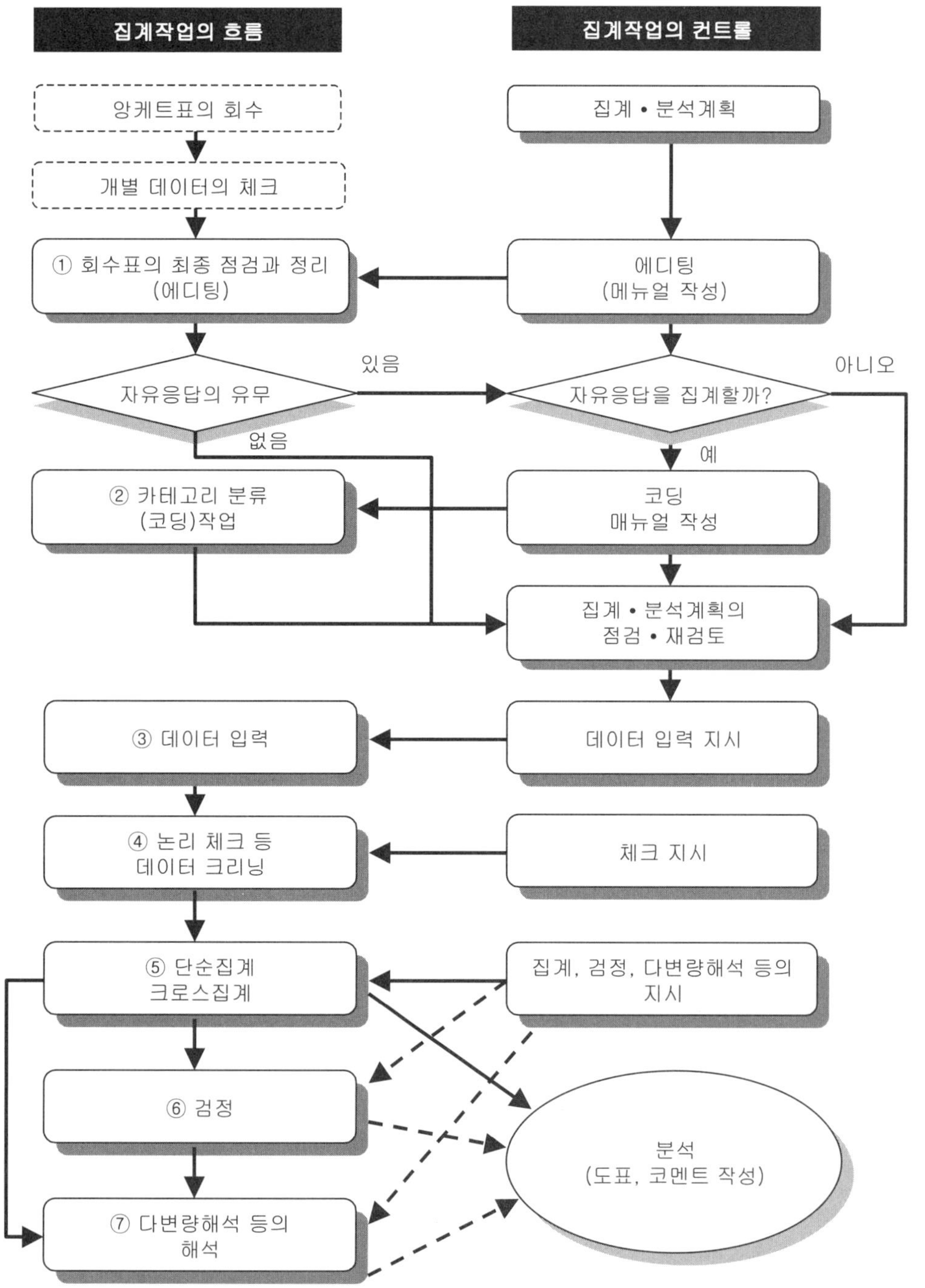
집계작업의 흐름
집계작업의 컨트롤
앙케트표의 회수
개별 데이터의 체크
① 회수표의 최종 점검과 정리 (에디팅)
자유응답의 유무
있음
없음
② 카테고리 분류 (코딩)작업
③ 데이터 입력
④ 논리 체크 등 데이터 크리닝
⑤ 단순집계 크로스집계
⑥ 검정
⑦ 다변량해석 등의 해석
집계 • 분석계획
에디팅 (메뉴얼 작성)
자유응답을 집계할까?
아니오
예
코딩 매뉴얼 작성
집계 • 분석계획의 점검 • 재검토
데이터 입력 지시
체크 지시
집계, 검정, 다변량해석 등의 지시
분석 (도표, 코멘트 작성)

42 데이터의 최종 체크

집계를 대비해 응답 누락, 기입 오류 등의 점검으로 응답 간의 논리적 모순을 점검하여 불비나 모순을 수정한다.

① 기본적 점검의 포인트

- **조사대상의 확인** : 스크리닝 질문의 응답이나 성·연령 등이 대상자의 조건에 일치하는가를 최종 점검한다.
- **표본번호의 확인** : 중복 번호나 기입 오류를 점검 한다.
- **유효 회수표의 확인** : 응답 누락이나 무응답이 너무 많은 경우 무효표로 한다.
- **응답 체크마크의 점검** : 입력 오류 방지를 위해 ○표나 √ 등의 체크 위치를 확인한다.
- **응답방법의 점검** : 구하고자 하는 수보다 너무 많은 응답, 순위의 중복 등, 응답 오류를 전건, 일정한 법칙을 정해서 수정한다.
- **자유응답의 문자나 숫자의 점검** : 의미 불명의 응답을 판독, 처리한다.
- **자유응답의 의미내용의 점검** : 의미 불명의 응답을 판독, 처리한다.
- **그 밖의 구체적 내용의 점검** : 「그 밖 (구체적으로)」의 내용이 선택지와 같은 경우, 해당하는 선택지를 정정한다.

② 논리적 점검의 포인트

- **질문의 뛰어넘기 점검** : 응답해야만 하는 질문을 뛰어넘지 않았는지, 응답하지 않아도 되는 세분화된 질문 등에 응답하지 않았는가를 점검한다.
- **응답내용의 타당성 점검** : 여성인데 남성에 대한 질문에 응답, 정반대의 복수의견에 찬성 등, 질문 간의 모순을 점검한다.
- **응답의 버릇 점검** : 같은 선택지 번호에만 ○, 찬반 등의 응답 패턴이 모두 같다는 등의 문제표는 무효표로 할 것인가를 판단한다.

③ 데이터입력 후의 점검

펀치 오류에 의한 중복 데이터, 응답 카테고리 번호 외의 숫자, 응답 간의 논리적 모순의 유무를 체크한다.

◆ 집계전의 준비작업

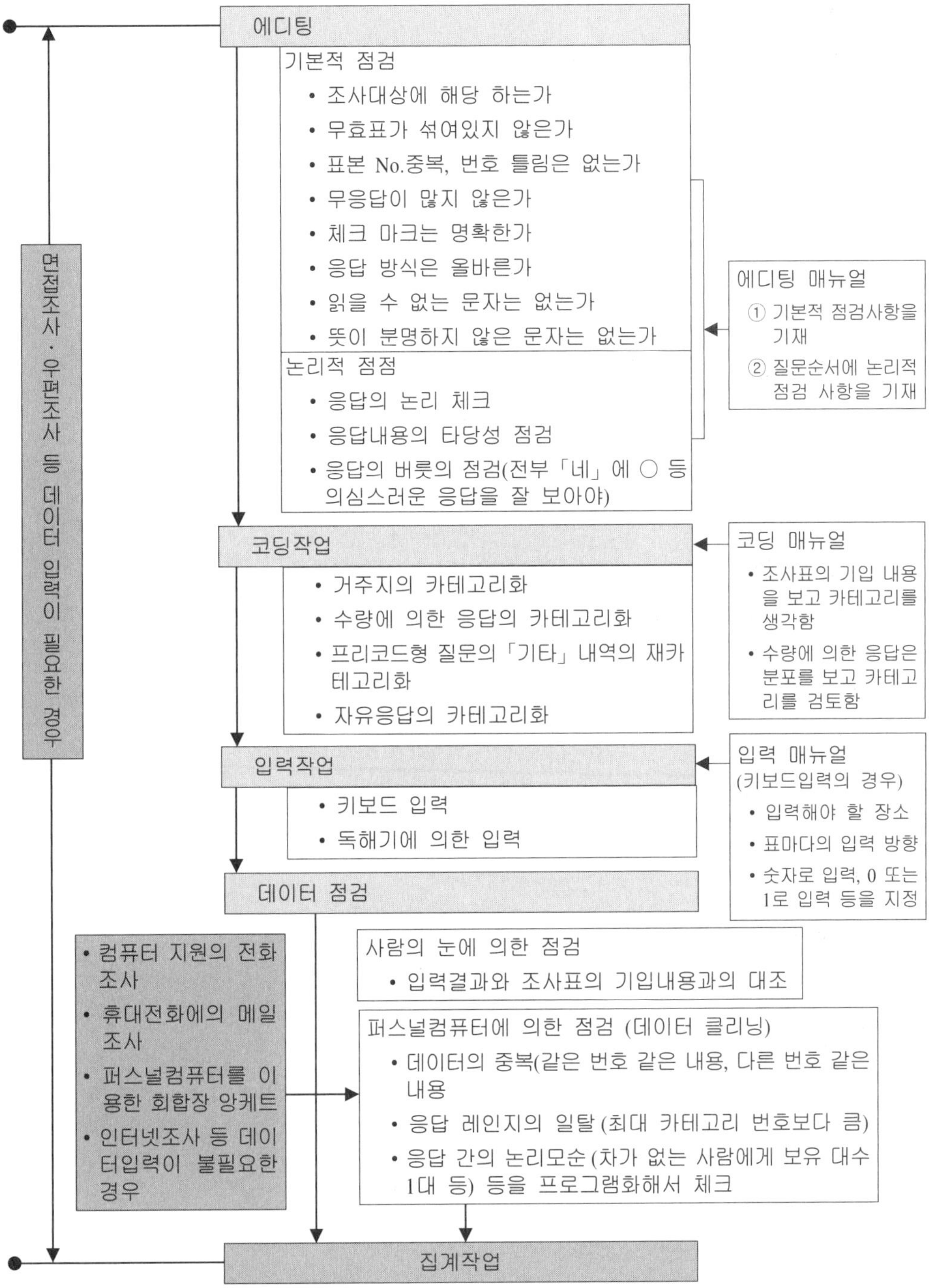
에디팅
기본적 점검
• 조사대상에 해당 하는가
• 무효표가 섞여있지 않은가
• 표본 No.중복, 번호 틀림은 없는가
• 무응답이 많지 않은가
• 체크 마크는 명확한가
• 응답 방식은 올바른가
• 읽을 수 없는 문자는 없는가
• 뜻이 분명하지 않은 문자는 없는가
논리적 점점
• 응답의 논리 체크
• 응답내용의 타당성 점검
• 응답의 버릇의 점검(전부 「네」에 ○ 등 의심스러운 응답을 잘 보아야)
에디팅 매뉴얼
① 기본적 점검사항을 기재
② 질문순서에 논리적 점검 사항을 기재
코딩작업
• 거주지의 카테고리화
• 수량에 의한 응답의 카테고리화
• 프리코드형 질문의 「기타」 내역의 재카테고리화
• 자유응답의 카테고리화
코딩 매뉴얼
• 조사표의 기입 내용을 보고 카테고리를 생각함
• 수량에 의한 응답은 분포를 보고 카테고리를 검토함
입력작업
• 키보드 입력
• 독해기에 의한 입력
입력 매뉴얼
(키보드입력의 경우)
• 입력해야 할 장소
• 표마다의 입력 방향
• 숫자로 입력, 0 또는 1로 입력 등을 지정
데이터 점검
면접조사 · 우편조사 등 데이터 입력이 필요한 경우
• 컴퓨터 지원의 전화조사
• 휴대전화에의 메일조사
• 퍼스널컴퓨터를 이용한 회합장 앙케트
• 인터넷조사 등 데이터입력이 불필요한 경우
사람의 눈에 의한 점검
• 입력결과와 조사표의 기입내용과의 대조
퍼스널컴퓨터에 의한 점검 (데이터 클리닝)
• 데이터의 중복(같은 번호 같은 내용, 다른 번호 같은 내용
• 응답 레인지의 일탈 (최대 카테고리 번호보다 큼)
• 응답 간의 논리모순 (차가 없는 사람에게 보유 대수 1대 등) 등을 프로그램화해서 체크
집계작업

43 자유응답을 카테고리화 한다.

자유응답을 집계하기 위해서는 카테고리로 나누어 번호화 하는 코딩작업이 필요.

자유응답에는 프리코드형 질문에 있는 [그 밖 (구체적으로)]의 구체적 내용을 응답하는 것 이외에, 자유응답형 질문의 응답, 수량에 의한 응답의 3종류가 있다. ([49.도수분포란?] 참조)

자유응답형 질문은 최저 10 ~ 20% 이상의 응답을 읽고 분류한다.

예를 들어, 구입금액 등 수량에 의한 응답은 응답결과를 보고 카테고리의 폭을 판단해, 10분류 전후로 구별하고 나눈다.

자유응답 카테고리화의 방법을 아래, 사례를 오른쪽페이지에 제시한다.

① 응답내용을 분야 · 영역별로 합친다.

[행정에 관하여], [신문에 관하여], [상품이나 서비스에 관하여]등 넓은 시점에서의 자유응답을 구하는 경우, 응답도 갖가지이다. 응답 빈도수가 많은 경우에는 응답 내용을 분야나 영역으로 나누어, 필요에 따라 분야마다 다시 세분해 나간다.

예를 들면, 신문기사에 관해서의 자유응답이라면 기사면 별로 나누며, 기업의 상품·서비스에 관한 질문에서는 상품·서비스의 종류별과 그 밖의 분야로 나누어 카테고리화 하면 좋을 것이다.

② 유사한 응답을 모은다.

같은 의미의 응답은 하나의 카테고리로 모은다.

③ 평가를 해서 하나로 모은다.

응답 내용을 봐서 호의적, 비호의적, 중립적 평가로 분류 한다. 평가시점은 복수가 되어도 좋다. 좋아하고·싫어하기, 좋고·나쁘고, 만족·불만 등을 생각할 수 있다. 평가결과의 빈도수나 구성비를 집계한 결과와 각각의 구체적인 응답 내용을 예시하면 설득력이 높아진다.

◆ 자유응답의 카테고리화의 예

① 응답내용을 분야·영역별로 정리한다. 예 : 상품에 대한 불만점

코드	내용	응답 예
1	**가격**	• 비싸다 • 상점에 따라서 가격차가 크다
2	**디자인**	• 원하는 색이 없다. • 작게 만들어 주었으면 한다.
3	**사용의 편리성**	• 뚜껑 열기가 힘든다. • 노즐이 막히기 쉽다
4	**기능**	• 곧 부서진다 • 몇 번 고장났다
5	**사후관리**	• 수리를 하러 빨리 오지 않는다. • 수리비가 비싸다
6	**판매방법**	• 취급점이 적다. • 통판에서라도 팔면 좋겠다.

② 유사한 응답을 모은다. 예 : 판매점에 대한 요망

코드	내용	응답 예
1	**가격인하 서비스의 충실**	• 가격 세일기간을 늘리고 • 구입금액의 포인트 제도를 • 타임 서비스의 실시 • 특매 스케줄의 광고를
2	**상품준비의 충실**	• 지속적으로 잘 팔리는 비유행 상품은 품절이 되지 않도록 • 활어는 종류를 늘려주고 • 계절에 맞는 상품을
3	**수납의 효율화**	• 저녁의 많은 행렬을 해소해야 한다. • 수납자를 스피드업 시켜야 한다.
4	**레이아웃의 개선**	• 어디에 무엇이 있는지 알기 어렵다. • 점포 내가 뒤죽박죽이다.
5	**종업원 교육 강화**	• 상품은 공손히 다루도록 • 상품지식을 가졌으면 좋겠다
6	**품질관리를 철저히**	• 유효기한이 지난 것은 두지 말고 • 원산지 표시는 반드시
7	**부대서비스의 충실**	• 배달 서비스를 해 주기를 • 주차장을 더 늘려야
8	**가격표시**	• 표시가격과 수납가격에 차이가 없도록

③ 평가를 해 모은다. 예 : A사의 광고에 대한 인상

코드	내용	응답 예
1	**호의적**	• 화상이 깨끗하다 • 테마 음악이 좋다 • 배우에게 호감을 가질 수 있다.
2	**비호의적**	• 호소하고 싶은 것이 확실하게 뜨지 않는다 • 상품과 광고의 이미지가 맞지 않다.
3	**중간적**	• 그다지 흥미가 없다. • 잘 기억나지 않는다.

44 집계계획을 세우는 방법

기획 • 설계단계에 세워진 집계계획을 회수 • 정리의 단계에서 재검토하여 집계계획을 확정한다.

집계 작업에 들어가기 전에 집계계획표를 작성한다. 집계계획표는 데이터 입력이나 집계의 외부위탁지시서도 된다. 입력되어진 데이터나 집계 결과의 점검에도 도움이 된다.

기본적인 집계는 도수분포와 백분율의 계산이다. 수량데이터는 평균값, 표준편차 등을 산출한다. 만족도나 중요도, 순위 등은 득점환산 등을 한다. ([제6장 통계의 기본을 다진다]참조)

컴퓨터집계용의 집계계획표에 포함되는 주된 항목은 아래와 같다.

① **질문 No.와 질문명칭**

② **응답의 종류** (SA…단수응답, MA…복수응답, OA…자유응답, FA…숫자에 의한 응답 등)

③ **복수응답의 표시방법** (응답이 있는 코드번호를 표시하는 방법과 코드번호마다 응답의 유무를 1이나 0으로 표시하는 방법이 있다)

④ **응답코드** (질문마다 응답 코드번호의 최소값과 최대값)

⑤ **무응답 / 불명코드** (번호나 알파벳으로 표시한다)

⑥ **도수분포의 백분율 모수** (전수인가 특정의 응답자인가를 지정)

⑦ **평균값, 표준편차** (수량의 질문 개수는 계산의 유무를 표시한다)

⑧ **평균값모수** (평균값을 산출하는 응답자의 모집단을 정의한다)

⑨ **득점환산** (카테고리마다 할당된 득점치를 표시한다)

⑩ **기타** (편차값의 계산이나 웨이트백 등을 표시한다)

⑪ **크로스집계의 키** (키 항목이라고 하는 「속성」과 「질문」을 나타낸다)

◆ 집계계획표의 예

조사명칭 **집계계획표**

질문 NO.				1	2	3	4	5	6	7	8	9	F1	F2	F3	F4	F4'
명칭	조사종별 번호	지점 No。	샘플 No。	성인 흡연의 좋고 싫음	아버지의 흡연 유무	아버지의 흡연에 대한 태도	아버지가 담배를 끊어주기를 원하는 이유	담배를 피우지 않는 아버지의 이미지	담배를 피우는 아버지의 이미지	담배에 대한 의견 2 1항목의 찬반	건강이라는 말에서 연상하는 일	아버지가 해주기 바라는 스포츠	성별	연령	학년	한 달 용돈	한 달 용돈의 카테고리 값 (F4데이터 변수 = 새로운 변수)
회답의 종류: SA...단수응답 MA...복수응답 FA...숫자에 의한 응답 OA...자유응답				SA	SA	SA	MA	MA	MA	각 SA	OA	MA	SA	FA	SA	FA	SA
복수응답의 표시방법							1.0 타입	1.0 타입	1.0 타입		2형 타입	1.0 타입					
응답코드 (최대값~최소값)	4	01 ~ 99	001 ~ 999	1 ~ 2	1 ~ 2	1 ~ 2	1 ~ 0	1 ~ 0	1 ~ 0	각각 1 ~ 2	01 ~ 20	1 ~ 0	1 ~ 2	6 ~ 19	1 ~ 8	0 ~ 9999	01 ~ 15
무응답 / 불명한 코드				B	B	B	Y	Y	Y	B	YY	B	B	B	B	B	YY
도수분포의 %모수				전수	전수	02①	03②	02①	02①	전수	전수	전수	전수	전수	전수	전수	전수
평균값과 · 표준편차																○	
평균값 모수																B 이외	
득점환산																	
그 밖의 계산 ( )																	
단순집계		○		○	○	○	○	○	○	○	○	○	○	○	○	○	○
크로스집계: 성별연령(F1×F2)				○	○	○	○	○	○	○	○	○			○	○	○
크로스집계: 학력(F3)				○	○	○	○	○	○	○	○	○	○	○	○	○	○
크로스집계: Q1흡연의 호 · 불호					○	○	○	○	○	○	○	○					

45 크로스집계와 크로스분석의 포인트

복수의 질문항목간의 인과관계나 상관관계를 조사하는 것은 집계키의 설정이 포인트

① 크로스집계 키 작성의 체크포인트

- 표 외측(表側) 카테고리의 표본 수는 25인 이상, 가능하면 50인 이상이 필요하다. 표본 수가 적을 때는 응답 카테고리를 하나로 모은다.
- 성·연령 등의 대상자의 특성을 조사목적에 따라 분류한다.
- 조사목적에서 보아 중요한 질문을 집계키로 하다. 자사상품구입 의향이 과제이면, 구입 빈도나 만족도 등을 키로 한다.
- 의식과 행동의 관계 등, 질문항목 간의 인과관계를 조사하는 데는 원인이라고 생각되는 질문을 키 항목으로 한다.

② 크로스분석의 체크포인트

- 인구 통계적 특성을 모수로 한 구성비는 의미가 있지만, 질문항목을 모수로 하여 인구 통계적 특성의 구성비는 분석하더라도 별 의미가 없다. 우측 아래 표의 예에서는 여성의 회수표가 많음에 따라 「예, 아니오」 모두 여성이 많다고 하는 우스운 결과가 된다.
- 집계키의 설정이 부적절한 경우, 관련성이 없는데도 있는 것처럼 보이거나, 차이가 있는데도 보이지 않는 경우가 있다. 이를테면, 초등학생의 학력을 발 사이즈별로 집계해보면, 발의 사이즈가 클수록 학력이 높아지지만, 본래는 학년과의 크로스집계가 적절할 것이다. 또 사원의 여행 목적지에 관해 앙케트를 실시, 모든 부서에서 찬성율 1위인 A시로 결정하면 여성이 크게 반대해서, 남녀별로 집계했어야 좋았을 일도 있을지 모른다.
- 특정한 특성을 가진 사람들만을 대상으로 한 조사만으로는 다른 특성의 사람들과의 차이는 증명되지 않는다. 예를 들면, 조사결과에서 비행 소년은 아버지와 식사를 함께 하지 않는 다는 결론을 검증하기 위해서는 일반 소년에 대해서도 조사할 필요가 있다.

◆ 크로스집계의 순서

단순집계
- 실수, 구성비, 평균값 등을 산출

↓

집계결과의 체크
- 표본 수
- 구성비의 모수 응답 • 질문 간의 타당성
- 수치에 의한 응답의 카테고리의 구분이 적절한가
- 불명, 무응답이 많은 곳 등, 데이터나 집계결과가 의심스러운 곳은 없는가 등을 체크

— • 표본 수 = 유효 회수수인가
• 세분화 질문의 표본 수는 맞는가
• 단수응답의 구성비합계 = 100%인가
• 평균값과 분포의 관계는 이상하지 않은가

↓

집계키의 검토
- 조사 가설, 조사목적에 의해 집계키를 검토
- 응답자의 속성, 조사과제에의 영향력이 클 것 같은 항목 등을 집계키로

— 성·연령별의 차이를 알고 싶다 → 성·연령별을 집계키로 한다.

- 모수가 되는 카테고리의 표본 수는 최저 25이상으로
- 집계키로 하고 싶은 카테고리의 표본 수는 충분한가
- 카테고리의 재구분, 재정렬은 필요하지 않은가

— 20대 ~ 70대 이상까지 각 표본 수가 15 밖에 없다 → 20~30대, 40~50대, 60대 이상으로 모은다.

↓

크로스항목의 검토
- 질문 간의 인과관계를 고려, 크로스 항목을 정한다.
- 원인으로 생각되는 항목을 모수로, 결과로 생각되는 항목을 집계한다.
- 모든 질문의 집계키가 되는 항목, 일부 질문의 집계키가 되는 항목을 검토

— 성별에 따른 찬반차이가 있을 것 같다 → 성별을 모수로 해서 찬반을 집계

↓

크로스집계

크로스표(세로 %표)의 예　연령별로 찬반(단수응답)

	표본수	찬성	반대	무응답
전체	100.0 804	52.2 420	47.3 380	0.5 4
20대	100.0 116	55.2 64	41.4 48	3.4 4
…	…	…	…	…
70대 이상	100.0 179	42.5 76	53.1 95	4.5 8

표머리 / 셀 / 구성비 / 표옆 / 크로스키 / 모수 / 빈도

백분비를 취하는 방법으로, 해석을 잘못하기 쉬운 예

① 빈도표

	계	예	아니오
남성	22	20	2
여성	1100	100	1000
계	1122	120	1002

② 세로 백분비표

	계	예	아니오
남성	100.0%	90.9%	9.1%
여성	100.0%	9.1%	90.9%
계	100.0%	10.7%	89.3%

③ 가로 백분비표

	계	예	아니오
남성	2.0%	16.7%	0.2%
여성	98.0%	83.3%	99.8%
계	100.0%	100.0%	100.0%

46 그래프 작성의 포인트

그래프화에 의해 결과의 개요와 키포인트를 시각화 한다.

그래프의 종류는 무엇을 표현하는가에 따라 선택한다. 구성비를 나타내기 위해서는 「원그래프」나 「막대그래프」, 추이를 나타내기 위해서는 「꺾인선그래프」, 2종류의 수치 관계를 나타내기 위해서는 「산포도」, 셋 이상의 수치 밸런스를 나타내는 데는 「레이더차트」, 값을 가로로 세워 비교하는 데는 「봉그래프」등이 이용된다.

그래프 작성의 포인트는 아래와 같다.

- 표현목적에 따라 그래프의 종류 선택을 적절히 … 예를 들면, 구성비를 비교하기 위해서는 원그래프를 여러 개 나열하는 것 보다 막대그래프를 나열하는 편이 차이를 알기 쉽다.
- 무엇을 나타내는 그래프인지 명확히 … 그래프마다 표제, 범례, 수식의 단위, 표본수, 데이터 출처 등을 반드시 명기한다.
- 수치 축의 값 설정을 적절히 … 수치 축의 설정에 의해 차이가 크게 보이거나 작게 보이거나 한다. 수치 축의 최소값과 최대값의 폭이 작을수록 차이가 확대되어 알기 쉽게 되지만, 과장이 지나치면 오해를 불러온다.
- 추이를 나타내는 그래프는 원점에 주의 … 예를 들면, 상품별의 매상고 추이에 대해 그래프로 나타내는 경우, 어떤 연도의 값을 100으로 한 신장률의 추이를 상품별로 표시하든가, 매상금액 그 자체의 추이를 상품별로 표시함으로써 인상이 전혀 달라진다.
- 원칙적으로 수치를 병기한다 … 수치를 병기함으로써 그래프로 나타낸 데이터의 신뢰도가 높아진다.
- 범례 구분을 명확히 … 범례 구분이 불명확하면 분석의 오류를 초래한다.

구성비의 대소 등을 표시한다 → 구성비그래프 (원그래프, 막대그래프)

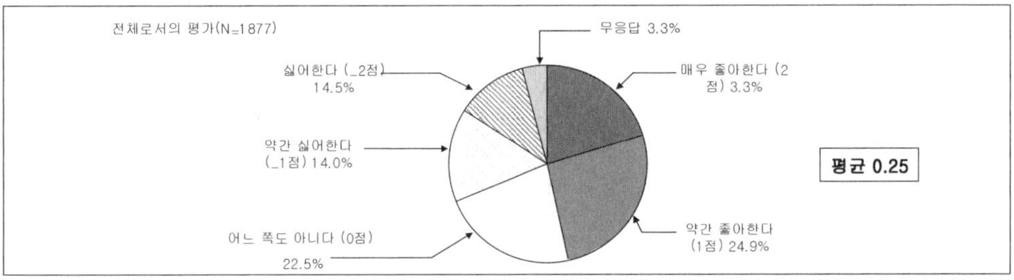

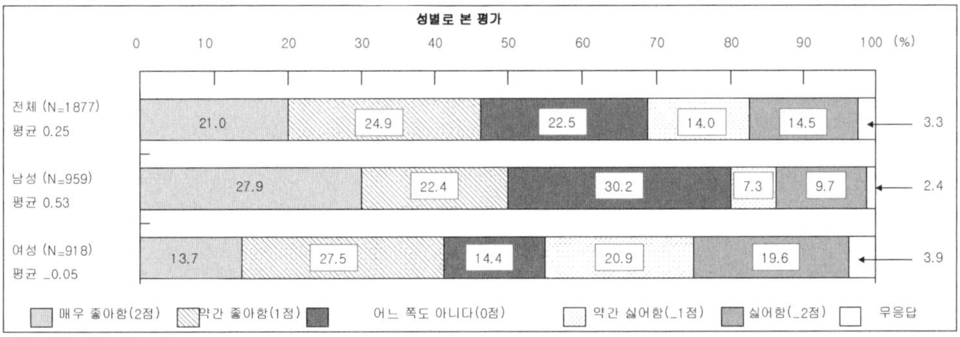

추이, 신장율 등을 표시 → 꺾인선그래프

두 수치의 관계를 나타냄 → 산포도

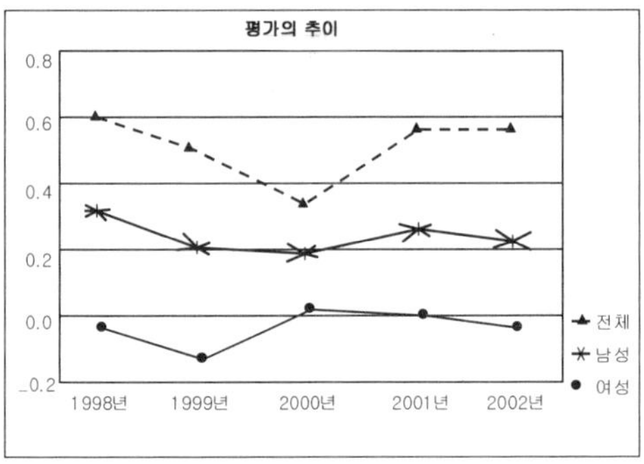

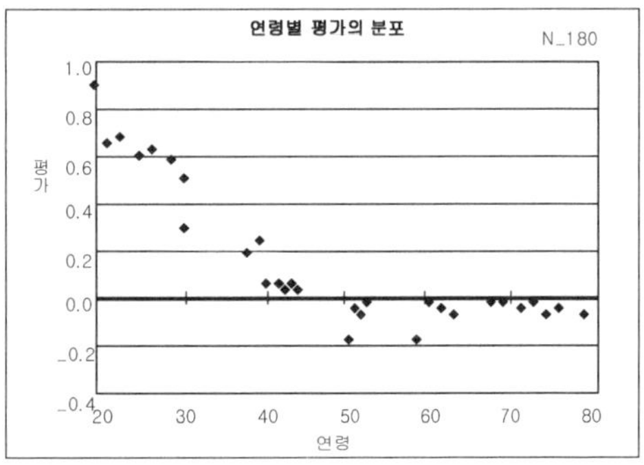

수치의 비교, 복수응답의 분포를 표로 표시 → 막대그래프

평가와 수치의 비교를 표시 → 레이더 차트

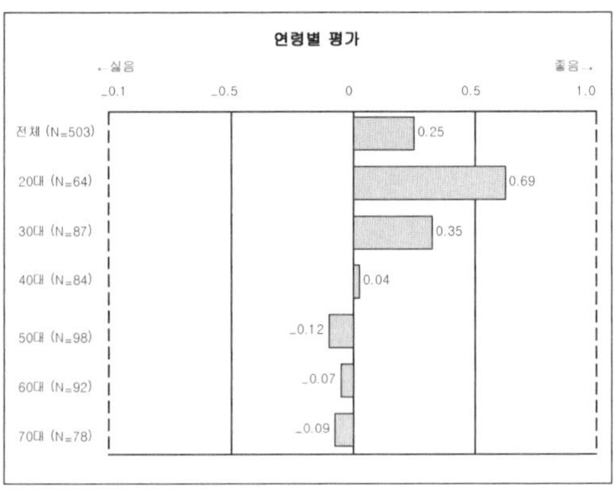

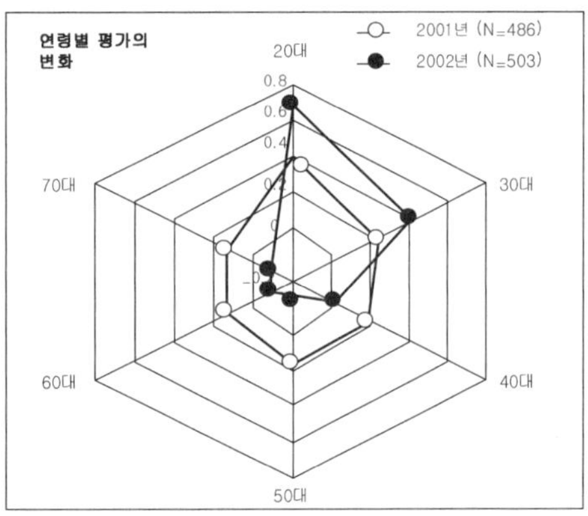

47 조사보고서 작성의 포인트

독자가 누구인지를 생각해서 보기 쉽고, 알기 쉬운 리포트를 염두에 둔다.

조사보고서에는 조사목적, 조사 설계의 개요, 조사목적에 걸맞는 조사결과의 그래프와 코멘트를 기술하고, 필요하다면 조사결과에서 도출되는 결론을 기술한다.

체크포인트는 아래와 같다.

- 제3자라도 알 수 있도록 쉽게 기술한다.
- 조사의 목적은 플로차트 등으로 그려서 간결하되 명확하게 나타낸다.
- 조사대상, 조사방법, 실사기간 회수율 등의 조사 설계의 개요를 기술한다.
- 조사결과를 그래프화하여 그래프가 의미하는 바를 알기 쉽게 코멘트 한다.
- 조사결과의 설명은 조사대상자의 특성부터 시작한다. 다음에, 설명으로 판명한 의식이나 구입·사용 등 행동에 관한 질문항목과 대상자 특성과의 관련성을 코멘트를 한다. 질문 순으로 기술할 필요는 없다. 알고 싶은 순서, 중요하다고 생각되는 순서 등, 조사테마에 따라 확실하게 기술순서를 결정한다.
- 필요하면 대상자의 의식이나 행동을 파악하게 됨으로써 도출되는 결론 (예컨대, 신제품 컨셉, 상품 가격안, 고객만족도를 높이는 방책 등)을 기술한다.
- 결론 부분은 이론적으로 설득력을 지니도록 연구한다. 이론의 흐름을 플로차트로 만들어 표시하면 더 알기 쉬울 것이다.
- 리포트의 마지막에는 조사의 문제점이나 앞으로의 과제를 기술한다.

◆ 조사보고서의 기본구성

	기재내용	용도
개요편	조사개요 (조사목적, 조사대상, 조사방법, 실사기간, 회수율 등) 조사결과 (대상자속성, 조사결과의 취합, 결론, 앞으로의 과제 등)	보고회용 발표자료용
본문편	조사개요 (조사목적, 조사대상, 조사방법, 실사기간, 회수율 등) 조사결과 (대상자속성, 모든 질문의 조사 결과를 질문 순으로 표시)	조사담당자용 내부자료
자료편	숫자표, 앙케트표, 기획·분석에 이용한 참고자료 등	

◆ 개요편의 작성 포인트

- 독자가 누구인가에 따른 표현, 내용이 된다.
- 전체 볼륨은 보고시간 등을 고려한다.
- 조사과제에 따라 중요 부분을 우선적으로 기술
- 결과는 그래프 + 간결한 코멘트로 표시
- 결론을 플로차트 등으로 이론적으로 나타낸다.
- 앞으로의 검토과제도 제시.

◆ 본문편의 작성 포인트

- 조사의 배경, 조사 설계의 상세한 기술
- 질문마다 결과를 질문의 타이틀, 코멘트, 그래프 또는 숫자표로 질문 순으로 표시
- 다변량해석 등을 실시한 경우는 다변량해석의 결과, 해석기법의 개요 (테크니컬 노트)도 제시.
- 년월의 경과, 담당자의 변동이 있어도 자료로서 활용할 수 있도록, 표본 수, %의 모수, 각종 수치의 산출방법 등을 명기한다.

◆ 자료편의 작성 포인트

- 모든 질문의 크로스집계표
- 다변량해석 등을 실시했을 경우, 최종적으로 채용한 해석 결과의 아웃풋
- 2차 데이터 등의 참고 자료

등으로 구성한다.

제 2 부

통계해석은
이렇게 진행한다!

제 6 장

▼

통계해석의 기본을 다진다

48 통계해석의 기본을 다지자.

통계해석의 목적은 앙케트조사로 얻은 데이터를 집계 • 분석, 의사결정의 판단자료로 하는 정보로 가공하는 일.

(1) 마케팅·리서치에서 사용하는 통계분석

앙케트조사의 개인정보 (주소, 이름 등 개인이나 세대에 특정한 정보)와 개별의 응답 내용에만 주목한다면 개인정보의 수집이지, 통계조사가 아니다.

통계적 조사로서 앙케트조사는 개인정보를 수집하지만, 특정 개인의 식별이 불가능하도록 데이터화해서, 도수분포나 평균 등의 통계량을 계산하거나 더 한층 고도의 통계해석인 다변량해석을 한다.

통계적 조사에서는 조사대상을 그룹으로 간주, 그룹의 특성을 객관적으로 측정하여 수량적으로 파악하다. 그렇게 함으로써, 예를 들어, 사상 A와 B외의 관계를 수량적으로 파익, 그 인과관계와 상관관계를 추측할 수 있게 된다.

이와 같이 앙케트조사의 결과를 의미 있는 것으로 하기 위해서는 통계가 불가결하며, 제품계획, 가격계획, 판매계획, 광고판촉 계획 등의 마케팅 데이터로 활용된다. 이를테면, 고객타깃의 양적 특성은 타깃의 인원수, 매상액 등의 수량을 써서 나타낸다. 질적 특성은 타깃의 성별, 연령, 직업, 연수입, 거주 지역, 취미, 선호하는 TV프로, 매물상점의 종류 등을 구성비 등의 수량으로 표시한다.

또한 가격을 얼마나 내리면 수요가 얼마나 증가하는지와 같은 관계도 조사해서 장래를 예측하기도 한다.

(2) 통계의 키워드

① 4개의 척도

통계데이터를 측정하는 기준은 명목척도, 순서척도, 구간척도, 비율척도의 4가지가 있다. ([23. 조사대상자를 측정하는 4가지의 척도란?] 참조)

앙케트조사에서는 이 4가지의 척도를 취급하기 때문에 각각의 척도에 적합한 통계해석이 필요하다.

앙케트 조사에서 이용하는 통계의 예

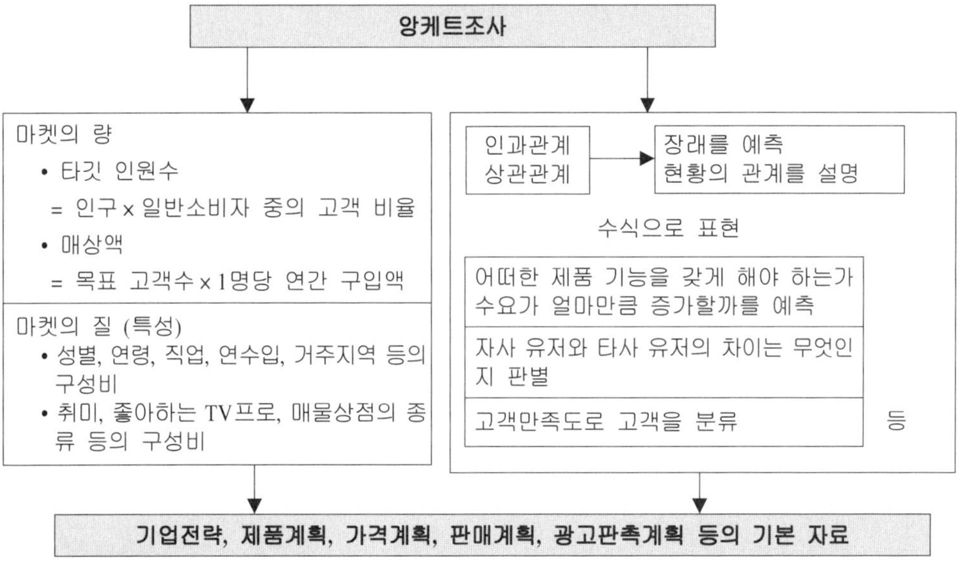

② 대표값

대표값이란 그룹을 대표하는 수치를 말한다. 가장 일반적으로 알려져 있는 대표값이라고 하면, **평균**이다. ([50. 대표값이란?] 참조)

③ 분산

통계에서는 데이터의 분산이 중요하다. 분산을 나타내기 위해서 도수분포가 있다. ([49. 도수분포란?] 참조)

(3) 표계산 소프트웨어에 의한 통계해석

표계산 소프트웨어의 대표인 Excel을 사용하면, 손쉽게 통계해석을 할 수 있다. 이 책에서는 필요하다고 생각되는 각 부분에 Excel 함수[23])를 소개하고 있다.

23) **Excel함수** → 처리량이 많은 계산이나 복잡한 계산을 간단히 하기위해서 미리 표계산 소프트웨어인 Excel에 준비되어 있는 계산식을 말한다. 엑셀에는 300 이상의 함수가 준비되어 있다.

49 도수분포란?

도수란 카테고리에 대한 응답자 수를 말한다. 각 카테고리에 대한 분산을 표시한 것이 도수분포이며, 도수분포로부터 조사대상자 집단에 어떠한 경향이 있는지를 안다.

(1) 프리코드형 질문으로 단수응답의 도수분포를 해석하는 법

앙케트조사에서는 도수분포표로 **도수** (카테고리마다의 응답자 수를 말하며, **빈도**라고도 함)와 구성비 (%)의 양쪽을 나타낸다. 도수분포표는 조사대상자의 특성 (예 : 성별, 직업, 가족구성 등) 의식이나 행동 (예 : 찬반이나 매물빈도 등) 등의 응답 결과에서 대상자 집단에 어떠한 경향이 있는지를 조사하기 위해 작성하는 것이다.

아래의 표에서는 응답 카테고리의 구성비 모수는 1,043명이다. 응답은 단수응답이므로 구성비의 합계는 100%가 된다. 이 표에서 「부부와 아이가 있는 세대」 가 전체의 49.4%의 과반수 가까이를 차지함을 알 수 있다. 이 같이 도수분포는 앙케트의 집계결과에 어떠한 특징이 있는지를 판정하기 위해 활용되는 것이다.

조사대상자의 특성·가족유형의 도수와 구성비 (%)

		카테고리				
	표본수	부부만의 세대	부부와 아이가 있는 세대	동거인과 아이가 있는 세대	부부와 그 부모가 있는 세대	부부와 아이와 부모가 있는 세대
구성비(%)	100.0	28.9	49.4	5.0	3.6	13.1
도수 (가족유형)	1,043	301	515	38	137	

특정 상품의 고객을 대상으로 만족도를 질문한 경우에 특정 상품의 고객 전원을 모수에 대해 구성비를 산정한다. 무응답 (또는 불명)이 있는 경우, 응답 카테고리의 하나로써 취급하여 구성비도 산정한다. ([22 질문의 유형과 응답의 유형을 생각하라]참조)

상품 A의 만족도 도수와 구성비 (%)

	표본수	만족	약간 만족	어느 쪽도 아님	약간 불만족	불만족	무응답 (불명)
		카테고리					
구성비(%)	100.0	24.6	32.6	18.6	9.4	13.3	1.6
도수 (상품 A의 고객)	512	126	167	95	48	68	8

(2) 프리코드형 질문으로 복수응답의 도수분포 해석하는 법

복수응답의 경우에도 앙케트표의 해당하는 응답 카테고리에 응답한 사람의 도수를 계산하지만 구성비의 합계는 100% 이상이 된다. 각 응답 카테고리에 해당하지 않는 사람의 도수나 구성비는 표시하지 않지만, 읽을 수는 있다. 예컨대, 아래 표에서 시스템키친의 소유율이 44.4%라는 것은 비소유율이 55.6%라는 것을 의미한다. (엄밀하게는, 비소유 + 무소유임).

상품 소유 현황의 도수와 구성비 (%)

	표본수	시스템 키친	종탕기(가스순간탕비기를 제외)	온수 비데	노트북	스쿠터 오토바이
		카테고리				
구성비(%)	100.0	44.4	53.9	50.2	51.1	11.7
도수 (소유)	1,043	463	562	524	533	122

(3) 자유응답형 질문의 도수분포 표시법

문자주체의 자유응답 (예컨대, 제품에 대한 의견·요망이나 좋아하는 요리 등)은 [43. 자유응답을 카테고리화 한다]를 참고해서 카테고리화한 후, 카테고리마다 도수를 계산해서 도수분포표를 작성한다.

숫자에 의한 자유응답 (매월의 용돈, 자가용 차의 연간 주행거리 등)을 카테고리화 하고 난 후 도수분포표를 작성하는 예를 제시한다. 카테고리화 하기 위해서는 수량을 적절한 등간격폭의 급구간 (急區間, 인터벌 또는 급간이라고도 한다), 예컨대, 5, 10, 50, 100, 500 등으로 끊는다. 연령이면 0 ~ 4세, 5 ~ 9세, 10 ~ 14세, …, 60 ~ 64세, 65세 이상 등이다.

급구간의 수를 몇 개로 설정하는가는 간단하게 말할 수 없지만, 데이터 예를 사용해서 결정하는 절차를 아래 표를 근거로 설명해 보자.

100명의 상품 A에 대한 평가점 (100점 좋다, …, 0점 좋지 않다)

5	28	35	47	53	63	68	71	75	75	82
12	29	39	48	57	64	68	71	75	75	84
16	29	40	49	58	64	68	72	76	76	84
18	30	41	49	58	64	68	73	77	77	86
21	30	41	50	58	64	69	73	77	77	87
21	30	41	50	59	64	69	73	79	79	87
23	31	41	50	60	64	69	73	79	79	88
23	32	45	51	62	65	69	74	80	80	91
23	32	45	52	63	66	70	74	80	80	100
26	34	46	52	63	66	70	74	81	81	100

① 먼저, 수치의 최대값 (이 예에서는 100)과 최소값 (5)를 구한다.

② 이어서, 범위 (최대값 − 최소값, 100 − 5 = 95)를 얻어, 10, 15와 20의 구분이 좋은 수로써 나눈다. (95 ÷ 10 = 9.5, 95 ÷ 15 = 6.33, 95 ÷ 20 = 4.75). 이 예에서는 몫은 5나 10에 가까운 10구간이나 20구간이 알기 쉽기 때문에, 편의적으로 10구간을 채택 했다. 최종적으로는 1구간 평균 데이터수도 고려하여 결정한다.

③ 그리고 급구간을 0 ~ 10점미만, 10 ~ 20점미만, …, 80 ~ 90점미만, 90점 이상 등으로 나타낸다. 단, 100점의 사람이 몇인지 알고 싶은 때도 있으므로 그 때는 새로운 급구간으로 추가한다. (도수분포표는 표계산 소프트웨어 「Excel」의 **FREQUENCY함수**를 사용하면 작성할 수 있다)

급구간의 표현방법의 예

0~10점 미만	10~20점 미만	20~30점 미만	30~40점 미만	40~50점 미만	50~60점 미만	60~70점 미만	70~80점 미만	80~90점 미만	90점 이상
0~9점	10~19점	20~29점	30~39점	40~49점	50~59점	60~69점	70~79점	80~89점	90점 이상
10점 미만	10점대	20점대	30점대	40점대	50점대	60점대	70점대	80점대	90점 이상
~9점	~19점	~29점	~39점	~49점	~59점	~69점	~79점	~89점	90점 이상

④ 마지막에, 도수분포표를 작성해 그래프를 그린다.

분포형을 나타내기 위해서는 막대그래프나 꺾은선그래프를 이용한다. 구성표를 나타내기 위해서는 원그래프나 기둥그래프를 쓴다.

상품 A에 대한 평가점의 도수분포표

표본 수	10점 미만	10점대	20점대	30점대	40점대	50점대	60점대	70점대	80점대	90점 이상
100	1	3	9	9	12	12	22	19	10	3

상품 A에 대한 평가점의 도수분포표

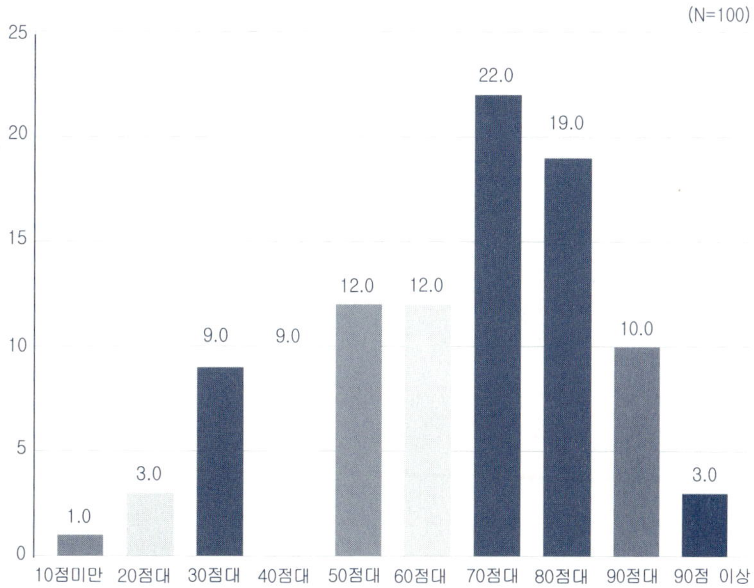

50 대표값이란?

조사대상자의 전체나 그룹의 「분포의 중심위치」 값으로서 평균이나 중앙값을 이용하는 경우가 많음.

(1) 가장 포퓰러한 대표값인 「평균」

평균에는 **① 산술평균 ② 기하평균 ③ 조화평균 ④ 트림평균**의 4종류가 있다. 연간수입 등 100만 원 구분으로 응답 카테고리를 표시해서 답을 얻고자 하는 경우, 각 카테고리의 숫자의 중심점으로 산술평균을 계산하곤 한다. 예를 들어, 200~300만 원 미만이라면 250만 원으로 간주해서 계산한다.

① 평균의 기본형인 「산술평균」

일반적인 평균이라면 **산술평균**(**상가평균**이라고도 한다)을 말한다.

산술평균의 Excel함수는 **AVERAGE**이다.

산술평균 = 데이터의 합계 ÷ 데이터의 개수

산술평균은 a와 b의 두 데이터일 때, (a + b) ÷ 2로 구한다. 60과 40의 두 숫자의 경우는 50이 산술평균이다.

산술평균의 예

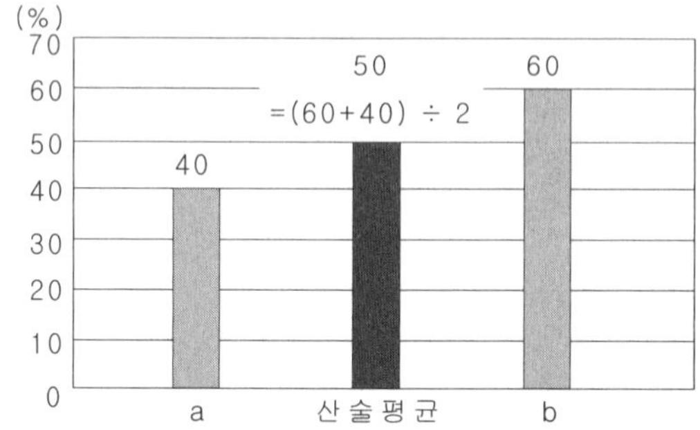

② 매상 신장율과 가격변동율 등의 계산에 쓰이는 「기하평균」

기하평균 (상승평균이라고도 한다)은 매상 신장율이나 가격의 변동율 등 비례수의 대표값으로서 사용된다. 이를테면, 소매점의 매상액이 2001년 2억 원, 2002년 4억 원, 2003년 16억 원이었다고 한다면, 전년에 대한 비 (比)는 2002년 2배,

2003년 4배이다. 대 전년비는 산술평균이면 3배 (= (2 + 4) ÷ 2)가 되지만, 2003년의 매상액을 계산하면 2,000만 원 × 3배 × 3배 = 1억8천만 원이 되어 실제 값인 1억6천만 원과 일치하지 않는다. 한편, 기하평균은 2.83[24]이고, 2003년의 매상액은 200만 원 × 2.83배 × 2.83배 ≒ 1억6천만 원이 되어 실제 값과 일치한다.

매상추이와 전년 비교 및 기하평균의 예

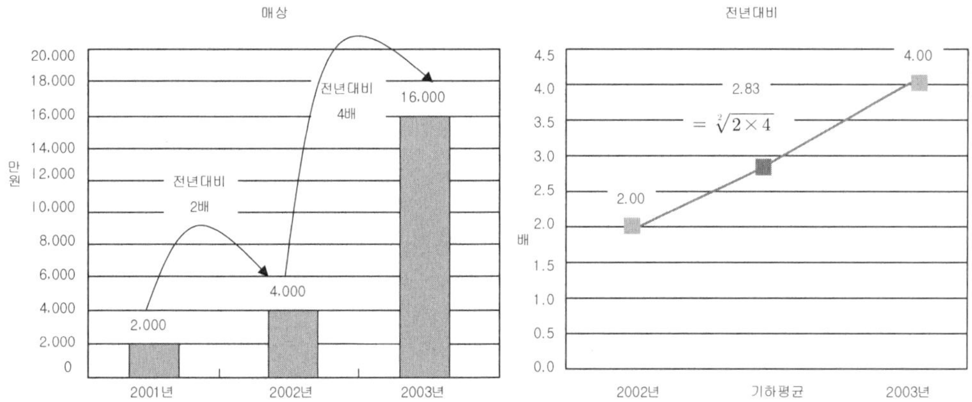

이와 같이 기하평균은 n개의 숫자를 모두 곱한 값의 n승근의 바른 값이며, 데이터가 플러스 값일 때만 계산된다.

기하평균 = $\sqrt[n]{\text{데이터의 모음}}$ = **데이터의 모음**$^{1/n}$ n:데이터의 개수

기하평균의 Excel함수는 **GEOMEAN**이다.

③ 속도의 평균 등에서 사용되는「조화평균」

조화평균을 알기 쉽게 이해하기 위해서 예제로 설명하고자 한다.「12km떨어진 곳에 가는 데는 4km/h, 돌아오는 데는 6km/h로 걸었을 때, 평균시속은 몇 km/h인가?」라는 물음에 평균 5km/h라 하면 오답이고, 맞는 평균시속은 4.8km/h이다.

왜냐하면,

갈 때의 소요시간은 12km ÷ 4km/h = 3시간
올 때의 소요시간은 12km ÷ 6km/h = 2시간
평균시속 12km ÷ 5h = 4.8km/h

가 되어 왕복 두 시속의 조화평균과 같아진다.

조화평균은 n개 숫자의 **역수 (1 ÷ 숫자)**의 합계를 분모, n을 분자로 한 값

24) **2.83의 산출방법** → 예제의 전년대비 데이터는 2002년 2배, 2003년 4배와 데이터 개수 n은 둘이다. 또 데이터 그 자체는 2(배)와 4(배)이기 때문에 기하평균의 계산식에 그 숫자를 맞추어 넣으면 $\sqrt[2]{2\times4}=2.83$이 된다.

이며, 데이터가 플러스 값일 때만 계산이 된다. 조화평균은 속도 평균을 계산할 때나 하한값 (가장 낮은 값) 부근의 도수가 많은 경우에 사용한다. 조화평균의 Excel함수는 **HARMEN**이다.

조화평균 = 데이터 개수 ÷ 데이터의 역수의 합계

조화평균의 예

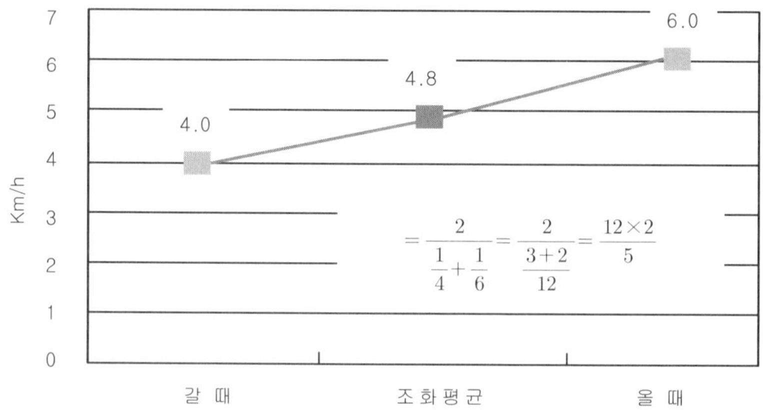

같은 데이터를 사용한 계산결과는 산술평균, 기하평균, 조화평균의 순으로 크거나 같아진다.

산술평균, 기하평균, 조화평균의 계산 예

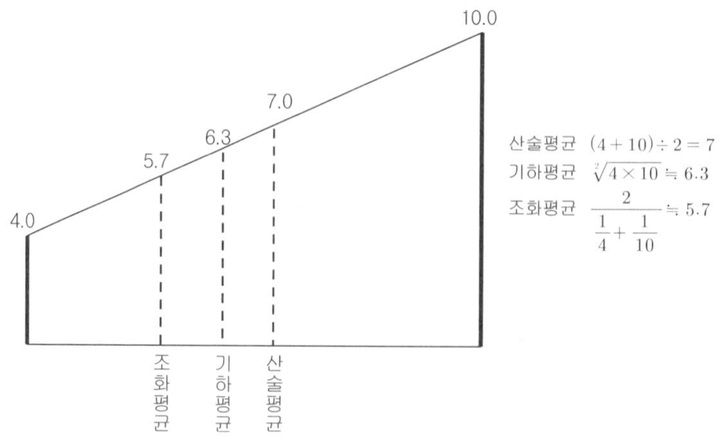

④ 데이터의 상한과 하한의 간격이 클 때 사용하는「트림평균」

트림평균(**조정평균**이라고도 한다)이란 상한값과 하한값에서 일정한 비율의 데이터를 잘라서 남은 데이터의 산술평균이다.

트림평균의 Excel함수는 **TRIMEAN**이다.

예를 들면, 10명의 전문가에게 제품 아이디어의 평가를 11단계 척도 (0점 : 나쁘다, 5점 : 어느 쪽도 아니다, 10점 : 좋다)로 구하는 앙케트조사를 실시하여, 0점 1명, 6점 2명, 7점 6명, 10점 1명이라는 응답을 얻었다고 하자. 이 산술평균은 6.4이지만, 이것은 최대인 10점과 최저인 0점이 다른 전문가와 비하면 현저하게 떨어져 있으므로 상한값과 하한값을 잘라내고, 남은 8명의 산술평균은 6.75가 되어 극단적인 평가의 영향을 피할 수 있다. 대개 전문가의 평가는 분산되지 아니하므로, 상한값과 하한값을 잘라내더라도 전체의 평가에는 영향이 없어, 트림평균이야말로 바른 답이라고 생각되고 있다. 자주 보는 트림평균은 스포츠 경기에서 예술득점을 채점할 때 사용된다.

(2) 연간수입 등 데이터의 격차가 현저한 평균에 사용하는 「중앙값」

중앙값 (**중위수**라고도 한다)이란 데이터를 크기순으로 늘어놓을 때에 중앙에 오는 값이다.

연간수입이나 저축액 등의 대표값에 쓰인다. 연간수입이나 저축액이 많은 사람은 소수이지만 저축한 금액의 차이가 매우 크기 때문에, 평균값이 커지게 되어 서민의 정서에 맞지 않는 사례를 볼 수 있다. 그런 때는 중앙값이 쓰인다.

중앙값은 Excel함수는 **MEDIAN**이다.

노동자 세대의 저축 현재고

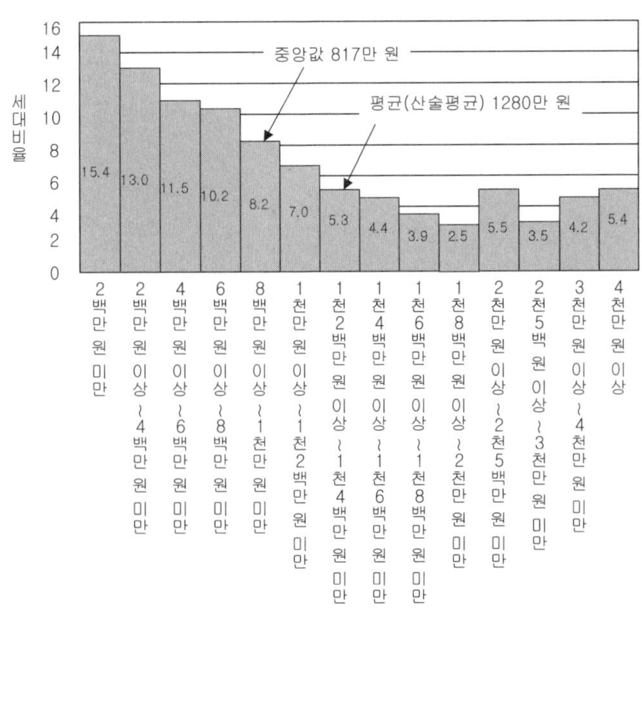

저축액의 응답 데이터를 각 200만 원의 급(級)구간으로 표시한 위의 도표에 재정경제부 발표의 중앙값과 평균값(산술평균)을 표시했다. 세대 전체를 둘로 나누는 저축액, 즉 중앙값은 817만 원이지만, 평균값은 1280만 원으로 그 차가 463만 원이나 된다.

(3) 가장 많은 도수를 나타내는 (최빈값)

최빈값(**모드, 나열수, 유행수**라고도 한다)이란, 도수분포에 있어서 다수의 것들이 집중해 있는 카테고리의 도수를 말한다. 보통 도수분포표에서 구한다. 신축 아파트 판매시의 최다 판매가격대 등은 최빈값의 대표예라고 할 수 있다.

앞 페이지의 그래프에서는 최빈값은 200만 원 미만의 숫자이며, 소액의 저축액 세대가 많은 점을 알 수 있다.

최빈값의 Excel함수는 **MODE**이다.

앙케트조사에서는 대개의 경우 대표값은「산술평균」을 사용하지만, 참고값으로서 중앙값을 쓰는 일도 있다. 그 밖의 대표값은 예측이나 수치계산 등을 할 때에 활용하는 일도 있다.

51 범위와 표준편차란?

데이터의 성질을 알려면 대표값 이외에도, 분포의 범위와 분산도 확인한다.

(1) 「분산」 상태에서 조사 데이터의 성질을 파악

조사 데이터의 분산 상태를 확인함으로써 어떤 성질의 데이터인지 알 수 있다. 분포가 크다고 하는 것은 분포의 위치, 즉 대표값의 주변에 넓게 데이터가 분산되어 있다. (흩어져있다고도 한다) 즉 다양한 데이터라는 점이 상정된다. 역으로, 분포가 작다고 하는 것은 데이터가 밀집해 있고, 등질의 데이터라는 점이 상정된다.

분포의 크기를 나타내는 지표의 대표는 **범위와 표준편차**(또는 **분산**)의 2가지이다.

데이터 분포의 크기, 분산의 대소

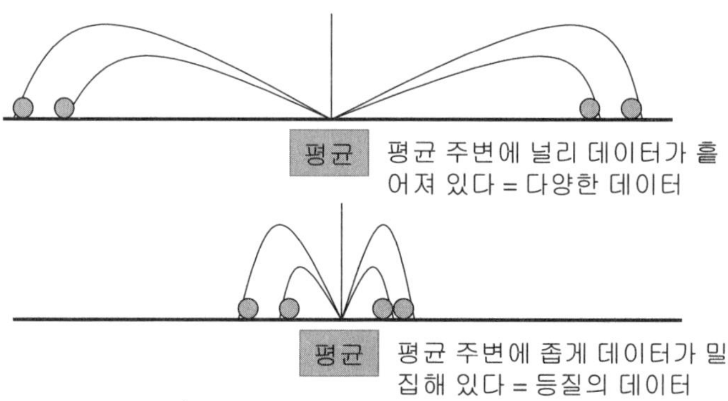

(2) 데이터의 최대값과 최소값 차의 「범위」

범위(**레인지** 또는 **영역**이라고도 한다)는 분포의 최대값과 최소값의 간격을 가리키며, 도수분포의 급구간을 정할 때에도 활용된다. 범위를 구하는 Excel함수도 최대값의 함수 **MAX**와 최소값의 함수 **MIN**을 써서 **MAX − MIN**으로 범위를 구할 수 있다.

범위는 샘플 수에 따라 변하는 성질이 있다. 같은 모집단에서 추출한 샘플일지라도 샘플수가 적을 때보다 많을 때가, 대개 범위는 커진다고 할 수 있다. 복수 그룹의 범위를 비교할 경우는 각각 샘플 수가 동수라야 된다.

범위

(3) 조사 데이터의 분산 상태를 알아내는 지표 「표준편차」

개별 데이터가 평균으로부터 얼마나 흩어져 있는지를 나타내는 지표로서 「데이터의 평균과 개별 데이터의 차 (이것을 **편차**라고 한다)」 의 제곱의 평균과 그 평방근을 생각할 수 있다. 그 때의 차의 제곱의 평균을 「**분산**」, 그 평방근을 「**표준편차**」 라고 한다.

평균으로부터의 차는 플러스 값도 있고 마이너스 값도 있다. 차의 평균의 합계가 제로로 되는 일도 있을 수 있다. 그래서 차를 제곱하는 것으로써 제로가 되는 따위의 문제를 해결했다.

예를 들어, 1, 5, 9의 3개의 데이터로써 생각해보자.

> 평균은
> $(1+5+9) \div 3 = 15 \div 3 = 5$
> 「평균과 개별 데이터의 차의 제곱」 의 평균은
> $[4^2 + 0^2 + (-4)^2] \div 3 = (16+0+16) \div 3 = 32 \div 3 \fallingdotseq 10.7$

역시 표준편차가 0 (당연, 분산도 0이다)이란 분산이 없는, 즉 데이터의 값이 모두 같은 점을 의미한다.

표준편차를 구하는 식은 평균과 개별 데이터의 차를 데이터 수 n으로 나누느냐, $n-1$로 나누느냐에 차이가 있다. n으로 나누는 식은 모집단 전부의 데이터의 경우, $n-1$로 나누는 식은 모집단으로부터 표본추출을 행한 데이터의 경우이다[25]. 앙케트조사의 대부분은 표본추출을 하고 있으므로 $n-1$식을 쓴다. 표준편차를 구하는 Excel함수는 **STDEV**이다.

25) 앙케트조사의 데이터에서 모집단의 표준편차를 추정하고자 할 때, n으로 나누면 바른 값보다 조금 기울기 때문에 좋지 않다. 이 편중을 보완하기 위해 $n-1$로 나눈다.

52 왜도(歪度)와 첨도(尖度)란?

왜도는 분포가 좌우 대칭인지를 나타내는 지표이며, 첨도는 분포가 뾰족한지 완만한지를 나타내는 지표.

집계데이터의 특징을 파악하려면 그 데이터를 그래프화 하여 분포상황을 눈으로 확인하는 방법이 가장 알기 쉬울 것이다. 하지만 처리하는 데이터 항목이 많은 경우, 그래프로 표시하는 데 시간을 요한다. 이 때 왜도와 첨도라고 하는 지표가 편리하다.

왜도나 첨도의 이미지를 Excel함수를 사용해서 설명하겠다.

(1) 분포가 좌우대칭인가 비대칭인가를 보는 지표 「왜도」

분포의 좌우대칭은 아래와 같은 이미지그림으로 나타내진다.

분포형 이미지

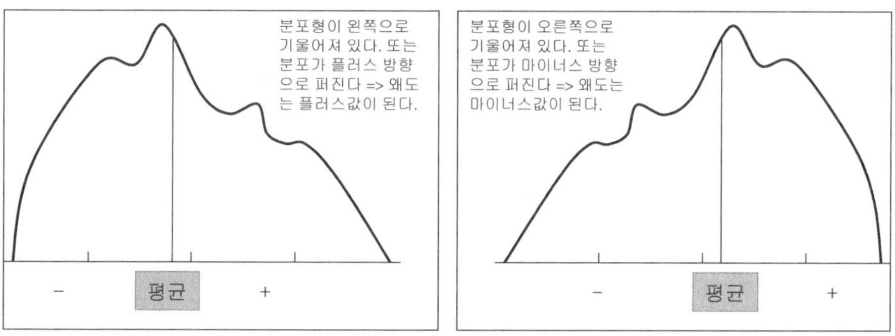

왜도는 Excel함수의 SKEW를 써서 계산한다. 왜도가 0이란 좌우대칭이라는 것을 의미한다. 왜도가 플러스 값을 가질 때는, 분포형이 왼쪽으로 기울어져 있다. 또는 분포가 우측(플러스 방향)으로 퍼지는 경우이다. 역으로 왜도가 마이너스 값을 가질 때는, 분포가 오른쪽으로 기울어져 있다. 또는 분포가 평균보다 좌측 (마이너스 방향)으로 퍼지는 경우이다.

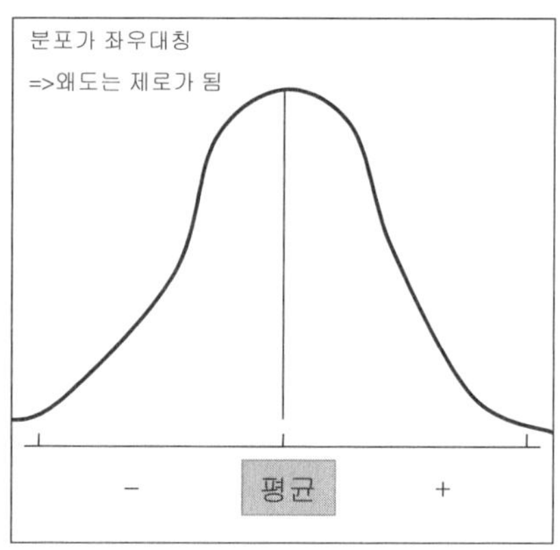

(2) 분포가 뾰족한지 어떤지를 보는 지표 「첨도」

분포형은 중첨도, 급첨도, 완첨도의 세 가지의 타입으로 분류할 수 있다.

분포의 첨도 이미지

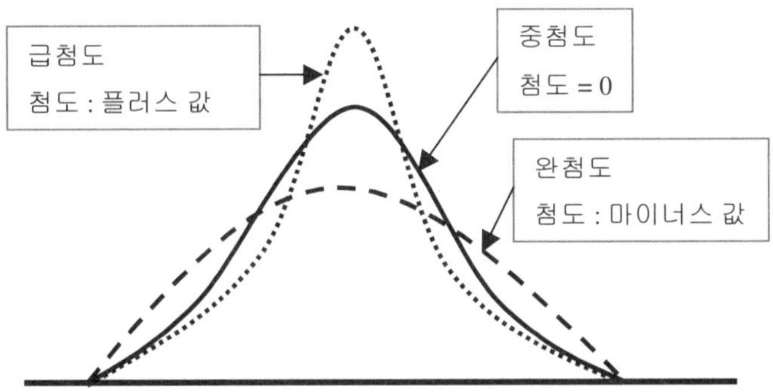

첨도는 Excel함수의 **KURT**를 써서 계산한다. 첨도 0은 중첨도, 첨도가 플러스 값은 급첨도, 첨도가 마이너스 값은 완첨도를 의미한다.

Excel함수의 HELP에 기재되어 있는 데이터를 그래프화 해서, 왜도와 첨도를 아래에 계산했다.

왜도와 첨도의 계산 예

왜도(SKEW) = 0.359 … 왼쪽으로 기울고, 오른쪽으로 퍼진다.
첨도(KURT) = – 0.152 … 완첨도

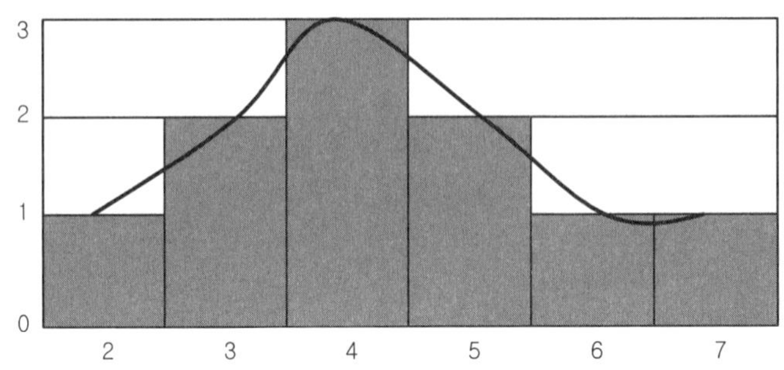

데이터 예 : {2,3,3,4,4,4,5,5,6,7}

그룹간의 비율 검정

53 카이제곱검정이란?

크로스집계표로 그룹간의 비율 (예 : 남녀간의 찬반 백분율)에 차이가 있는지 없는지 통계적으로 판단한다.

(1) 검정이란

남녀별 등 그룹별의 찬성·반대율의 크로스집계 ([45 크로스집계와 크로스분석의 포인트] 참조)를 하면, 그룹간의 비율이 전혀 같아지는 일은 드물다. 그렇다고 해서 복수 그룹 간에서는 거의 반드시 차이가 있다고 하는 이론은 왠지 이상하다고 생각할 것이다. 다소의 차이는 우연일지 모른다. 그러면 차이가 있는지 없는지를 어떻게 해서 확인하면 좋을까. 그것을 통계적으로 확인하는 방법이 **검정**26)이다.

검정이란 모집단의 상태에 관한 가설 (예를 들어, 남성과 여성의 찬성율에 차이가 있다)이 맞는지 어떤지의 판단을 내리는 일이다. 크로스집계에서는 그룹간의 구성비 차의 유무여부를 알아내고자 하지만, 이것은 **귀무가설** (歸無假說 : 찬반이 검증 (檢證)되지 않은 가설인데, 검정에 의해 부정되는 [기각됨]것이 검정된다)과 **대립가설** (귀무가설을 부정하는 가설) 두 종류의 가설을 검정하고자 한다.

예를 들어

귀무가설은 그룹 간에 차이가 없다. 대립가설은 그룹 간에 차이가 있다.

라는 두 가설 중에서 어느 것이 옳은지 판단하려고 한다. 이것을 **가설검정** (이하「**검정**」이라 약한다)이라고 한다.

귀무가설을 채택하느냐 기각하느냐 (즉, 대립가설을 채택) 하는 것은「**기각역 (棄却域)**」이라는 관점으로 설명할 수 있다. 통계학에서는 모집단에서 추출한 표준집단에 적당한 한계점을 설정해서 데이터 (여기에서는 크로스집계표)로 계산한 검정통계치와 한계점을 비교한다. 그리고 어떤 구간 내이면 귀무가설을 부정하고 (대립가설을 채택, 즉 그룹간에 차가 있다)

26) 검정은 농업통계에서 발달했다. 농작물을 실험할 때, 연구자의 연구기간을 20년 (1년 사이클로 1회 연구)으로 하면 1회 정도 연구가 실패하더라도 허용된다고 간주, 즉 20분의 1의 확률 = 5% 수준 (95% 결과를 신뢰할 수 있으나 5%는 틀릴 가능성도 있다)이면, 유의차가 있다고 판정한다. 1% 수준이라면 1%는 틀릴지도 모른다는 의미.

구간 외라면 대립가설을 부정한다 (귀무가설을 채택, 즉 그룹 간에 차이가 없다)라고 판단하는 따위의 룰을 정하고 있다. 그리고 귀무가설 (그룹 간에 차이가 없다)의 기각에 관해서 설정한 구간을 기각역이라고 한다. 카이제곱검정의 기각역은 139페이지의「카이제곱분포표」에 제시되어 있다.

통계학에서는 검정을 써서 판단을 할 때, 100% 옳은 판단을 내린다고 생각하지 않는다. 틀릴지도 모른다고 생각하기 때문이다. 검정의 경우, 95%의 확실성으로 판단하려고 한다. 역으로 보면 틀리는 위험률이 5% 있다는 것이다. 이것을 **유의수준 (有意水準)**이라고 하여, 통계학에서는 5% 수준으로 검정하는 것이 관례이다.[27]

(2) 카이제곱검정이란

카이제곱 (x^2)**검정**은 **적합도의 검정**과 **독립성의 검정**이라고 하는 두 목적에 쓰인다.

적합도의 검정이란 모집단의 비율을 알고 있을 때, 앙케트조사의 결과에서 얻은 비율이 모집단과 일치하고 있는지 어떤지 판단하는 일이다.
독립성의 검정이란 그룹과 카테고리의 관계는 무관계 (통계학에서는「독립해 있음」이라고도 한다)인지 어떤지를 판단한다. 크로스십계표의 관점에서 말하면, 그룹간의 비율에 차가 있는지[3]를 판단하는 일이다.

이 절에서는 크로스집계표의 그룹간의 차가 있는가를 판단하는 일에 중점을 두고 있기 때문에 독립성의 검정을 먼저 설명한다.

크로스집계의 주된 키 항목인 성별, 연령, 직업, 사용되고 있는 브랜드 등이 소속 그룹간과 어떤 질문항목에 대한 응답 비율에 통계적으로 차가 있는가를 판단하기 위하여 카이제곱검정을 한다.

카이제곱검정에서는 그룹간의 통계적인 차이에 어떠한 의미가 있는 경우를「유의한 차가 있다」라고 말하며, 반대로 의미가 없으면「**유의한 차**가 없다」라고 표현한다. 이「유의한 차」를 판단하는 값이 크로스집계표를 근거로 계산한 카이제곱 값이다. 계산한 카이제곱 값이 기각역의 값보다도 크게 되면「그룹간에 유의한 차가 있다」라고 판단한다. 결국 귀무가설 (그룹의 차가 없다)을 기각한다.

또 카이제곱값을 구하는 식에는 크로스집계표의 표 외측 (表側), 표 머리 (表頭)의 숫자가 각각「2 × 2 분할표」와 그보다 많은 경우의「K × L」분할표의 두 종류가 있다.

27) 앙케트조사에는 오차가 있기 마련, 그룹의 비율 차이를 오차로 보아야 하나, 그룹의 차이로 보아야 하는지를 이론적으로 조사한다.

① 2 × 2 분할표

크로스집계표에 있어서 그룹 수도, 카테고리 수도 모두 두 경우를 카이제곱 검정에서는 2×2 분할표라고 한다. 사례를 근거로 설명하겠다.

의견 A에 대한 성별의 찬반

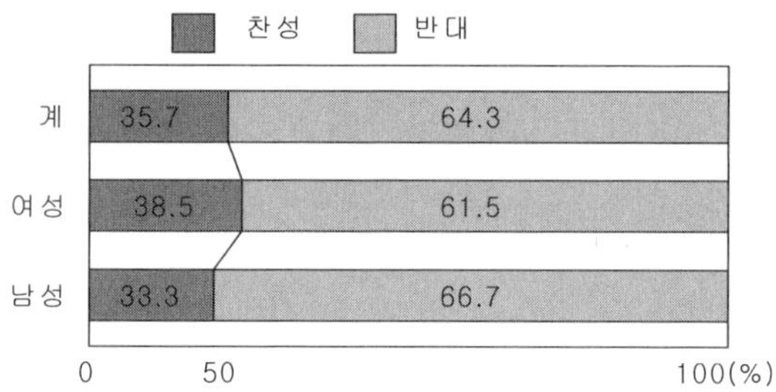

위 그림은 어떤 의견에 대한 찬반을 남녀별로 질의한 결과를 그래프로 한 것이다. 이 그래프로부터 찬성하고 있는 것은 남성보다 여성 쪽이 많은 것 같이 보인다. 이 같은 경우에서 정말 그러한지를 알려면 카이제곱검정을 행한다.

그러면 검정을 해보자. 먼저 카이제곱값을 구한다. 카이제곱값은 백분율이 아닌 표본 수 (응답자수)에서 계산한다. 아래의 표처럼, 백분율이 같더라도 표본 수가 다르면 통계적으로 유의차가 있기도 하고 없기도 하는 일이 있으므로 표본 수에서 계산하지 않으면 안 된다.

표본 수는 다르지만 같은 백분비의 2 × 2 분할표의 견본

예A(명)

	계	찬성	반대
남성	750	250	500
여성	650	250	400
계	1400	500	900

예B(명)

	계	찬성	반대
남성	75	25	50
여성	65	25	40
계	140	50	90

백분비(%)

	계	찬성
남성	33.3	66.7
여성	38.5	61.5
계	35.7	64.3

카이제곱값을 구하는 계산식은 아래와 같다.

카이제곱값을 구하는 계산식

$$X^2 = \frac{n(ad-bc)^2}{(a+b)(a+c)(b+d)(c+d)}$$

	계	카테고리 - 1	카테고리 - 2
그룹 I	$a+b$	a	b
그룹 II	$c+d$	c	d
계	$n=a+b+c+d$	$a+c$	$b+d$

예 B의 카이제곱값의 계산

$$X^2 = \left[140 \times (25 \times 40 - 50 \times 25)^2\right] \div (75 \times 50 \times 90 \times 65)$$
$$= 8750000 \div 21937500$$
$$= 0.3989$$

계산한 카이제곱의 값과 카이제곱 분포표 (139페이지 참조)의 자유도[28]가 1이고 P=5%의 값인 3.841 (카이제곱 분포표는 엑셀함수의 **CHINV**로 계산했다)을 비교하여, 계산한 값이 3.841보다도 크면 5% 수준으로 유의차가 있다. 즉, 그룹 간에서 찬반의 비율이 다르다고 말할 수 있다. 반대로 카이제곱이 3.841보다도 작으면 유의한 차가 없이 그룹간의 찬반의 비율은 다르다고 말할 수 없다.

예 A의 카이제곱값은 3.989이므로 5% 수준에서 유의차가 있다고 하겠으나, 예 B의 카이제곱값는 0.3989로 유의차는 없다. 카테고리의 응답비율이 같아도 샘플수가 적어지면 카이제곱검정에서 유의한 차는 나타나지 않는다. 백분율만을 보고 크로스표의 분석을 하면 틀린 해석을 하시 쉽다. 따라서 크로스표의 검정을 반드시 실시하자.

② K×L 분할표

그룹 수 또는 카테고리 수가 셋 이상을 **K×L 분할표**라 부르며, 카이제곱값을 구하는 식은 2×2분할표와는 다르다. K는 표 외측(表側), L은 표 머리(表頭)를 말한다.

그러면 예제로 K×L 분할표를 설명해보자,

아래에 한 부서의 남녀별 잔업시간의 실태조사 집계결과를 제시했다. 이 결과에서 남성이 여성보다 많은 잔업을 하고 있다고 가정을 했다. 그리고 이 데이터를 계산식에 맞추어 계산하기로 했다.

K × L분할표의 카이제곱값의 계산식과 계산 예

	카테고리 - I	카테고리 - 2	…	카테고리 - L	계
그룹 I	f_{11}	f_{12}	…	f_{1L}	$f_{1\cdot}$
그룹 II	f_{21}	f_{22}	…	f_{2L}	$f_{2\cdot}$
…	…	…	…		
그룹 K	f_{K1}	f_{K2}	…	f_{KL}	$f_{K\cdot}$
계	$f_{\cdot 1}$	$f_{\cdot 2}$	…	$f_{\cdot L}$	n

28) **자유도** → 자유도란 2 카테고리의 경우 1 카테고리의 식을 안다면 남은 하나의 카테고리의 식은 계산할 수 있다는 의미이다. 마찬가지로 3 카테고리에서는 임의의 2 카테고리의 식을 안다면 남은 하나의 카테고리는 계산할 수 있다는 것을 의미이다. 임으로 이를테면 자유로 선택한 카테고리의 수는 카테고리의 수에서 1을 뺀 식이 된다는 것이라서 자유도라고 부른다.

[카이제곱의 수식]

$$X^2 = n \times \left\{ \frac{\text{셀}_{1.1}\text{의 응답자수의 제곱}}{\text{셀}_{1.1}\text{의(행의 소계} \times \text{열의 소계)}} + \cdots + \frac{\text{셀}_{KL}\text{의 응답자수의 제곱}}{\text{셀}_{KL}\text{의(행의 소계} \times \text{열의 소계)}} \right\} - 1$$

이를테면, 위의 표에서는 셀의 수는 그룹Ⅰ에서는 카테고리Ⅰ에서 ~ 카테고리 L까지 L개가 있다. 마찬가지로 그룹Ⅱ에도 L개, 그룹K에도 L개가 있으며, 합계로 K × L개의 셀이 있다. 계산 예처럼 셀마다 분수를 하나씩 계산해간다.

계산 예

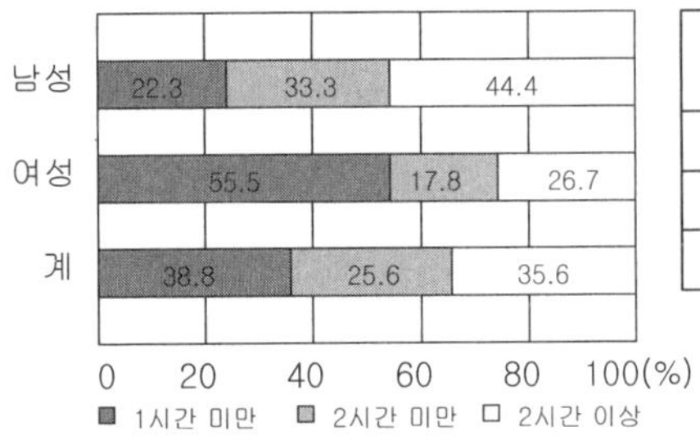

	1시간 미만	2시간 미만	2시간 이상	계
남성	10	15	20	45
여성	25	8	12	45
계	35	23	32	90

$$X^2 = 90 \times \left[\frac{10^2}{35 \times 45} + \frac{15^2}{25 \times 45} + \frac{20^2}{32 \times 45} + \frac{25^2}{35 \times 45} + \frac{8^2}{23 \times 45} + \frac{12^2}{32 \times 45} - 1 \right] = 10.559$$

$$\text{자유도 } df = (K-1)(L-1) = (2-1)(3-1) = 2$$

계산 예의 카이제곱값은 10.559이다. 자유도는 $(K-1) \times (L-1)$로 구하기 때문에, 이 경우에는 (2 − 1) × (3 − 1) = 2이다. 아래에 제시한「카이제곱 분포표」의 자유도 2, P = 5%의 값 5.991보다 크므로 남녀 간에 있어서 유의한 차가 있다 즉 남성 쪽이 많이 잔업을 하고 있다고 말할 수 있다.

P = 5%와 1%의「카이제곱 분포표」

df	1	2	3	4	5	6	7	8	9	10
p= 0.05	3.841	5.991	7.815	9.488	11.070	12.592	14.067	15.507	16.919	18.307
p= 0.01	6.635	9.210	11.345	13.277	15.086	16.812	18.475	20.090	21.666	23.209
df	11	12	13	14	15	16	17	18	19	20
p= 0.05	19.675	21.026	22.362	23.685	24.996	26.296	25.587	28.869	30.144	31.410
p= 0.01	24.725	26.217	27.688	29.141	30.578	32.000	33.409	34.805	36.191	37.566
df	21	22	23	24	25	26	27	28	29	30
p= 0.05	32.671	33.924	35.172	36.415	37.652	38.885	40.113	41.337	42.557	43.773
p= 0.01	68.932	40.289	41.638	42.980	44.314	45.642	46.963	48.278	49.588	50.892

df=자유도, p:5%수준과 1%수준

자유도는 그룹 수에서 1을 뺀 값과 카테고리 수에서 1을 뺀 값을 곱한 값이다. 2그룹 2카테고리라면 (2 − 1) × (2 − 1) = 1이 된다.

(3) 적합도의 검정

적합도의 검정이란 모집단의 비율을 알고 있을 때, 앙케트조사의 결과에서 얻은 비율이 모집단의 그것과 일치 하는가 어떤가를 판단하는 것이다. 이를테면 2000년의 국세조사 결과와 앙케트조사의 결과를 비교해 앙케트조사의 표본은 모집단과 차이가 있는지를 비교한다.

모집단 (서울에 거주하는 한국인)과 표본의 연령구성의 비교

S시의 연령구성	20대	30대	40대	50대	60대	합계
모집단 (2007년 조사)	24.1%	21.5%	17.3%	20.9%	16.2%	100,0%
	2,058,264	1,834,479	1,471,026	1,779,216	1,383,630	8,526,615
앙케트조사의 표본	14.3%	18.0%	23.8%	26.3%	17.5%	100.0%
	141	178	235	260	173	987
앙케트조사의 기대도수 (모집단구성비 x 앙케트조사의 회답총수 987명)[29]	239	212	170	206	160	987

	20대	30대	40대	50내	60대
응답자분포	141	178	235	260	173
기대도수분포	239	212	170	206	160

$$X^2 = \frac{\text{카테고리1의 (응답자수} - \text{기대도수)}^2}{\text{카테고리1의 기대도수}} + \cdots + \frac{\text{카테고리}L\text{의 (응답자수} - \text{기대도수)}^2}{\text{카테고리}L\text{의 기대도수}}$$

계산식에서 맞추어서 계산하면 아래와 같다.

$$X^2 = \frac{(141-239)^2}{239} + \frac{(178-212)^2}{212} + \frac{(235-170)^2}{170} + \frac{(260-206)^2}{206} + \frac{(173-160)^2}{160} = 85.7$$

자유도 df = (5 − 1)(2 − 1) = 4라서 139페이지의「카이제곱 분포표」의 자유도 4, P = 5%의 값인 9.488보다도 크기 때문에 모집단과 표본과의 연령구성비가 다르게 된다. 결국 모집단에서 보듯이 기울어진 표본집단이라고 한다.

29) 모집단 구성비 x 앙케트조사의 응답자 총수를 반올림해 정수화하지만, 합계하면 응답자 총수가 되지 않을 때도 있다. 그런 경우는 가장 큰 숫자로 조정한다. 이 예에서는 0.241 x 987 = 238이지만, 다른 카테고리의 기대도수를 합계하면 986이기 때문에 가장 큰 값인 238로 조정해 238 + 1 = 239로 했다.

평균값 차이의 검정

54 t 검정과 분산분석이란?

그룹간 평균값의 차이를 비교해서, 유의한 차가 있는가 없는가를 통계적으로 판단한다.

둘 이상의 그룹 간의 평균값의 차이를 비교해서, 어느 쪽 그룹의 평균값이 큰 가 작은가를 통계적으로 판단을 내릴 수 있다. 아래 그림은 두 그룹 간의 평균값의 비교를 예시한 것이다.

두 평균값의 비교 이미지

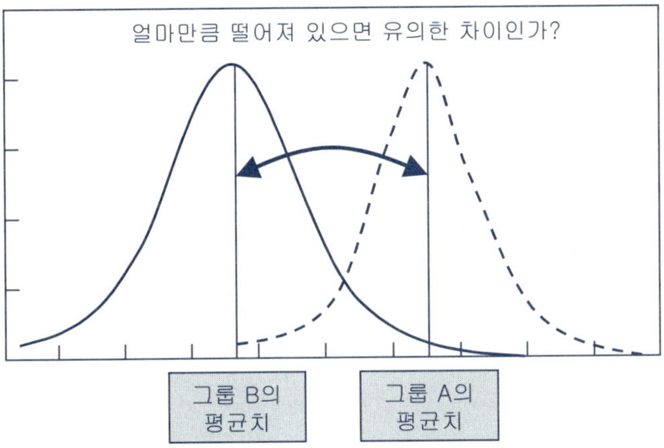

(1) t 검정이란

t 검정은 두 그룹의 평균값이 같은지 어떤지를 통계적으로 비교하는 검정방법이다. 두 그룹의 평균값과 표준편차가 파악되어 있으면 t 검정이 가능하다.

① 표본 수가 다른 경우의 계산방법

비교하는 그룹의 표본 수가 다른 경우, 평균값의 차이와 그룹의 표준편차를 근거로 한 지수의 비를 계산하여 그 값을 **t 값**이라고 한다. 학교에서 사회과목 시험의 평균을 비교하는 계산사례로써 설명하고자 한다.

사회과목의 시험에서 남녀 평균값을 비교하여, 남녀 간의 유의한 차가 있는가?

	평균값	표준편차	표본 수
남자	72.5	1.2	25
여자	71.3	1.3	23

$$t = \frac{72.5 - 71.3}{\sqrt{\frac{25 \times 1.2^2 + 23 \times 1.3^2}{25 + 23 - 2}\left[\frac{1}{25} + \frac{1}{23}\right]}}$$

$$2 = \frac{1.2}{\sqrt{\frac{74.87}{46} \times 0.0835}} = 3.256$$

$$df = 25 + 23 = 46$$

$$t = \frac{x_1 - x_2}{\sqrt{\frac{n_1 s_1^2 + n_2 s_2^2}{n_1 + n_2 - 2}\left[\frac{1}{n_1} + \frac{1}{n_2}\right]}}$$

n_1, n_2 : 각 그룹의 표본 수

x_1, x_2 : 각 그룹의 평균값

s_1^2, s_2^2 : 각 그룹의 표본편차의 제곱(분산)

자유도 $df = n_1 + n_2 - 2$

계산 예에서는 t = 3.256이다. 이 값은 자유도 46 (= 25 + 23 − 2), P = 0.05, 즉 5% 수준의 값 2.013 (Excel 함수 **TINV**로 계산) 보다 크기 때문에 통계적으로 유의한 차가 있다고 말할 수 있다. (P140의 「t의 표」 참조)

t 검정의 결과에서 사회과목 시험의 성적에는 남녀 차가 있으며, 이 시험에서 남자의 쪽이 성적이 좋다고 말할 수 있다. 평균값은 1.2점 밖에 차이가 없지만 표준편차가 작기 때문에 이러한 결과가 된다. 만일 표준편차가 각각 2배라고 하면 t = 1.628이 되어서 유의차는 보이지 않을 것이다.

② 표본 수가 같은 경우의 계산방법

t의 계산식은 간단하다.

자유도 df는 $2(n-1)$로 구한다.

$$t = \frac{x_1 - x_2}{\sqrt{\frac{s_1^2 + s_2^2}{n - 2}}}$$

다음 페이지에 t표를 예시한다. P = 0.05, 즉 5% 수준치와 P = 0.01, 즉 1% 수준치로, 이것보다 크면 유의차가 있게 된다. 자유도 (df)는 무한대 (∞)까지 표시했다. 이 표는 Excel함수 **TINV**로 계산했다.

P = 5%와 1%의 「t 표」

df	1	2	3	4	5	6	7	8	9	10
p=0.05	12.706	4.303	3.182	2.776	2.571	2.447	2.365	2.306	2.262	2.228
p=0.01	63.656	9.925	5.841	4.604	4.032	3.707	3.499	3.355	3.250	3.169
df	11	12	13	14	15	16	17	18	19	20
p=0.05	2.201	2.179	1.160	2.145	2.131	2.120	2.110	2.101	2.093	2.086
p=0.01	3.106	3.055	3.012	2.977	2.947	2.921	2.898	2.878	2.861	2.845
df	21	22	23	24	25	26	27	28	29	30
p=0.05	2.080	2.074	0.069	0.064	2.060	2.056	2.052	2.048	2.045	2.042
p=0.01	2.831	2.819	2.807	2.797	2.787	2.779	2.771	2.763	2.756	2.750
df	40	50	60	70	80	90	100	120	1000	∞
p=0.05	2.021	2.009	2.000	1.994	1.990	1.987	1.984	1.980	1.962	1.960
p=0.01	2.704	2.678	2.660	2.648	2.639	2.632	2.626	2.617	2.581	2.576

(2) 분산분석이란

분산분석은 셋 이상의 그룹 평균값을 통계적으로 비교하는 방법이다.

Excel에서 ADD – IN 분포툴인 「분산분석 : 일원배치」 등을 이용할 수 있다. 계산 예로써 설명하고자 한다.

그룹간의 급여의 평균값 비교의 계산 예 — 분산분석 : 일원배치

그룹별 급여 (단위 : 만엔)

그룹 A	그룹 B	그룹 C
25	20	41
26	20	48
28	21	50
29	26	53
32	26	
32	29	
33		
33		

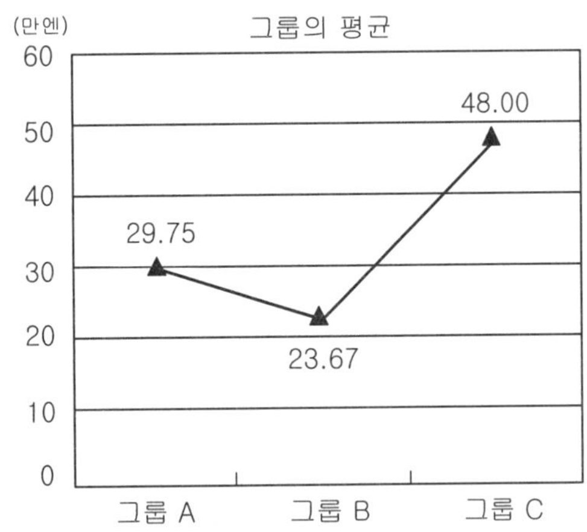

Excel의 분석툴의 분산분석 (일원배치)을 사용하면, 간단하게 분산분석이 계산되어 유의차 수준 (P값이라 표시된다)까지 알 수 있다. 계산 예의 데이터를 써서 Excel로 계산한 결과를 제시한다.

분산분석 : 일원배치의 결과

개요

그룹	표본수	합계	평균	분산
그룹 A	8	238	29.750	10.214
그룹 B	6	142	23.667	14.667
그룹 C	4	192	48.000	26.000

분산분석을 비교하고자 하는 그룹간의 차이를 검정한다.
이 예에서는 p값이 0.05 이하이기 때문에 3그룹간에서 유의차가 있다고 할 수 있다.
2그룹(A와B, A와C, B와C)의 사이에서 차이가 있는가 없는가를 t 검정을 통해 알 수 있다.

분산분석표

변동요인	변동	자유도	분산	F(관측된분산비)	P치	F경계치 (P=0.05의 치)
그룹간	1,480.278	2	740.139	49.822	0.000	3.682
그룹내	222.833	15	14.856			
합 계	1,703.111	17				

- **분산분석 : 일원배치의 계산 예**

분산분석의 일원배치의 계산 예를 제시한다. 실제로는 Excel의 애드인 분석툴에서 계산하기 때문에 무시해도 상관없다.

수정항 K = 합계값의 제곱 ÷ 데이터 수

계산 예로는

$$K = (25+26+28+29+32+32+33+33+20+20+21+26+26+29+41+48+50+53)^2 \div 18 = 18176.889$$

전체 (합계)의 변동 SS_t =개별 데이터의 제곱 - K

계산 예로는

$$SS_t = (25^2+26^2+28^2+29^2+32^2+32^2+33^2+33^2+20^2+20^2+21^2+26^2+26^2+29^2+41^2+48^2+50^2+53^2) - 18176.889 = 1703.111$$

그룹간의 변동 SS_b = 각 그룹의 (합계값의 제곱 ÷ 데이터 수)의 합계 - K

계산 예로는

$$SS_b = (238^2 \div 8 + 142^2 \div 6 + 192^2 \div 4) - 18176.889 = 1480.278$$

그룹내의 변동 $SS_w = SS_t - SS_b$

계산 예로는

$$SS_w = 1703.111 - 1480.278 = 222.833$$

이 된다.

분산은 변동을 자유도로 나눈 값이다. 그룹간의 자유도는, 세 그룹이므로 3 − 1, 그룹내의 자유도는 각 그룹의 사람 수 − 1의 합계이기 때문에 (8 − 1) + (6 − 1) + (4 − 1) = 15이다.

계산 예로는 그룹간의 분산 = 1480.278 ÷ 2 = 740.139, 그룹내의 분산 = 222.833 ÷ 15 = 14.856이 된다.

F값 = 740.139 ÷ 14.856 = 49.856

이 된다.

F값은 기각역의 표를 보고 유의한 차의 유무를 판단하는 것이지만 Excel의 애드인 소프트에서 F의 경계값과 유의수준 P값을 계산해 준다. 이 경우, 그룹간 자유도 2와 그룹내 자유도 15의 F경계값은 3.682이다.

유의한 차의 유무는 이 값보다도 크면 유의한 차가 있다고, 작으면 유의한 차가 없다고 판단 한다. 계산한 F값은 49.856이므로 유의한 차가 있고, 즉 그룹간에 급여 차이가 있다고 할 수 있다. 또 유의한 차 수준의 P값도 계산해 준다. 이때의 P값은 0.000이므로, 이 판단은 거의 100% 맞다고 할 수 있다. 역시 P값은 F 확률분포를 구하는 Excel함수 **FDIST**로 구할 수 있다.

55 상관계수란?

두 변수의 사이에서 한 쪽이 증가함에 따라 다른 쪽이 선형적인 증가 또는 감소하는 관계를 나타내는 지표

앙케트조사에는 의견항목에 대한 찬반을 「매우 찬성, 꽤 찬성, 약간 찬성, 어느 쪽도 아니다, 약간 반대, 꽤 반대, 매우 반대」 등의 응답 카테고리 질문하는 일이 많다. 이러한 가운데, 여러 가지 의견항목간의 관계를 조사하는 방법의 하나가 상관계수를 계산하는 것이다. 상관계수를 계산하기 위해서는 의견항목에 대한 찬반 카테고리에 득점을 주어, 이를테면 매우 찬성 7점,…, 매우 반대 1점으로 하여 변수로써 취급한다.

의견항목 간에 상관이 있다는 것은, 한 쪽의 의견에 찬성을 하고 있으면 다른 쪽 의견에도 찬성하고 있다는 경향이 있음을 나타낸다. 단 선형관계 이외는 발견할 수 없으므로 산포도[30]를 그려서 곡선관계가 있는지 조사하지 않으면 안 된다.

30) **산포도** → 상관도라고도 함.「컴퓨터의 가격과 하드디스크용량」 등 2종류의 데이터를 대상으로 하여 그 관계를 알기 위하여, 예를 들어 컴퓨터의 가격을 횡축에 하드디스크의 용량을 종축으로 하여 2차원의 좌표를 데이터로 포치한 것.

아래 그림은 두 변수간의 상관관계를 산포도와 상관계수로 나타낸 것이다.

두 변수의 산포도와 상관계수

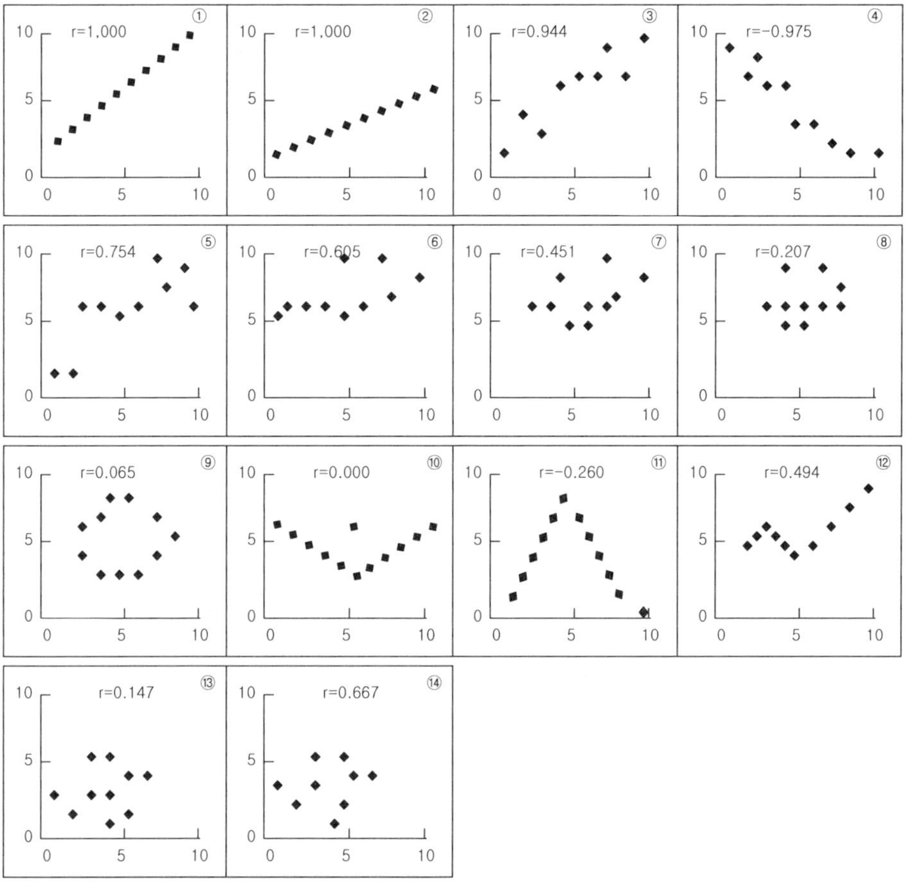

상관계수는 선형적인 관계를 나타내며, 곡선적 관계는 나타내지 않는다. 통계에서는 상관관계를 r이라고 하는 기호로 표시한다.

- r은 + 1.0 ~ − 1.0의 사이의 값 ($-1.0 \leqq r \leqq 1.0$)
  - · $r = 1.0$ (또는 $r = -1.0$)이면 완전한 선형 관계
  - · $r \fallingdotseq 0.7$ (또는 $r \fallingdotseq -0.7$)정도이면 꽤 선형 관계
  - · $r \leqq 0.3$ (또는 $r \fallingdotseq 0.3$)정도이면 그다지 관계없다.
  - · $r = 0$이면 전혀 관계가 없다.
- r이 플러스 ($r > 0$)인 경우, 오른쪽 상향의 선형 관계 (정비례)
- r이 마이너스 ($r < 0$)인 경우, 오른쪽 하향의 선형 관계 (반비례)

그림 ①~③은 두 변수가 오른쪽 상향의 선형관계임을 나타내고 있다. 그림 ④는 오른쪽

하향의 선형관계다. 그림 ⑤~⑦은 선형관계가 있는 듯하다. 그림 ⑧~⑩은 선형관계가 없다.

또한 그림 ⑪은 2차 곡선의 관계 (∩자형)가 있지만, 선형관계는 없다. 그림 ⑫는 3차 곡선의 관계 (∩자와 ∪자의 연속형)가 있으나, 선형관계는 그다지 없다.

그림 ⑬은 데이터가 특정 장소에 모여 있고, 상관관계가 낮지만, 그림 ⑭처럼 집결에서 벗어난 값이 하나 있으면 상관관계가 0.667로 높아진다. 상관계수의 숫자만을 보고 있으면 데이터 간의 선형이 아닌 관계를 빠뜨리게 된다.

Excel의 분석툴「상관」을 이용하면, 둘 이상의 변수 간의 상관계수가 계산된다.

상관계수를 구하는 식은 아래와 같다.

$$XY\text{의 편차평방합} = XY\text{의 곱한 합계} - \frac{X\text{의 합계} \times Y\text{의 합계}}{\text{데이터 수}}$$

$$X\text{의 편차평방합} = X^2\text{의 합계} - \frac{(X\text{의 합계})^2}{\text{데이터 수}}$$

$$Y\text{의 편차평방합} = Y^2\text{의 합계} - \frac{(Y\text{의 합계})^2}{\text{데이터 수}}$$

$$\text{상관계수} = \frac{XY\text{의 편차평방합}}{\sqrt{X\text{의 편차평방합}} \times \sqrt{Y\text{의 편차평방합}}}$$

상관계수의 계산 예를 다음 페이지에 제시한다. 예컨대, 10명이 상품 A와 B의 좋아하고 싫어하고에 대한 평가를 했다고 하자. 11단계 척도 (11점 : 매우 좋다. … 6점 : 어느 쪽도 아니다, … 1점 매우 싫어한다)를 써서 평가했다.

상관계수의 계산 예

	상품 A의 평가	상품 B의 평가			
샘플	X	Y	X^2	Y^2	XY
1	1	2	1	4	2
2	2	4	4	16	8
3	3	3	9	9	9
4	4	6	16	36	24
5	5	7	25	49	35
6	6	7	36	49	42
7	7	9	49	81	63
8	10	11	100	121	110
9	8	7	64	49	56
10	9	10	81	100	90
합계	55	66	385	514	439

XY의 편차평방합 = 439 — 55 × 66 ÷ 10 = 76.0
X의 편차평방합 = 385 — 55 × 66 ÷ 10 = 82.5
Y의 편차평방합 = 514 — 66 × 66 ÷ 10 = 78.4

$$\text{상관계수} = \frac{76.0}{\sqrt{82.5}\sqrt{78.5}} = 0.945$$

상관계수를 위 표의 데이터에 따라 계산하면 r = 0.945가 된다. 이 결과에서 상품 A와 B의 좋아하고 싫어하기의 평가가 유사함을 알 수 있다. 상품 차별화의 관점에서 보면 상품 A와 B의 이미지를 바꾸는 것이 바람직할지 모른다.

56 단순회귀란?

상관계수를 직선식 (1차식 Y = aX + b)으로 나타내서 예측에 활용하는 방법

상품 A의 매출과 TV광고의 방송 횟수 간에 선형인 관계가 있다고 하자. 즉, 광고방송 횟수가 많으면 매상이 증가하고, 광고방송 횟수가 적으면 매출이 감소한다.

이 같은 관계를 **단순회귀** (**직선회귀**라고도 한다)로 나타내면, 상품 A의 매출을 Y, TV광고 방송횟수를 X라고 하면,

$$Y = aX + b$$

가 된다.

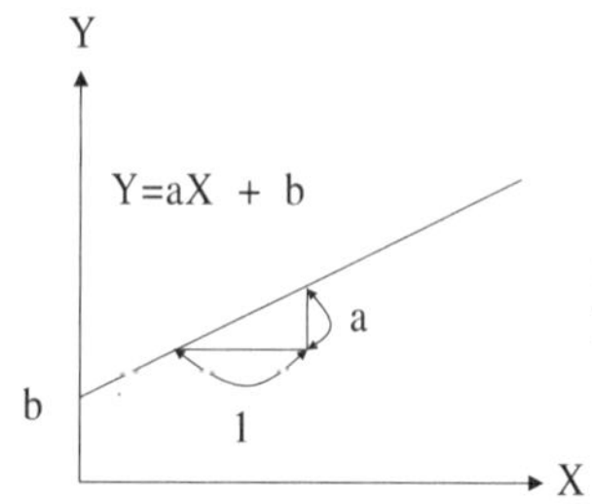

1차식 Y = aX + b의 a는 기울기 b는 절편

단순회귀식은 상관계수의 계산 과정을 사용하면 간단히 계산 할 수 있다. Excel에서는 산포도를 그려서 점과 점을 연결하는「근사곡선의 추가」를 선택,「선형근사」와 옵션으로「그래프 수식을 표시한다」와「R제곱 값을 표시한다」를 지정하면 계산이 된다. R제곱값이란 결정계수라고도 하며, 관측값 (계산에 사용한 실제 값)과 예측값 (식에 맞추어 계산한 값)의 상관계수의 제곱값이다.

단순회귀식의 a와 b를 구하는 식은 아래와 같다.

$$a = \frac{XY\text{의 편차평방합}}{X\text{의 편차평방합}}$$

$$b = Y\text{의 평균값} - a(X\text{의 평균값})$$

단순회귀에서는 a는 회귀계수 b는 정수라 한다.

앞 페이지의 상관계수의 계산 예 (r = 0.945)의 표에서

$a = 76.0 \div 82.5 = 0.9212$

$b = (66 \div 10) - 0.9212 \times (55 \div 10) = 1.533$

결정계수 $R^2 = 0.945 \times 0.945 = 0.893$

이 된다.

결정계수는 1.0에 가까울수록 관측값과 예측값이 가까운 것을 의미한다.

아래의 그림은 상관계수를 나타낸 산포도에 단순회귀식과 결정계수를 나타낸 것이다.

상관계수와 단순회귀식

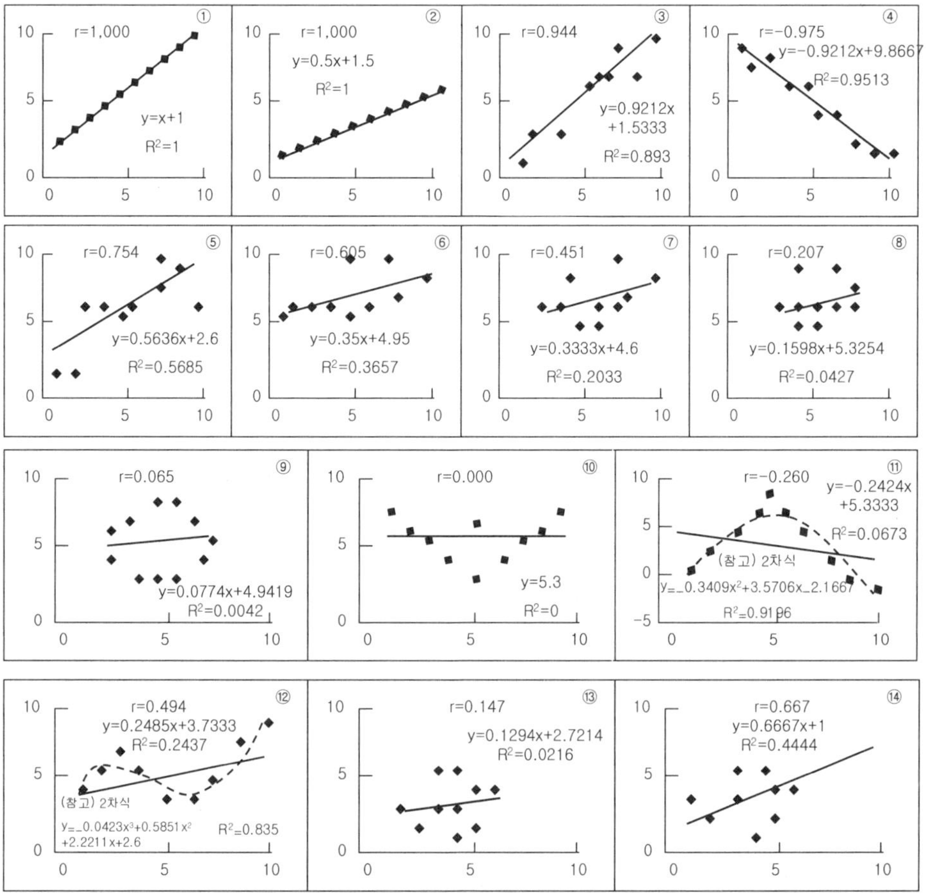

카테고리의 득점화

57 시그마값법이란?

의견항목의 응답 카테고리를 득점화 해서 가중하는 방법

다수의 의견항목 등을 다변량해석으로 분석하는 경우, 태도를 측정하는 기준인 카테고리 척도는 본래, 순서척도이므로 구간척도로 환산해서 가중할 필요가 있다. 그러나 보통은 응답 카테고리의 코드번호를 구간척도의 득점으로서 간단하게 이용하고 있다. [(23. 조사대상자를 측정하는 4개의 척도란?) (24. 태도를 측정하는 기준이란?) 참조]

심리학에서는 카테고리의 순서척도를 구간척도로 환산하는 방법을 개발하고 있다. 여기에서는 **시그마값법** (**계열카테고리법**이라고도 함)이라고 불리는 카테고리 척도의 환산점을 구하는 방법을 소개하고자 한다.

시그마값법은 의견항목의 각 카테고리에 대한 일련의 응답율을 표준정규분포의 면적이라고 생각해, 면적에 대응하는 가로좌표와 면적이 비율인 구간척도로 환산하는 방법이다.

표준정규분포는 원래의 데이터를 평균 0, 표준편차 1.0으로 전환한 데이터 (**표준득점 Z**라고 한다)를 말한다. 수험생에게 친숙한 편차값으로 바꾸면 편차값은 평균 50, 표준편차 10이라는 것이다.

편차값 50인 사람 (표준득점 Z로는 0)은 평균점을 얻은 사람으로 상위에서 세어서 50%, 편차값 60 (Z = 1)인 사람은 상위에서 세어서 15.9% (= 0.1360 + 0.0214 + 0.0013 = 0.1587), 편차값 40 (Z = − 1)인 사람은 상위에서 84.1% (하위부터라면 15.9%)에 해당한다.

시그마값법은 응답 카테고리의 응답율을 표준정규분포의 면적이라고 간주하고, 면적에 대응하는 가로좌표의 비율로 변환함으로써 순서척도를 구간척도로 환산한다.

표준정규분포의 면적에 대응하는 종 (가로)좌표

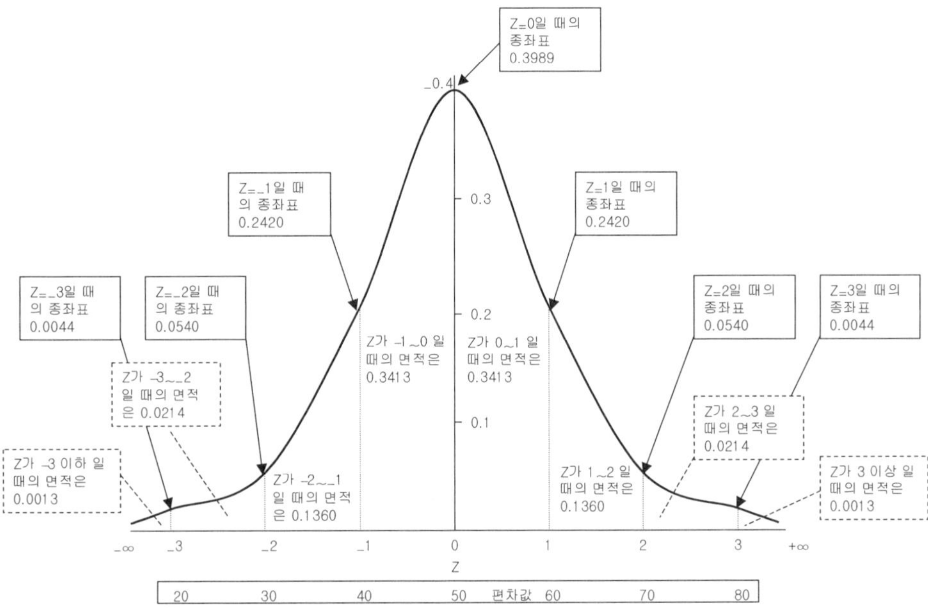

표준정규분포의 가로좌표는 평균 (표준득점 0, 편차값 50)일 때 가장 높아져서 0.3989라는 값을 가진다. 정규분포에서는 평균으로부터의 분산이 같으므로 표준득점 Z가 + 1과 − 1 (편차값 60과 40)은 같은 가로좌표 0.2420으로 된다.

응답율을 면적으로 간주하기 때문에, 이를테면 Z가 − ∞ ~ − 2간의 면적에 대응하는 가로좌표와 면적의 비는, Z = − ∞의 가로좌표 0.0000과 Z = − 2의 가로좌표 0.0540의 차 (0.0540 = 0.0540 − 0.0000)를 면적 0.0227 (= 0.0013 + 0.0214)로 나눈 값이 된다. Z가 − 2와 0의 사이의 면적에 대응하는 가로좌표와 면적의 비는, Z = 0의 가로좌표 0.3989와 Z = − 2의 가로좌표의 차 0.3449 (= 0.3989 − 0.0540)를 면적 0.4773 (= 0.1360 + 0.3413)으로 나눈 값이 된다.

시그마값의 산출 절차를 아래에 제시한다.

시그마값에 의한 카테고리득점의 산출 플로차트

각 카테고리의 순서를 하위에서 상위로 나열 → 각 카테고리에 대한 도수에서 비율을 계산 → 각 카테고리의 누적비율을 계산, 상한값~하한값을 계산 (아래 그림 참조) → 각 카테고리의 누적비율의 하한값과 상한값을 표준정규분포의 가로좌표로 환산 (숫자표에 따라 계산) → 시그마값의 계산 (산술식은 뒤에 언급) → 각 카테고리 득점의 산출 (시그마값을 사용해도 되지만, 후술하는 다른 환산법도 있다

카테고리의 누적비율과 하한값, 상한값의 이미지

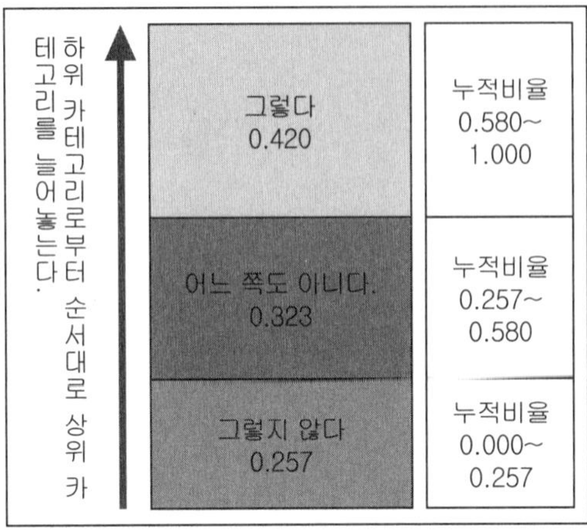

- 「그렇지 않다, 어느 쪽도 아니다. 그렇다」의 순서로 나눠 응답율을 기입하다.
- 누적비율을 계산한다. 「그렇지 않다」는 0.000 ~ 0.257, 「어느 쪽도 아니다」는 0.257 ~ 0.580 (= 0.257 + 0.323), 「그렇다」는 0.580 ~ 1.000 (= 0.580 + 0.420)이다.
- 카테고리마다 누적비율의 하위 숫자, 즉 하한값 (0.000, 0.257과 0.580)상위 숫자, 즉 상한값 (0.257, 0.580과 1.000)을 파악한다.

시그마값법에 의한 카테고리 환산점의 산출 방법을 예시한다.

시그마값 산출의 예

응답 카테고리	각 카테고리의 응답자 수	① 각 카테고리의 응답율 p	② 각 카테고리의 하한까지의 비율 p_ℓ	③ 각 카테고리의 상한까지의 비율 $p_u = p + p_\ell$	④ 각 카테고리의 하한까지의 가로좌표 y_1	⑤ 각 카테고리의 상한까지의 가로좌표 y_2	⑥ 시그마값 $z = (y_1 - y_2)/p$
그렇다	302	0.420	0.580	1.000	0.3909	0.0000	0.9306
어느 쪽도 아니다	232	0.323	0.257	0.580	0.3224	0.3909	-0.2122
그렇지 않다	185	0.257	0.000	0.257	0.0000	0.3224	-1.2531

스텝 1 **각 카테고리 응답율을 계산**

응답 카테고리의 응답자수를 기입하여 응답비율 (p)를 계산한다. 예를 들어「그렇게 생각한다」의 p는 302 ÷ (302 + 232 + 185)로 구한다. 응답 카테고리는 상위를 긍정적인 카테고리, 하위를 부정적인 카테고리로 하여 최상위에서 순서대로 최하위까지 나열한다.

스텝 2 **각 카테고리의 하한까지의 비율 산정**

그 카테고리보다 하한의 카테고리를 선택한 사람의 비율 (p_1)을 구한다. 예를 들어「그렇다」는, 0.580(= 1 − 0.420),「어느 쪽도 아니다」는, 0.257 = (0.580 − 0.323)이 된다.

스텝 3 **각 카테고리의 상한까지의 비율 산정**

그 카테고리 상한까지의 카테고리를 선택한 사람의 비율($p_u = p + p_1$)을 구한다. 예를 들어「그렇다」는, 1.000(= 0.420 + 0.580)이다.

카테고리마다 누적비율을 점검한다. 앞 페이지 누적비율의 이미지를 참고로 각 카테고리의 하한 비율 ~ 상한 비율을 확인해 주세요.

스텝 4 **하한과 상한의 비율을 가로좌표로 환산**

각 카테고리의 하한과 상한까지의 비율을 표준정규곡선 (p. 157의 그림 참조)의 $z = -\infty$ 에서 면적비율이라고 간주, 면적에 대응하는 가로좌표를 표에 기입한다.

★표준정규곡선의 면적에 대응하는 표준득점과 가로좌표의 숫자표를 만드는 방법

① $z = -\infty$ 에서 얻은 면적은 0.000~1.000까지 0.001씩 구분해 작성

② 면적에 대응하는 z (표준득점)를 계산

면적 0.000에 대응하는 Z는 $-\infty$, 1.000은 $+\infty$로 입력.

면적 0.001 ~ 0.999에 대응하는 표준득점 Z를 구하는 계산식은.

```
NORMSINV (1−면적) * −1
```

이다.

③ Z에 있어서의 가로좌표를 계산. 표준득점 $-\infty$와 $+\infty$는 0.0000으로 입력. 표준득점 Z에 대응하는 가로좌표를 구하는 계산식은,

```
(1/SQRT(2 * P1())) * EXP(1)^(−1 * (표준득점^2/2))
```

이다.

또 이 식은 표준정규곡선의 확률밀도를 구하는 식이다.

<참고> 표준정규곡선의 확률밀도= $\frac{1}{\sqrt{2\pi}} e^{-\frac{z^2}{2}}$

자연수 $e \fallingdotseq 2.7183$, 파이 $\pi = 3.1416$

표준정규곡선의 면적 (0.05씩 자른다)에 대응하는 표준득점과 가로좌표 숫자표의 예

Z=−∞ 로부터의 면적	Z (표준득점)	Z에 있어서의 가로좌표
0.00	−∞	0.0000
0.05	−1.6449	0.1031
0.10	−1.2816	0.1755
0.15	−1.0364	0.2332
0.20	−0.8416	0.2800
0.25	−0.6745	0.3178
0.30	−0.5244	0.3477
0.35	−0.3853	0.3704
0.40	−0.2533	0.3863
0.45	−0.1257	0.3958
0.50	0.0000	0.3989
0.55	0.1257	0.3958
0.60	0.2533	0.3863
0.65	0.3853	0.3704
0.70	0.5244	0.3477
0.75	0.6745	0.3178
0.80	0.8416	0.2800
0.85	1.0364	0.2332
0.90	1.2816	0.1755
0.95	1.6449	0.1031
1.00	+∞	0.0000

스스로 작성할 때는 0.001씩 자른다.

작성한 「표준정규곡선의 면적에 대응하는 표준득점과 가로좌표」의 숫자표를 근거로 해서, 면적에 대응하는 가로좌표를 기입한다.

하한과 상한 비율을 가로좌표에 환산

응답 카테고리	각 카테고리의 응답자수	① 각 카테고리의 응답율 p	② 각 카테고리의 하한까지의 비율 p_ℓ	③ 각 카테고리의 상한까지의 비율 $p_u = p + p_\ell$	④ 각 카테고리의 하한까지의 가로좌표 y_1	⑤ 각 카테고리의 상한까지의 가로좌표 y_2
그렇다	302	0.420	0.580	1.000	0.3909	0.0000
어느 쪽도 아니다	232	0.323	0.257	0.580	0.3224	0.3909
그렇지 않다	185	0.257	0.000	0.257	0.0000	0.3224

숫자표를 준비, 비율=면적에 대응하는 가로좌표를 기입 (물론, Excel의 계산식으로 작성 가능)

스텝 5 시그마값의 산정

시그마값은 아래의 식으로 구한다.

시그마값의 산정

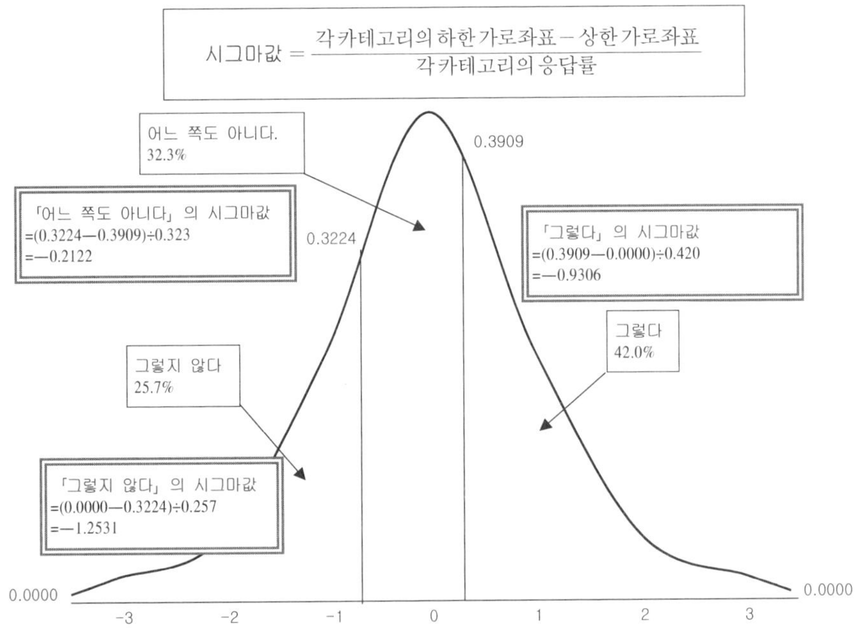

시그마값을 보면, 「그렇다」와 「어느 쪽도 아니다」의 차이는 1.1428, 「어느 쪽도 아니다」와 「그렇지 않다」의 차는 1.0409로 되어 있으므로, 카테고리 사이의 차이는 같다고 말할 수 있다.

카테고리 값의 차이

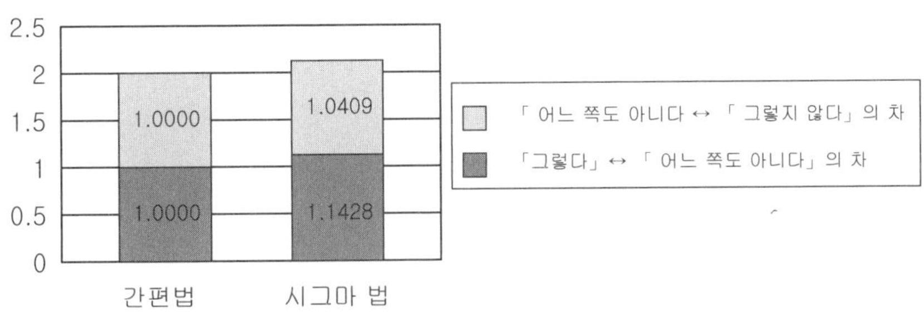

이러한 시그마값은 카테고리의 순서와 그 응답율에 의해 결정된다. 이 예에서는 「그렇다」라는 사람이 「그렇지 않다」는 사람보다 많기 때문에, 「어느 쪽도 아니다」 득점이 「그렇다」에 가깝게 되어 있다.

스텝 6 **환산점의 산정**

각 카테고리의 득점은 시그마값을 그대로 사용해도 좋지만, 하한 카테고리, 즉 최저득점을 0으로 하여 득점을 산정하는 것이 이해하기 쉽다고 생각한다. 여러 가지 환산점의 계산방법을 아래에 소개하고자 한다.

카테고리 환산점의 이모저모

응답 카테고리	응답 카테고리의 응답자 수	시그마값 (환산점 A) $Z_r = (y_l - y_u)/p$	환산점 B (최저 득점을 0으로 하여 조정	환산점 C (환산점 B를 10배수하여 정수화)	환산점 D (최고 득점을 100, 최저 득점을 0으로 하여 정리
그렇다	302	0.9306	2.1837	22	100
어느 쪽도 아니다	232	-0.2122	1.0409	10	48
그렇지 않다	185	-1.2531	0.0000	0	0

환산점 A 시그마값을 그냥 사용

환산점 B 최적득점을 0으로 하도록 시그마값의 최저점의 절대값을 각 카테고리의 시그마값에 더한다. 이를테면, 각각의 시그마값에 1.2531을 가산

환산점 C 환산점 B를 10배하여 정수화(整數化)한다. 「그렇다」의 시그마값 2.1837은 22로 한다.

환산점 D 최저 0점, 최고 100점이 되도록 조정한다. 환산점 B를 이용해서 최고값을 100이 되도록 환산하여 (예를 들어 100 ÷ 2.1837 = 45.79), 그 값을 다른 득점에 곱해서 정수화 한다 (예를 들어 45.79 x 1.0409 ≒ 48).

시그마값으로 환산한 값을 사용하여 제7장에서 소개하는 다변량해석 (특히 요인분석 등)을 하면, 카테고리 득점을 카테고리 숫자로 대체하는 간편법보다는 명확한 해석결과를 얻을 수 있을 것이다.

앙케트조사의 거짓

공표된 앙케트 결과를 볼 때, 조사 개요의 기재가 없는 것은 신뢰해서는 안 된다. 앙케트조사를 과대광고 등에 이용하는 방법은, 「90%의 사람이 "효과가 있음"이라고 응답하였다」 라고 말한 것처럼, 부분적으로 편리한 수치만으로써 호소하는 일이다. 조사 주체의 유명·무명에 관계없이 조사 설계가 명확히 기재되어 있지 않는 따위의 앙케트조사는 의심스럽게 생각하자.

또 백분율의 모수(parameter)가 없는 경우는 거짓의 가능성이 있다.

10명 중 9명, 100명 중 90명, 1000명 중 900명은 모두 90%이다. 조사대상, 조사지역, 샘플대장, 추출방법, 실시시기, 회수율, 표본 수와 실사기관 등, 조사결과를 좌우하는 조사설계를 명시하지 않으면 참된 의미의 공표라고 말할 수 없다. 가능하면, 인터넷 등으로 앙케트 데이터도 공개 (물론, 응답자의 성명, 주소, 생년월일 등 응답자를 특정하는 정보는 비공개)하는 것이 바람직하다.

제 7 장

▼

다변량해석은 이렇게 진행한다

58 다변량해석에는 이러한 종류가 있다.

다변량해석 수법에는「기준변수해석」「상호의존변수해석」「그밖의 해석」으로 대별된다.

(1) 다변량해석의 종류

단순집계는 1변량해석, 크로스집계는 2변량해석이다. 3변량 이상의 다변량해석간의 관련은 크로스집계로는 알기 어렵기 때문에 **다변량해석**이라고 불리어지는 통계방법을 사용한다. 다변량해석이란 셋 이상의 변량에 의거해 예측, 판별, 분류와 통합 등을 행하는 통계방법의 총칭이다. 목적에 따라 어떠한 방법이 쓰이는가 하는 시점으로 주된 방법을 다음 페이지의 표에 제시한다.

다변량해석의 분류

해석기법의 분류명 해석의 목적	목적변수(종속변수、외적기준)의 유무	목적변수의 데이터 형태	설명변수(독립변수)의 데이터 형태	대표적인 다변량해석의 예
<기준변수해석> ① 어떤 A 항목을 복수요인으로 예측, 설명, 판단하고 싶다. (복수 원인에 의해 발생된 결과를 수식으로 나타내고 싶다)	있다	정량적 데이터 (양적 데이터)	정량적 데이터	**중회귀 분석** 프로빗분석
			정성적 데이터	**수량화 Ⅰ류** 컨조인트분석
		정성적 데이터 (질적 데이터)	정량적 데이터	**판별분석** 로지스틱회귀분석
			정성적 데이터	**수량화 Ⅱ류**
<상호의존변수해석> ② 닮은 것 끼리를 모으고 싶다 ③ 변수간의 관련성을 그려보고 싶다 ④ 변수간의 관계를 요약하고 싶다 ⑤ 항목간의 상관관계를 설명하는 잠재적 구조를 알고 싶다	없다	—	정성적 데이터	**요인분석** 클러스터 분석
			정성적 데이터	**수량화Ⅲ류** 코레스폰던스 분석 다차원척도법

그 밖의 해석	잠재변수를 조합한 인과관계해석 모델	**공분산구조분석**
	복수후보안의 일대일 비교에 의한 평가모델	**AHP (계층화의사결정분석법)**

• 다변량해석은 배우기보다 익숙해지도록!

다변량해석이라고 하면 수학이 서투른 사람과 통계에 익숙하지 않은 사람은 다루기가 어려워, 이 같은 고도의 해석기법은 전문가에게 일임하는 것이 좋다고 생각할지도 모른다.

편리하고 다루기 쉬운 통계해석의 소프트웨어가 다수 개발되어 있으므로, 가벼운 마음으로 도전해서 통계해석의 재미를 맛보면 좋을 것이다.

다변량해석의 소프트웨어를 이용할 때, 필요한 데이터를 인풋하면, 당장 계산해 주기 때문에 아웃풋을 해석하는 것만으로 족하다.

아래에 설명하는 각종 다변량해석의 방법에 관련해서도 각각의 용도와 필요한 데이터 및 아웃풋의 해석 방법을 이해한다는 관점에서 읽어주었으면 한다.

① 기준변수 해석이란

「어떤 항목을 복수의 요인으로 예측·설명·판별하고 싶다, 혹은 복수의 원인에 의해 발생된 결과를 수식으로 나타내고 싶다」 라고 하는 경우에 쓴다.

수식으로 표현하면, 좌변이 **목적변수**(**비설명변수, 종속변수, 외적기준**이라고도 한다), 우변이 복수의 **설명변수**(**단독변수**라고도 함)로 된다. 앙케트 항목으로 말하면, 목적변수는 만족도와 어떤 브랜드의 사용자의 구별. 설명변수는, 성별과 사용년수 등이다.

기준변수

목적변수

(비설명변수 / 종속변수 / 외적변수) = f {설명변수 (독립변수)}

예를 들면

(예측관련성의 설명)

만족도 = a_1성별 + a_2사용년수 + b

a_1과 a_2는 기울기, b는 절편([56 단순회귀란]을 참조)

(판별 = 소속그룹의 예측)

만족도의 유무 = z_1성별 + z_2사용년수 + z_0 = 0

z_1와 z_2는 기울기, z_0 는 절편

기준변량해석은 목적변수와 설명변수의 데이터 유형이 정량적 (양적) 데이터이냐, 정성적 (질적) 데이터이냐에 따라, 넷으로 나누어진다. 대략 언급한다면 목적변수가 정량적 데이터인 경우는 예측이나 관련성의 설명문제, 목적변수가 정성적 데이터인 경우는 소속그룹의 예측, 즉 판별문제를 다루는 다변량해석이다.

◆ 기준변량해석과 4종류

목적변수의 데이터 형태		설명변수의 데이터 형태
• 정량적 데이터 • 정성적 데이터	×	• 정량적 데이터 • 정성적 데이터

② 상호의존변수해석이란

「유사한 것끼리 모으고 싶다」「변수 간의 관련성을 그려서 제시하고 싶다」「변수 간의 관계를 요약하고 싶다」「항목 간의 상관관계를 설명하는 잠재적인 구조를 알고 싶다」고 한 경우에 이용된다.

상호의존변수해석은 목적변수가 없고 설명변수뿐이다. 간략히 말하면 변수나 샘플의 분류 문제, 변수의 매핑 (mapping) 문제를 다루는 다변량해석이다.

● 상호의존변수해석은 2종류

설명변수 사이에
- 유사도지표 (가까우면 가까울수록 큰 값, 예를 들어 상관관계)
- 비유사지표 (멀면 멀수록 큰 값, 예를 들어 거리)

↓

항목간의 상관관계를 설명하는 잠재적 구조를 알고 싶다.

↓

- 유사한 것 끼리를 모으고 싶다
- 변수 간의 관련성을 그려보고 싶다
- 변수간의 관계를 요약하고 싶다

③ 그 밖의 해석기법

잠재변수를 사용한 인과관계를 나타내는 복잡한 모델을 오리지널로 만들고 싶을 때 이용할 수 있는「공분산구조분석」이라는 해석기법이 있다. 통계소프트웨어를 이용해 플로차트를 그려서 변수 간의 인과관계를 표시하면 자동적으로 계산해 주는 "뛰어난 것"이다.

가치기준이 다양화되어 있는 사회에서는 무엇을 기준으로 행동을 해야 할지 갈피를 못 잡을 때도 있다. 이러한 경우, 그룹 미팅 등에서 평가기준을 대중소 등 계층적으로 분류, 평가기준의 중요도를 일대일 비교로 선택함으로써 평가항목의 효용 웨이트를 산정하는「**AHP (계층화의사결정분석)**」를 이용할 수 있다.

◆ 다변량해석의 목적별 선정 과정

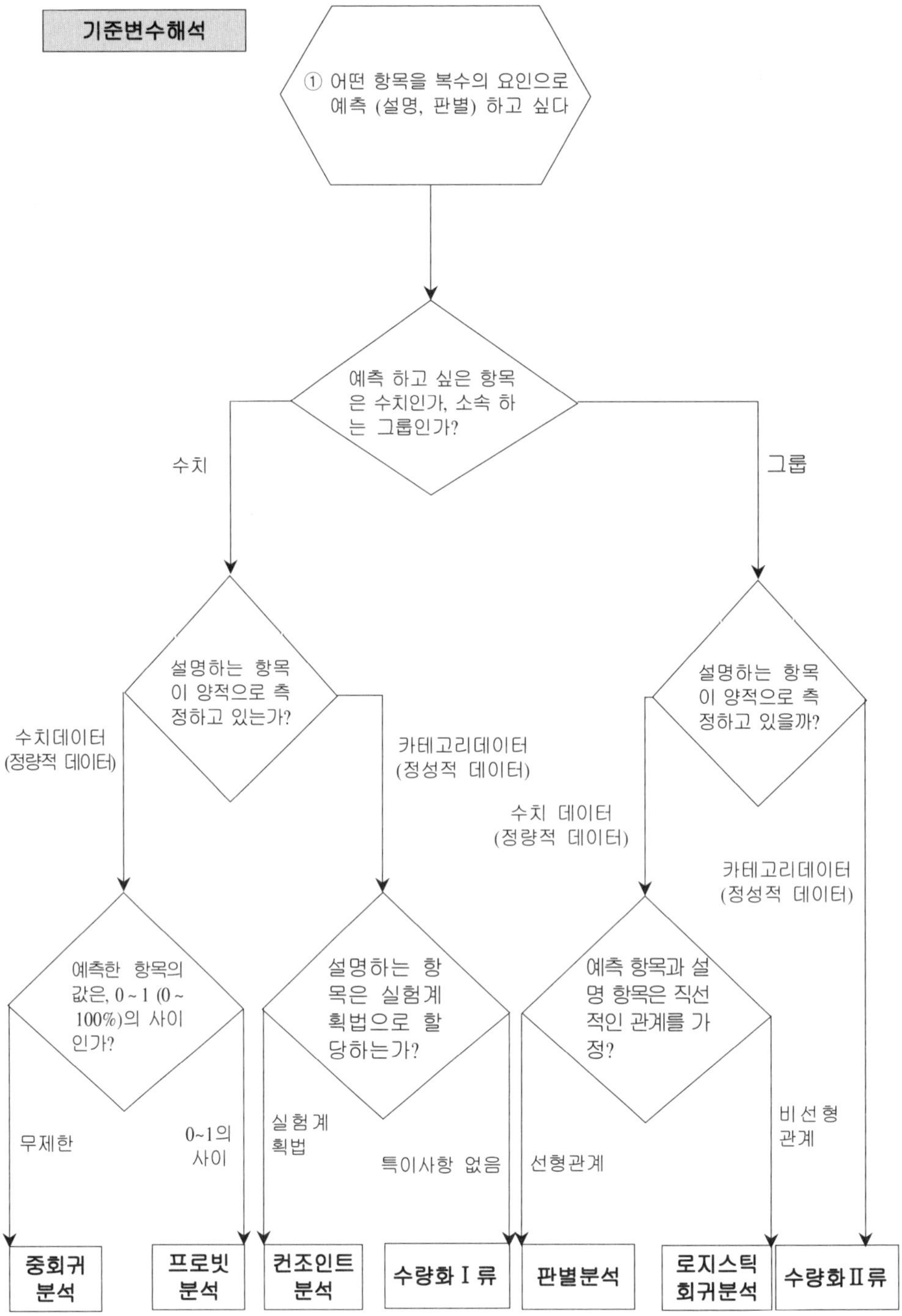

상호의존변수 해석

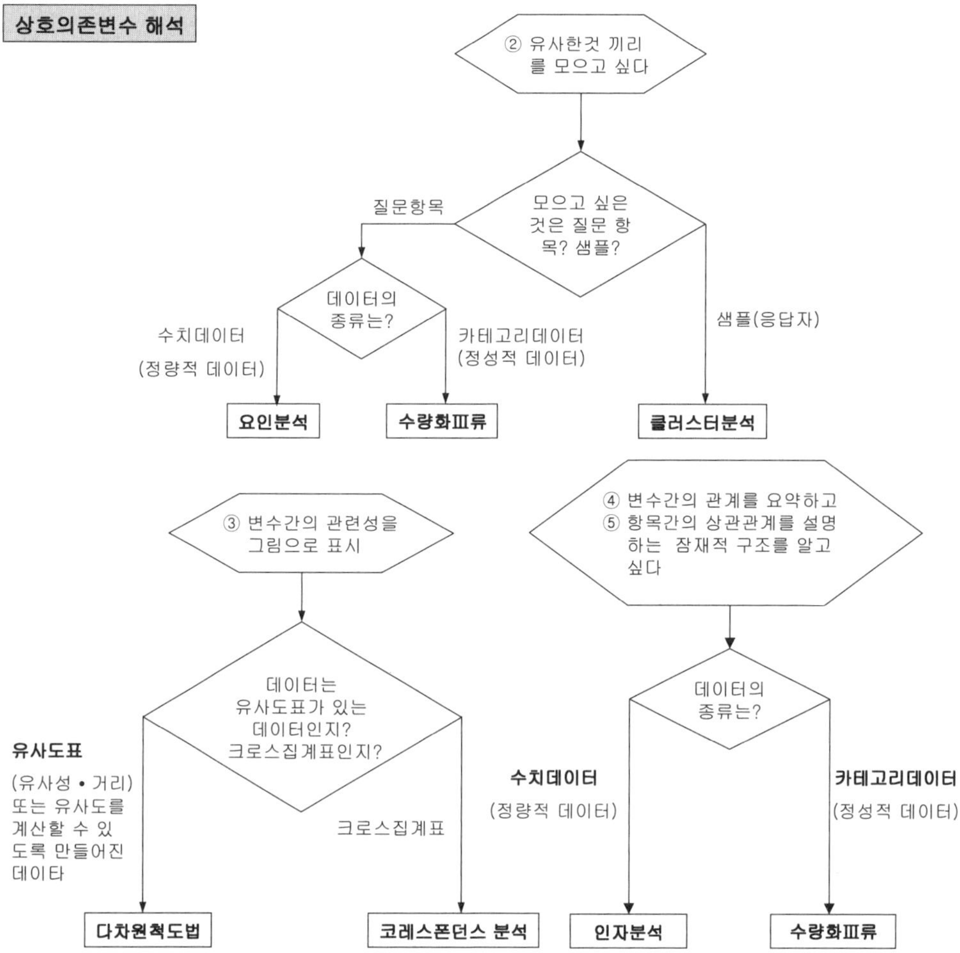

그외의 다른 해석

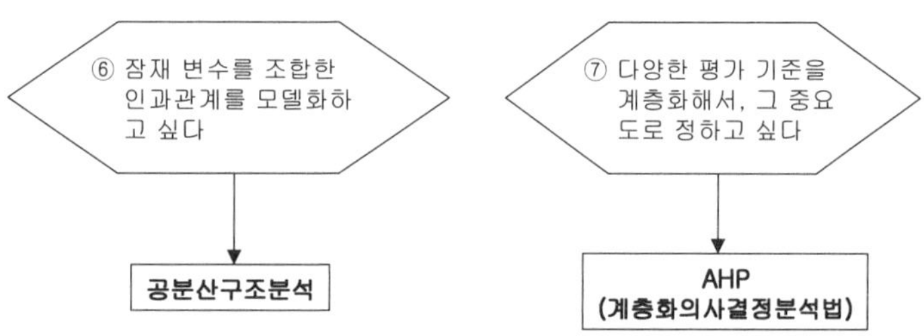

마케팅 분야에서는 다변량해석을 이용해서 갖가지 분석을 하고 있다.

다변량해석의 주된 이용 분야

	기준변수해석							상호의존변수해석					기타	
	중회귀분석	프로빗분석	수량화I류	컨조인트분석	판별분석	로지스틱회귀분석	수량화II류	요인분석	클러스터분석	수량화III류	코레스폰던스분석	다차원척도법	공분산구조분석	AHP(계층화 의사결정분석법)
예측 (시장성, 광고효과, 매출 등 예측값에 제한이 없는 것)	○		○	○										
예측 (만족율, 쾌적율 등 예측값이 0~100% 사이)		○		○		○								
신제품 컨셉의 선정	○		○	○				○				○		○
판매가격의 검토	○		○	○										
판매촉진 촉진책의 검토	○		○	○										
판매촉진정책의 타깃선정 검토					○	○	○							
광고계획의 검토	○	○	○		○	○	○							○
고객만족(CS)	○	○	○			○		○	○		○			
기업과 브랜드이미지의 분석								○	○	○	○	○	○	
마켓 세그맨테이션·고객의 분류					○	○	○	○	○	○				
크로스집계표 항목의 연관성											○			
인과관계의 검토	○							○					○	

다변량해석의 기술개발도 IT기술처럼 진전하고 있다. 지금까지는 선형 관계식으로 생각되던 것이 비선형식 (곡선식 등)으로 생각되기도 한다. 이 책에서는 대표적인 다변량해석기법에 관해 다음 절 이후에 설명하고자 한다.

(2) 다변량해석의 소프트웨어에 관하여

다변량해석의 계산 소프트웨어에는, SAS와 SPSS 등의 통계 패키지 소프트웨어, 표계산 소프트웨어의 Add - In 소프트웨어와 다변량해석 서적의 부록 CD-ROM과 인터넷에서 다운로드 가능한 무료 소프트웨어 등이 있다. 단, 소프트웨어에 따라서는 같은 데이터라도 계산 결과가 다른 것이 있으므로 주의해 사용해야 한다.

① SAS, SAS / JUMP

SAS는 렌탈로 사용하는 통계 소프트웨어이다. 통계분석의 거의 전부를 포함하고 있다. SAS / JMP는 SAS와 별개의 소프트웨어인데 구입이 가능하다. 다변량해석의 기본적인 기법은 갖추고 있다.

② SPSS

SPSS는, SAS와 같은 통계 기능을 가지고 있어 쓰기 쉬운 소프트웨어이다. 공분석구조분석의 AMOS 소프트웨어 등 옵션 제품도 충분히 가지고 있다.

③ 그 밖의 해외 소프트웨어

STATISTICA, STATVIEW, S - PLUS 등이 있다. 비주얼 표현이나 지리정보 시스템의 링크가 검토되곤 한다.

④ JUSE - MA, JUSE - Stat Works

일본과학기술연구소의 소프트웨어다.

⑤ 엑셀 Add - In 소프트웨어

엑셀통계 (사회정보 서비스)와 EXCEL 다변량해석 및 수량화이론 (에스미)이 유명하다.

⑥ 무료 혹은 저렴한 소프트웨어

인터넷의 무료 소프트웨어와 쉐어웨어를 취급하는 국내 사이트에서 다변량해석 프로그램을 다운로드 할 수 있다. 또한 통계학습 사이트에서 통계소프트웨어의 사이트로 액세스해서 다운로드 할 수 있다. 해외의 통계 사이트에서는 시험용판이 다운로드 가능하다.

※ 본서에서의 계산은, SPSS, EXCEL 다변량해석과 본인 스스로 만든 소프트웨어를 사용하고 있다.

마케팅의 시장성을 예측한다.

59 중회귀분석

장래를 예측하거나 관련성을 설명하거나 할 때, 가장 일반적으로 사용되는 해석기법이다.

(1) 어떠한 때에 사용하는 기법인가

① 이용 목적의 예

- 개인 (세대)이 특정 상품이나 서비스를 1년 동안 구입하는 금액이나 양과 그것이 개인 (세대)특성 간에 어떤 관계가 있는지 알고 싶다. 또한 개인 특성이 이러한 사람은 얼마가량 구입할지 예측하고 싶다
- 어떤 상품에 차지하는 브랜드 A의 구매율은, 개인 특성이나 라이프스타일 특성과 어느 정도 관계가 있는지 알고 싶다
- 자사 상품을 10% 가격 인하하면 판매량은 어느 정도 증가하는가. 또는 경쟁 상대가 10% 가격 인하하면 자사의 판매량은 감소하는가. 감소하면 어느 정도인지를 알고 싶다
- 고객만족도를 높이기 위해서는 성능이나 디자인 특성 가운데서, 우선적으로 어느 것을 개선해야 좋을지를 알고 싶다.
- 신제품 모니터의 평가에서, 발매 후의 매출을 예측하고 싶다.

② 필요한 데이터의 예

위의 이용예의 경우, 이하와 같은 데이터가 필요하다. 개인이나 세대 특성의 데이터는 설명변수[31]로 해서 사용되는 것이 많을 것이다.

중회귀분석에 필요한 데이터의 예

목적변수	설명변수
구입금액 (양)	연령, 연수입, 동거가족 수 등
브랜드 A의 구매율	연령, 연수입, 동거가족 수, 라이프스타일 의견항목에 대한 찬성 득점 등
자사 구매량	경쟁회사의 구매량, 가격 인하에 따른 구매량의 증감 의향 득점 등
고객만족도	성능이나 디자인 항목의 평가득점 등
모니터 평가제품의 발매 후의 매출평가	지금까지의 제품 모니터의 평가 득점

31) **설명변수** → 중회귀분석 등 원인과 결과의 관계를 설명하기 위한 해석기법에 있어서, 원인에 해당하는 변수를 말한다. 다른 편의 결과에 해당하는 변수는 「목적변수」라고 한다.

(2) 중회귀분석의 계산 예

단순회귀 (p. 148참조)는 목적변수를 하나의 설명변수로 나타내는 1차식이다. 중회귀는 복수의 설명변수로 나타내는 1차식이다.

계산 사례를 설명해 보자.

앙케트조사에서 상품 A의「만족도」「성능평가」「가격평가」를 5단계척도 (득점이 높을수록 좋은 평가를 나타낸다)로 질문하여 아래와 같은 결과를 얻었다.

중회귀분석의 데이터

	만족도	성능평가	가격평가
A씨	2	1	3
B씨	3	2	3
C씨	3	3	2
D씨	4	4	3
E씨	5	5	5

세 변수의 관계를 아래와 같이 생각해 보자

가 설

성능평가가 좋으면 만족도가 높고,
또한 가격평가가 좋으면 만족도가 높다

산포도를 그려보자.

변수간의 산포도와 단순회귀식(Y), 결정계수(r^2)

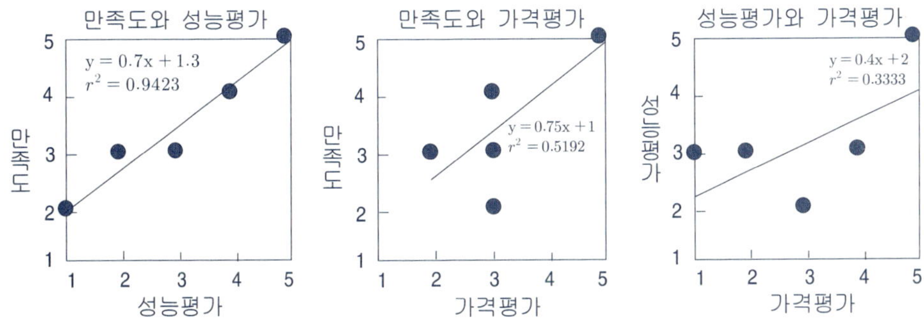

산포도에서 만족도와 성능평가·가격평가는 결정계수 $R^2 > 0.5$로 바른 상관이 있고, 선형관계로 설명할 수 있을 것 같다. (결정계수에 관해서는 [56 단순회귀란?] 참조)

만족도와 성능평가 간에는

$$Y = a_1X_1 + b_1$$

라는 1차식의 관계, 만족도와 가격평가 간에도,

$$Y = a_2X_2 + b_2$$

라는 1차식의 관계가 있을 것 같다.

그래서 이 두 식을 합쳐서

$$Y = a_1X_1 + a_2X_2 + b \cdots \text{예측식}$$

Y… 목적변수, 예측값 (만족도의 예측값)

a_1, a_2 … 편회귀계수 (단순회귀에서는 회귀계수)

b … 정수항 (Y축의 절편)

X_1, X_2 … 설명계수 1 (성능평가)과 설명계수 2 (가격평가)

라는 1차식으로 표현된다.

또한, 중회귀분석의 편회귀계수와 정수항은「최소제곱법」이라고 부르는 해법으로 구한다. 최소제곱법이란 잔차 (관측값와 예측값의 차)의 제곱값을 최소로 하는 (즉, 오차를 가장 적게 하는) 해법이다.

중회귀분석의 계산 소프트웨어에 의한 아웃풋 예와 그 해석기법은 다음 페이지에 제시한다.

중회귀비율의 아웃풋 예

기술통계량

	평가값	표준편차	N(샘플 수)
만족도	3.40	1.1402	5
성능평가	3.00	1.5811	5
가격평가	3.20	1.0954	5

변수의 평균값과 표준편차이다.

상관계수

	만족도	성능평가	가격평가
만족도	1.000	0.971	0.721
성능평가	0.971	1.000	0.577
가격평가	0.721	0.577	1.000

변수간의 상관계수를 나타낸다. 성능은 가격 이상으로 만족도에의 영향이 크다는 점을 알 수 있다.

분산분석

	평방합	자유도	평균평방	F 값	유의확률
회귀	5.1	2	2.55	51	0.019
잔차	0.1	2	5.00E-02		
전체	5.2	4			

수치를 지수로 표시하고 있다. 5.00×10^{-2}이다.

여기에서는「가설 : 구한 중회귀식의 설명변수는 예측에 도움이 되지 않는다」를 검정하고 있습니다. 유의확률이 0.05보다 작기 때문에 예측에 도움이 된다고 말할 수 있다.

중회귀식의 각 변수에 해당하는 계수와 유의 확률을 나타냄

t 값 = 편회귀계수÷ 표준편차

회귀계수

	비표준화계수		표준화계수	t 검정	유의확률
	B (편회귀계수)	표준오차	베타		
(정수)	0.800	0.343		2.334	0.145
성능평가	0.600	0.087	0.832	6.928	0.020
가격평가	0.250	0.125	0.240	2	0.184

성능평가의 편회귀계수는 0.6
가격평가의 편회귀계수는 0.25
중회귀식은 Y=0.6(성능평가)+0.25(가격평가)+0.8
표준편회귀계수에 대해서는 다음 페이지 참조.

유의확률이 0.05보다 작은 설명변수는 만족도에 효과가 있다고 말할 수 있다.

(3) 표준편회귀계수에서 알 수 있는 것

편회귀계수 (앞의 식으로는 0.6이나 0.25)는 설명변수 (앞의 식에서는 성능평가와 가격평가) 값의 크기와 분산에 영향을 받는다. 예를 들면, 평가점에 더해 연수와 사용 경험 연수 등의 설명변수를 사용하곤 한다.

설명변수의 단위를 바꾸면 편회귀계수도 바뀐다 (예를 들어, 1000cc를 1kg으로 하면 본래 계수의 1000배가 된다). 갖가지 설명변수가 혼재하면, 어떤 설명변수가 목적변수에 가장 많은 영향을 주고 있는지, 편회귀계수를 보기만 해서는 알 수가 없다.

설명변수의 영향력을 알려면, 모든 설명변수의 단위를 같게 하면 된다. 모든 변수의 단위를 같게 하는 방법으로서 데이터의 **표준화**가 있다. 표준화란 아래와 같이 변환을 실시한다. ([57]시그마값 참조)

(개별 데이터 평균) ÷ 데이터의 표준편차

표준화를 행하면 평균 0, 표준편차 1의 데이터로 되어, 숫자의 단위가 같아지므로 설명변수가 목적변수에 미치는 영향력을 비교할 수 있다.

계산 예를 아래에 다시 게재한다.

회귀계수

	비표준화계수		표준화계수	t 검정 (회귀계수÷ 표준오차	유의확률
	B (편회귀계수)	표준오차	베타		
(정수)	0.800	0.343		2.334	0.145
성능평가	0.600	0.087	0.832	6.928	0.020
가격평가	0.250	0.125	0.240	2	0.184

그 결과, 성능평가의 표준편회귀계수는 0.832로 되고, 가격평가의 표준편회귀계수는 0.240으로 된다.

이 결과는 성능평가가 만족도에 가장 많은 영향을 미친다. 바꿔 말하면, 만족도를 향상시키는 효과가 가장 높다고 할 수 있다. 가격평가는 성능평가에 비해 30% 정도의 효과라고 할 수 있다. 이 예에서는 상품의 성능을 높이는 것이 고객만족을 높이는 최선의 방안일 것이다.

(4) 중회귀분석의 결정적 근거는 결정계수에 있다.

중회귀분석으로 얻은 중회귀식의 예측 정확도를 나타내는 지표가 **중상관계수**와 **결정계수**이다.

구한 중회귀식

Y = 0.6 (성능평가) + 0.25 (가격평가) + 0.8

을 사용하면 만족도의 예측값이 계산된다.

하지만, 예측 정확도가 나쁘면 쓰이지 않는 중회귀식, 쓸모없는 중회귀식을 만든 셈이 된다.

중상관계수는 관측값과 예측값과의 상관계수이다. 상관계수는, + 1 ~ − 1 간의 값으로, 양자가 같으면 + 1의 값이 된다. 결정계수는 중상관계수의 제곱 값이다.

계산 예로 관측값과 예측값을 비교해보자.

관측값과 예측값의 표와 그래프

관측값	예측값	잔차
2	2.15	−0.15
3	2.75	0.25
3	3.10	−0.10
4	3.95	0.05
5	5.05	−0.05

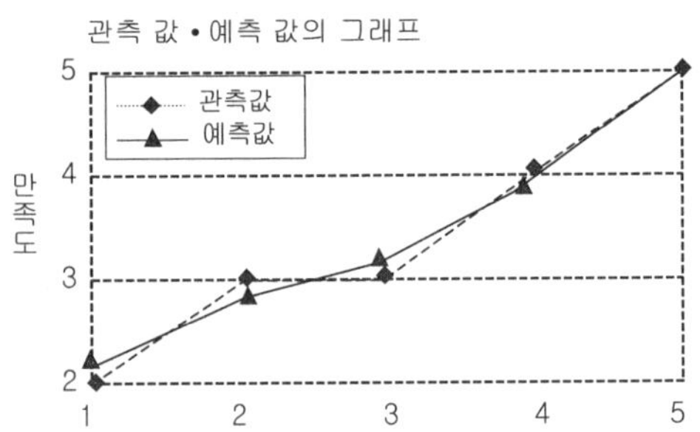

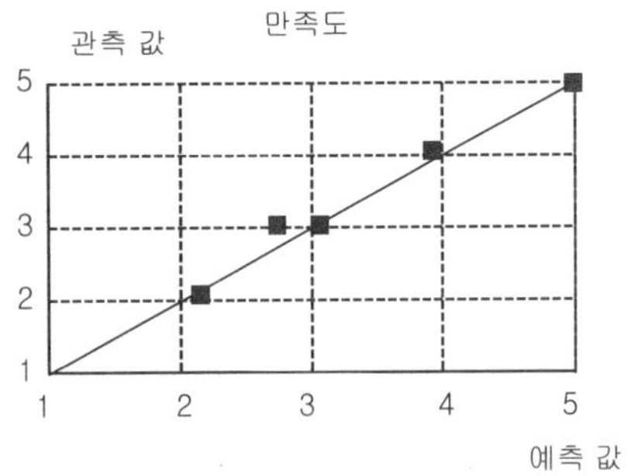

예측 정확도에 관한 아웃풋은 아래와 같다.

R	R^2
0.99	0.9801

관측값과 예측값의 중상관계수는 0.99, 결정계수 (중상관계수의 제곱)는 0.9801 (= 0.99 x 0.99)이 된다. 결정계수가 0.8 이상이면 양호한 정확도, 0.5 이하이면 다소 양호한 정도라고 할 수 있다.

(5) 설명변수를 고르는 기준

중회귀분석에서는 예측 정확도를 중시해야 하지만, 중회귀식을 설명하는 변수의 역할, 즉 왜 이 설명변수가 예측에 유효한지, 유효하다면 어느 정도의 효과가 있는지를 고려해야 할 필요가 있다.

또 통계 소프트웨어를 사용하면 간단히 계산 결과가 나오지만, 다수의 계산 결과에서 어떤 것을 사용할 것인가를 결정할 필요가 있다.

설명변수를 선택할 때의 고려 사항을 아래에 소개한다.

① 예측 정확도를 우선한다.

목적변수와 상관이 높은 설명변수를 모두 사용하면 예측 정확도는 높아진다. 하지만 설명변수가 많을 때, 설명변수의 회귀계수를 해석하면 본래는 설명변수 값이 커지면 목적변수의 값도 커진다는 관계 (편회귀계수가 플러스 값으로 된다)가 성립되지 않고, 편회귀계수가 마이너스 값으로 되고 관계가 역전하는 결과가 될 가능성이 있다.

이 같은 현상을 예를 들어 설명한다면 천체망원경으로 멀리에 있는 별을 볼 때, 다수의 조정키를 개별적으로 상하좌우 움직여서 핀트를 조정하는 것과 유사하다.

단, 설명변수 간의 상관이 극히 높은 경우, 구한 편회귀계수의 오차가 커지고, 추정치에 신뢰를 둘 수 없을 때가 있다. 이 같은 현상을「**다중공선성** 소위 멀티콜리니어리티 (Multicollinearity)」라고 불린다.

② 편회귀계수의 해석을 중시한다.

예측 정확도가 높더라도, 왜 이 설명변수의 값이 커지면 (또는 작아지면), 목적변수가 커 (또는 작아)지는가 설명되지 않으면, 중회귀식 그 자체의 가치가 상실되는 경우도 있다.

다중공선성을 판정하는 통계소프트웨어도 있기 때문에, 복수의 계산을 하고 나서 합리적 설명변수를 선택한다.

(6) 설명변수의 선택방식

중회귀분석의 통계소프트웨어 중에는 설명변수를 선택하는 게 가능한 것이 있다. 설명변수 선택 방법은 아래의 세 가지 방법이 있다.

① 변수증가법

설명변수가 하나도 들어있지 않은 모델부터 계산을 시작해 변수를 하나씩 증가시킨다. 설명변수를 채용하느냐 어떠냐는 편회귀계수의 검정을 하여, 유의차가 있으면 채택한다.

② 변수감소법

설명변수를 모두 가진 모델에서 계산을 시작해 변수를 하나씩 감소시킨다. 설명변수를 제거하느냐 어떠냐는 편회귀계수의 검정을 하여, 유의차가 없는 것부터 제거해 간다.

③ 변수증감법 (스텝와이즈법)

변수증가법에서는 한번 채택한 설명변수는 제거되지 않는다. 또 변수감소법에서는, 한번 제거한 변수는 두 번 채택하지 않는다. 편회귀계수는 계산에 채택되는 설명변수에 대해 변동한다.

그래서 최초에 목적변수와 가장 상관이 높은 설명변수를 초기 모델로 해 계산 한다. 남은 설명변수를 차례로 하나씩 채택해 편회귀계수의 검정을 실시, 유의차가 있으면 채택한다. 유의차 검정은 변수를 하나 채택 할 때마다 하기 때문에, 채택된 변수라도 유의차가 없어지는 일도 있다. 이 땐 유의차가 없어진 설명변수를 제거한다.

60 0에서 1사이의 비율을 예측하는 프로빗분석

0 ~ 1 사이의 비율을 소비자 그룹의 특성별로 예측하는 해석 방법

(1) 어떤 경우에 쓰는 방법인가

① 이용 목적의 예

프로빗분석은 중회귀 (**重回歸**)분석과 유사하지만, 0 ~ 1 사이의 비율을 예측하기 때문에 100%를 초과해서는 안 된다. 아래와 같은 조사 테마를 분석하기 위한 유효한 도구의 하나다.

- 이용 상품의 종류 등 고객그룹 별의 고객만족자 비율 (고객 가운데 만족이라고 응답한 사람의 비율) 데이터를 바탕으로 고객그룹의 특성 차이가 가져오는 만족자 비율을 예측하고자 한다.
- 한 상품이 차지하는 브랜드 A의 구입율은 개인특성이나 라이프스타일 특성과 어느 정도 관계가 있는지를 알고자 한다.
- 신제품 모니터의 평가로부터 발매 후의 성공률을 예측하고자 한다.
- 업종별 광고주목율을 광고횟수, 광고량으로부터 예측하고자 한다.

② 필요한 데이터의 예

위의 이용 예의 경우, 아래와 같은 데이터가 필요하다.

프로빗분석에 필요한 데이터 예

목적변수	설명 변수
그룹의 고객만족자 비율	그룹의 평균 연령, 사용연수, 구입가격 등
브랜드 A의 구입율	연령, 연수입 동거가족수, 라이프스타일 의견 항목에 대한 찬성 독점 등
발매 후의 성공율	신제품 모니터의 평가점
모니터 평가제품의 발매 후의 매출 평가	지금까지의 제품 모니터 평가 득점
광고주목율	업종별 광고횟수, 광고횟수

프로빗분석은 마케팅 분야 이외에서도 많이 이용되고 있다. 적용 예를 모아 보았다.

프로빗분석의 적용 예

분야	목적변수	설명변수의 예
의료분야	의약품의 치료율	약품종류, 약품농도, 투여량, 병력(病歴)
경제분야	경기 후퇴와 확장	기준시점에서 경과월수, 주가, 기타 경제지표
금융분야	예·저금에서 차지하는 예금	연수입, 가족수, 직업, 주거형태

(2) 프로빗분석 이란

프로빗분석은 중회귀분석과 유사하다.

설명변수가 2변수인 중회귀식은,

$$Y = a_1X_1 + a_2X_2 + b$$

이 된다.

프로빗분석의 회귀식은,

$$\text{Probit}\ (Y) = a_1X_1 + a_2X_2 + b$$

가 되어 우변은 같은 식이다.

프로빗분석에서는 목적 변수 Y는 비율이 되는데, 그 비율의 크기에는 제한이 있다.

$$0 \leq \text{목적변수 } Y \leq 1$$

프로빗분석은 목적변수 (즉 예측가)가 0 미만이나 1 (또는 100%)을 초과해서는 안 되는 경우에 사용한다.

표준정규분포의 면적

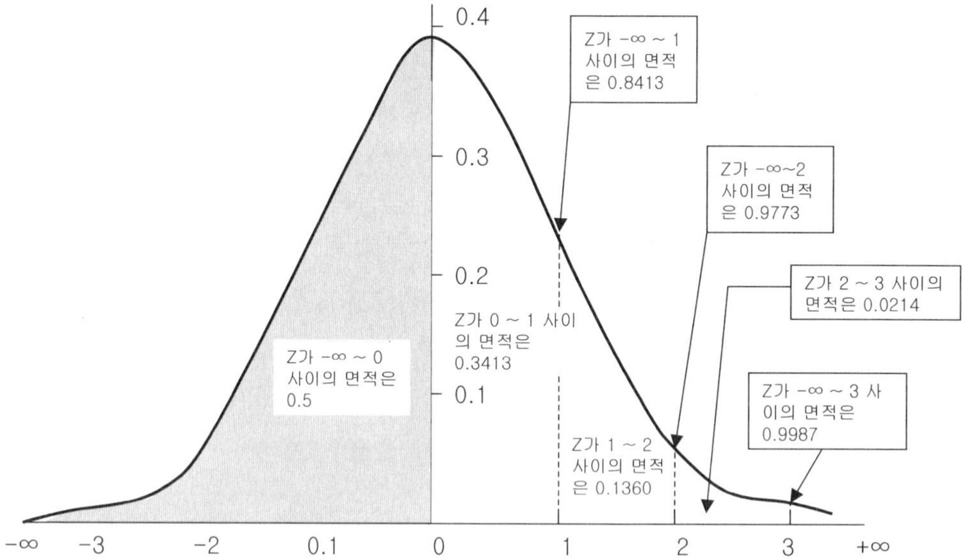

그런데 프로빗이란 목적변수를 프로빗 변환하는 것에서 유래했다. 그러면 프로빗 변환이란 무엇인가.

표준정규분포를 생각해 보세요. ([57 시그마값법이란?] 참조). 정규분포곡선의 면적과 가로축 z의 관계는 면적 0.5의 경우, z는 0이 된다. 면적 0.5란, z가 마이너스 무한대 (−∞)에서 0의 사이 (또는 0에서 +∞)의 면적이다. 덧붙여서 말하면, 평균 ±1 표준편차의 면적은 0.6826 (z가 −1 ~ +1의 면적, 0 ~ 1 사이의 면적 0.3413의 두 배), 평균 ±2 표준편차의 면적은 0.9546 (= 0.6826 + 0.1360 × 2) 이다.

프로빗 변환이란, 비율을 정규분포곡선의 면적으로 간주하고 면적에 대응하는 표준득점 z(프로빗 값)로 변환하는 일이다. 프로빗 변환의 이미지를 그래프로 표시해 본다.

표준정규누적분포의 면적과 프로빗변환 값의 관계

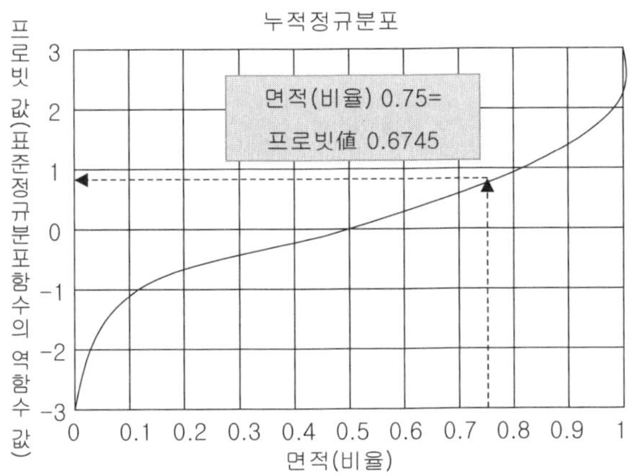

프로빗변환 값를 구하는 Excel 함수는 **NORMSINV** (비율)이다. 또 프로빗변환 값으로부터 비율(면적)을 구하는 함수는 **NORMSDIST** (프로빗변환 값)이다.

비율 (면적)에 대응하는 프로빗변환 값 (표준정규누적분포관수의 역함수의 값)

비율(면적)	프로빗변환値
0.0001	−3.7195
0.05	−1.6449
0.10	−1.2816
0.15	−1.0364
0.20	−0.8416
0.25	−0.6745
0.30	−0.5244
0.35	−0.3853
0.40	−0.2533
0.45	−0.1257
0.50	0.0000
0.55	0.1257
0.60	0.2533
0.65	0.3853
0.70	0.5244
0.75	0.6745
0.80	0.8416
0.85	1.0364
0.90	1.2816
0.95	1.6449
0.9999	3.7195

<참고> 프로빗분석과 중회귀 분석의 차이

프로빗분석의 회기계수는 최우추계법(最尤推計法)(약해서 최우법)을 써서 계산하고 있다. 한편, 중회귀분석법은 최소제곱법을 써서 계산한다. 최우법은 모수(母數)의 점추청(点推定)을 하는 방법인데, 모집단의 분포형을 알고 있을 때 표본치로부터 그 모수를 정하려고 하는 해법이다. 나타나는 가능성이 가장 높은 관계를 충족하는 값이 최우추정치가 된다. 또 최소제곱법은 관측값과 예측값의 잔차(殘差)의 제곱을 최소로 하는 해법이다.

(3) 프로빗분석의 계산 예

세 종류 상품의 사용자와 관련하여 월간 이용횟수로 분류, 회합장테스트로 고객만족도를 조사했다고 하자. 만족도는 4단계 척도(만족, 약간 만족, 약간 불만, 불만)로 측정했다고 한다. 개인마다 분석하는 방법이 있지만, 여기선 사용하고 있는 상품별, 회합장테스트마다 그룹으로 나누어 성능평가(10점 만점)와 월간 이용횟수가 만족자비율에 미치는 영향을 조사했다.

프로빗분석의 목적변수는 만족자비율(= 만족자 수 ÷ 표본 수), 설명변수는 상품, 성능평가 및 월간 이용횟수이다. 참고로 만족자비율과 그 프로빗변환 값을 표에 기재한다.

상품별 성능평가, 이용횟수 및 만족도의 분석 데이터

① 상품	② 표본수	③ 만족자 수	④ 성능평가	⑤ 월간이용횟수	⑥ 참고 만족자비율(③÷②)	⑦참고 만족자비율의 프로빗변환치
1	28	24	10	10	0.86	1.07
	28	18	9	10	0.64	0.37
	28	16	8	3	0.57	0.18
	20	6	6	5	0.30	-0.52
	22	8	7	6	0.36	-0.35
	20	13	9	9	0.65	0.39
2	20	12	9	9	0.60	0.25
	20	10	9	8	0.50	0.00
	19	10	6	7	0.53	0.07
	23	14	9	8	0.61	0.28
3	25	8	6	8	0.32	-0.47
	27	15	6	8	0.56	0.14
	28	20	7	9	0.71	0.57
	24	12	8	10	0.50	0.00
	24	18	8	11	0.75	0.67

프로빗 분석 모델은,

Probit (만족자비율) = a_1성능평가 + a_2월간이용횟수 + b_i

단, b_i은 상품 1 ~ 3 각각의 상수가 된다.

계산 결과는 아래와 같이 나온다.

회귀계수의 추정결과

	회귀계수	표준오차	t (회귀계수 ÷ 표준오차)
성능평가	0.20283	0.08172	2.48178
이용횟수	0.03869	0.04906	0.78871

	절편(정수)	표준오차	t (정수 ÷ 표준오차)
상품 1	-1.73915	0.51016	-3.40901
상품 2	-1.83907	0.51434	-3.57559
상품 3	-1.5865	0.42817	-3.70526

상품 1의 프로빗 회귀식은,

Probit (만족자비율) = 0.20283 × 성능평가 + 0.03869 × 이용횟수 - 1.73915

상품 2의 프로빗 회귀식은,

Probit (만족자비율) = 0.20283 × 성능평가 + 0.03869 × 이용횟수 - 1.83907

상품 3의 프로빗 회귀식은,

Probit (만족자비율) = 0.20283 × 성능평가 + 0.03869 × 이용횟수 - 1.5865

가 되었다.

이 계산 예의 t값 (회귀계수 ÷ 표준오차)이 1.96 이상이면 회귀계수에 의미가 있음을 나타낸다. 이 경우 성능평가의 회귀계수는 만족자비율에 영향을 미친다. 말하자면 성능평가가 좋으면 만족자비율이 높아짐을 의미한다. 이와 같이 프로빗분석은 그룹 (이 예에선 상품)이 다르더라도 회귀계수를 같게 하여 그룹 사이의 차이를 절편 (상수)으로 설명 할 수 있다.

통계 소프트웨어에서는 회귀계수의 적합성 검정을 아래의 계산 예처럼 아웃풋 한다.

$x^2 = 16.183$, 자유도 = 10, P = 0.095

가 되었다. 귀무가설의 유의확률 P = 0.095는 유의수준 0.05보다 크기 때문에 모델식으로 적합하다고 간주할 수 있다.

평행성의 검정, 즉 상품별로 나눈 세 그룹의 회귀계수는 같은지 알아보는 검정은,

$x^2 = 7.090$,　　자유도 = 2,　　P = 0.029

가 되었다. 유의수준 P = 0.029는 유의수준 0.05보다 작아서 상품그룹별로 회귀계수는 똑같지 않은 것으로 간주한다.

이 결과로부터, 성능평가가 만족자비율에 영향을 미치고, 이용횟수의 영향은 적다는 것을 알 수 있다. 그 때문에 성능평가만으로 프로빗 회귀식을 작성하는 것이 바람직하다. 또 상품별로 같은 회귀계수를 할당하는 것은 무리가 있다고 할 수 있다. 본래는 성능 평가만을 써서 재계산을 하지만, 여기선 계산 사례를 소개하겠다.

만족자비율의 예측정확도를 중회귀분석의 결과에 준해서 설명하면 관측값과 예측값의 중(重)상관계수는 0.7322, 결정계수는 0.5361이다. 결정계수는 0.5 정도이므로 그저 그런 결과라고 할 수 있다.

만족자비율의 관측값과 예측값의 상관도

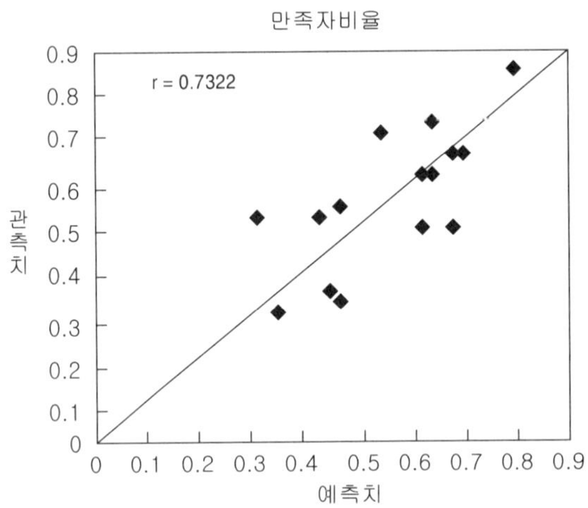

<참고> 프로빗변환 값을 목적변수로 한 중회귀분석

프로빗분석의 통계 소프트웨어가 없더라도 Excel의 분석 도구인 중회귀분석을 써서 프로빗 변환의 해석을 할 수 있다.

목적변수의 데이터를 프로빗 변환한다. 상품그룹은 다시 두 변수 (상품 1의 유무와 상품 2의 유무)로 나타낸다. 상품 3의 유무라는 변수는 상품 1과 상품 2가 모두 0이면 상품 3이라는 것이 판명되므로 필요하지 않다. 이와 같이 카테고리를 변수로 다루어 1이나 0으로 표현된 수치를 「**더미변수**」라고 한다.

만족자비율의 프로빗변환 값과 설명변수

만족자비율의 프로빗변환값	성능평가	월간이용횟수	상품 1	상품 2
1.07	10	10	1	0
0.37	9	10	1	0
0.18	8	3	1	0
-0.52	6	5	1	0
-0.35	7	6	1	0
0.39	9	9	1	0
0.25	9	9	0	1
0	9	8	0	1
0.07	6	7	0	1
0.28	9	8	0	1
-0.47	6	8	0	0
0.14	6	8	0	0
0.57	7	9	0	0
0	8	10	0	0
0.67	8	11	0	0

중회귀분석의 계산 결과는 아래와 같이 아웃풋 된다.

만족자비율의 중회귀분석 결과

	비표준화계수		표준화계수	t	유의확률
	B(편회귀계수)	표준오차	베타		
(정수)	-1.629	0.541		-3.012	0.013
성능평가	0.189	0.104	0.609	1.819	0.099
월간 이용횟수	0.05299	0.067	0.264	0.788	0.449
상품 1	-0.108	0.315	-0.128	-0.343	0.739
상품 2	-0.207	0.3	-0.222	-0.689	0.506

이 결과에 따라 중회귀식은, 만족자비율의 프로빗변환 값

= 0.189성능평가 + 0.05299 월간이용횟수
− 0.108 상품 1 − 0.207 상품 2 − 1.629

가 된다.

회귀계수의 유의확률에서, 상품 1과 상품 2 그리고 월간이용횟수가 0.05 이상이므로, 만족자비율의 프로빗변환 값에는 영향이 없다고 할 수 있다 ([59 중회귀분석]). 성능평가가 만족자비율의 프로빗변환 값에 영향을 준다고 말할 수 있다.

예측결과를 보면 중회귀식으로 구한 예측값은 예측 만족자비율의 프로빗변환 값이므로,

이를 만족자비율로 되돌릴 필요가 있다. 아래의 「중회귀분석에 따른 만족자비율의 예측결과」 표인 ③이 중회귀식으로 구한 만족자비율의 프로빗변환 값의 예측값, ④는 그것을 면적변환 (Excel 함수의 **NORMSDIST**를 쓴다)하여 만족자비율로 되돌린 값이다.

중회귀분석에 따른 만족자비율의 예측결과

① 만족자비율	② 만족자비율의 프로빗변환 값	③ 만족자비율의 프로빗 변환 값의 예측 값	④ 만족자비율의 예측 값 (프로빗변환 값의 면적변환값)
0.86	1.07	0.68461	0.753205
0.64	0.37	0.4954	0.689841
0.57	0.18	-0.06474	0.47419
0.30	-0.52	-0.3372	0.367983
0.36	-0.35	-0.09499	0.462161
0.65	0.39	0.44241	0.670904
0.60	0.25	0.34372	0.634472
0.50	0.00	0.29073	0.614371
0.53	0.07	-0.32991	0.370734
0.61	0.28	0.29073	0.614371
0.32	-0.47	-0.07026	0.471993
0.56	0.14	-0.07026	0.471993
0.71	0.57	0.17195	0.568262
0.50	0.00	0.41416	0.660621
0.75	0.67	0.46714	-0.6798

만족자비율과 관련된 관측값과 예측값을 그래프에 나타낸다.

중회귀분석에 의한 만족자비율의 관측값과 예측값의 상관

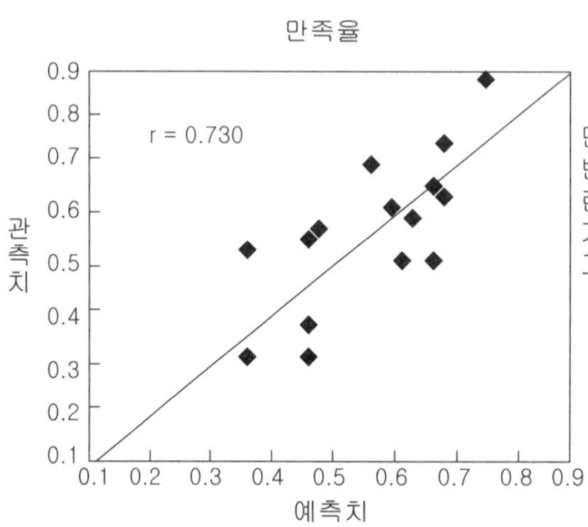

만족자비율의 관측값과 예측한 프로빗변환 값을 면적(만족자비율)으로 되돌린 예측값의 상관도(相關圖)는 중상관계수 0.730, 결정계수 0.533이 되어, 그저 그런 결과이다.

61 카테고리데이터에서 예측하는 수량화 I 류

카테고리데이터를 써서 만드는 모델로, 광고주목률 예측 모델식 등에 사용되고 있는 예측 방법

(1) 어떤 경우에 쓰는 방법인가

① 이용목적의 예

수량화 I 류는 중회귀분석과 유사하지만, 설명변수가 모두 카테고리인 경우에 쓰이는 방법이라는 점에 있어서 다르다.

- 개인 (세대) 이 특정 상품이나 서비스를 1년 동안 구입하는 금액이나 양과 개인 (세대) 특성과의 사이에 어떠한 관계가 있는가, 개인 특성이 이러한 사람은 얼마나 구입하는가를 예측하고자 한다.
- 어떤 상품에 속해 있는 브랜드 A의 구입율은 개인 특성이나 라이프스타일 특성과 어느 정도 관계가 있는지를 알고자 한다.
- 자사 상품의 값을 인하하면 판매량은 어느 정도 증가하는가. 또는 경쟁상대가 값을 인하하면 자사의 판매량은 어느 정도 감소하는지를 예측하고자 한다.
- 고객만족도를 높이는 데는 성능이나 디자인 특성 가운데 우선적으로 어느 것을 개량하는 것이 좋을지를 알고자 한다.
- 신제품 모니터의 평가로부터 발매후의 매출을 예측하고자 한다.

② 필요한 데이터의 예

위에서 말한 이용 예의 경우, 아래와 같은 데이터가 필요하다. 개인이나 세대특성의 데이터는 설명변수로서 사용되는 일이 많을 것이다.

수량화I류에 필요한 데이터 예

목적변수	설명변수(카테고리)
구입금액(양)	성별, 연령 (20대, 30대), 연수입 (1,000만원 미만, 2,000만원 미만, 2,000만원 이상...), 직업 (관리직, 자유직, 사무직, 상공업분야 자영업자...) 등의 카테고리
브랜드 A의 구입률	연령 (20대, 30대), 연수입 (1,000만원 미만, 2,000만원 미만, 2,000만원 이상...), 동거가족수 (1명, 2명, 3명 이상), 라이프스타일 의견항목에의 찬반 등
자사구입량	경쟁회사의 구입량 (대, 중, 소), 가격인하에 따른 구입량의 증감의향(늘인다, 변동 없다, 줄인다) 등
고객만족도	성능이나 디자인 항목의 평가 (고, 중, 저)
모니터 평가제품 발매후의 매출평가	지금까지의 제품 모니터의 평가 (고, 중, 저) 등

(2) 수량화I류란

수량화I류는 성별, 직업, 승용차 소유의 유무, 좋아하는 음악 장르, 좋아하고 싫어하는 정도 등 정성적 (질적) 설명변수에 따라 목적 변수를 정량적으로 예측하는 것이다.

수량화I류의 식은 중회귀식과 같다.

$$Y = \bar{y} + a_1X_{11} + a_2X_{12} + b_1X_{21} + b_2X_{22} + b_3X_{23}$$

Y : 목적변수 (예컨대, 상품 A의 상정 가격)

$\bar{y}$: 목적변수 Y의 평균치

a_1 : 설명변수 a의 제1카테고리의 편회귀계수 (수량화I류에서는 편회귀계수를 카테고리 스코어라고 한다)

a_2 : 설명변수 a의 제2카테고리의 카테고리 스코어

X_{11}, X_{12} : 설명 변수X_1의 카테고리 (예컨대 남성은 $X_{11}=1$, $X_{12}=0$, 여성은 $X_{11}=0$, $X_{12}=1$)

b_1 : 설명변수 b의 제1카테고리의 카테고리 스코어

b_2 : 설명변수 b의 제2카테고리의 카테고리 스코어

b_3 : 설명변수 b의 제3카테고리의 카테고리 스코어

X_{21}, X_{22}, X_{23} : 설명변수 X_2의 카테고리 (예컨대

유직(有職)자영은 $X_{21}=1,\ X_{22}=0,\ X_{23}=0$,

유직(有職)근무는 $X_{21}=0,\ X_{22}=1,\ X_{23}=0$,

무직(無職)은 $X_{21}=0,\ X_{22}=0,\ X_{23}=1$)

남성으로 유직자근무에 대해 맞추어 보면,

$$Y = \bar{y} + a_1 \times 1 + a_2 \times 0 + b_1 \times 0 + b_2 \times 1 + b_3 \times 0$$
$$= \bar{y} + a_1 + b_2$$

가 된다.

요컨대, 예측식의 답은 목적변수의 평균치에 해당하는 카테고리 스코어를 가산하면 구할 수 있다.

(3) 수량화I류의 계산 예

앙케트조사에서 음향제품의 구입희망 가격을 사이즈 (대형인가 소형인가)와 리모콘의 유무(있나 없나) 두 조건으로 여러 가지 형태로 조합한 결과를 데이터로 한다.

데이터 예

샘플	사이즈 (1 : 대형, 2 : 소형)	리모콘 (1 : 있다, 2 : 없다)	제품의 구입희망 가격(만 원)
1	1	1	55
2	1	2	40
3	2	1	25
4	2	2	20
5	2	2	15

이 데이터를 수량화I류로 계산하면, 평균치와 설명변수의 카테고리 별로 크로스집계의 도수분포표가 아웃풋 된다.

카테고리 평균치표

항목명	카테고리 명칭	샘플 수	평균
전체		5	31.00
사이즈	C-1 대형	2	47.50
	C-2 소형	3	20.00
리모콘	C-1 유	2	40.00
	C-2 무	3	25.00

제7장 다변량해석은 이렇게 진행한다。

크로스집계표

항목명	카테고리 명	사이즈		리모콘	
		C-1	C-2	C-1	C-2
사이즈	C-1 대형	2	0	1	1
	C-2 소형	0	3	1	2
리모콘	C-1 유	1	1	2	0
	C-2 무	1	2	0	3

중회귀분석의 편상관계수에 해당하는 카테고리 스코어는 아래와 같이 된다. 카테고리 스코어를 그래프로 표시한다.

카테고리 스코어 표

항목명	카테고리 수	샘플 수	카테고리 스코어	레인지	편상관
사이즈	C-1 대형	2	15.4286	25.7143	0.9820
	C-2 소형	3	-10.2857		
리모콘	C-1 유	2	6.4286	10.7143	0.9078
	C-2 무	3	-4.2857		

수량화I류의 특징의 하나는 항목 (설명변수)마다 카테고리의 레인지 (최대치 - 최소치)를 산출해, 어떤 항목이 예측에 영향을 주고 있는지 지표로 삼고 있는 점이다.

카테고리 스코어

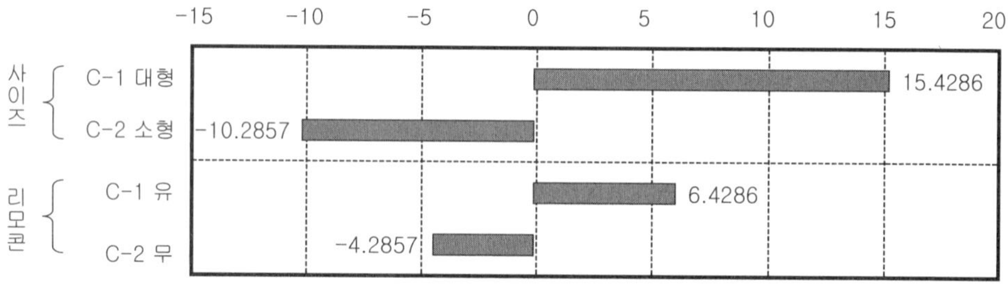

이 예에서는 사이즈가 가격에 많은 영향을 미치고 있다고 하겠다. 예측 정확도는 결정계수로 판단한다.

결정계수	0.9733
중상관계수	0.9866

중상관계수는 관측값과 예측값의 상관계수, 결정계수는 중상관계수의 제곱.

관측값과 예측값의 상관

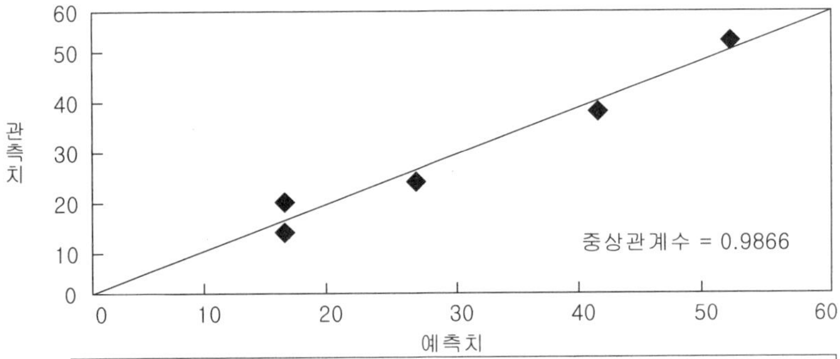

구입희망가격 = + 15.4286 × 사이즈 대형 − 10.2587 × 사이즈 소형
+ 6.4286 × 리모콘 유 − 4.2857 × 리모콘 무
+ 구입희망가격의 평균치 31.0

수량화I류와 같은 데이터로써 더미변수[32])를 사용한 중회귀분석을 하면 다음과 같다.

데이터

샘플	사이즈 (1 : 대형, 0 : 소형)	리모콘 (1 : 유, 0 : 무)	제품의 구입희망가격 (만 원)
1	1	1	55
2	1	0	40
3	0	1	25
4	0	0	20
5	0	0	15

결정계수, 분산분석표 등은 수량화I류와 완전히 동등한 결과가 나왔다. 다른 것은 절편과 편회귀계수다.

편회귀계수

	계수	표준오차	t	P값
절편	16.42857	2.474358	6.639528	0.021941
사이즈	25.71429	3.499271	7.348469	0.018019
리모콘	10.71429	3.499271	3.061862	0.092159

이 표에 의해서

구입희망가격 = 25.71429 × 사이즈 대형 + 0 × 사이즈 소형 +
10.71429 × 리모콘 있음 + 0 × 리모콘 없음 + 16.42857

이 된다. 이 같이 중회귀분석으로 산출한 답 (구입희망가격)은 수량화I류와 같아진다.

32) **더미변수** → 1부터 0의 값만을 취하는 변수임. 위 표의 리모콘 유무 등의 2가지 값의 데이터는 하나의 더미변수로 나타낼 수 있지만, 사이즈가 대중소의 3가지 값의 데이터이면, 「사이즈 **大** 혹은 그 이외」와 「사이즈 **中**이나 그 이외」의 두 개의 더미변수를 쓸 필요가 있다.

제2부 통계해석은 이렇게 진행한다.

신제품 컨셉트의 최적 조합을 알아내는

62 컨조인트분석

신제품을 개발할 때 어떠한 기능이나 효능을 짜맞추어야 최상의 평가가 얻어지는지를 조사하기 위한 해석방법

(1) 어떠한 경우에 쓰는 방법인가

① 이용목적의 예

컨조인트분석은 신제품·신서비스를 개발할 때 쓰인다. 신제품이나 신서비스의 기능·효능과 상품가격을 조합했을 때, 구입의향의 순서나 좋고 싫은 평가가 어떻게 되는지를 예측할 수 있다. 수량화I류와 마찬가지로 설명변수는 카테고리 데이터이다.

- 앙케트조사에서 질문하는 설명변수의 조합을 최소한으로 설계할 수 있다. 예컨대, 음료의 신제품 컨셉트로서, 사이즈에 세 종류 (대·중·소), 색에 세 종류 (적·청·황), 용기형상에 세 종류 (○△□)를 조합한 경우, 어느 것이 가장 평가가 높은지를 알고 싶어 한다고 하자. 이 보기에서는 모든 조합은 3 × 3 × 3 = 27이지만, 컨조인트분석에서는 가장 적은 조합을 계산(이 보기에서는 9회)해 준다.

② 필요한 데이터의 예

컨조인트분석에는 두 종류의 아웃풋을 얻을 수 있다.

a) 질문하는 요인의 조합 표의 작성

b) 평가득점과 순위의 해석

위의 경우, 아래와 같은 데이터가 필요하다.

컨조인트분석에 필요한 데이터 예

아웃풋 또는 목적변수	인풋 데이터 또는 설명변수
앙케이트 조사로 질문하는 요인의 조합 표	요인수(사이즈, 색깔, 형상 등) 각 요인의 내역(예 : 사이즈, 색깔, 형상에 있어서 각각 세 종류)
짜맞추었을 때의 평가득점 (또는 좋아하는 순서)	각 요인의 내용

(2) 컨조인트분석의 3가지 모델

같은 데이터로 해석한 경우, 수량화I류와 컨조인트분석의 이산 (離散)모델 (수량화I류와 마찬가지로 카테고리 간에 선형관계나 곡선관계도 없고, 카테고리는 분산되어 목적변수에 영향을 준다)이라고 불리어지는 해석은 같은 결과가 된다.

컨조인트분석에는 이산모델 이외에 선형(線形)모델 (응답 카테고리 번호와 회귀계수 사이에 선형관계가 있고, 카테고리 번호가 클수록 카테고리 스코어가 큰 증가형과 그 역인 감소형의 두 종류) 과 2차 함수 모델(∪자형과 ∩자형 두 종류)이 있다. 다음 페이지에 이 세 가지 모델의 이미지를 그림으로 표시한다.

컨조인트분석의 3 모델 이미지

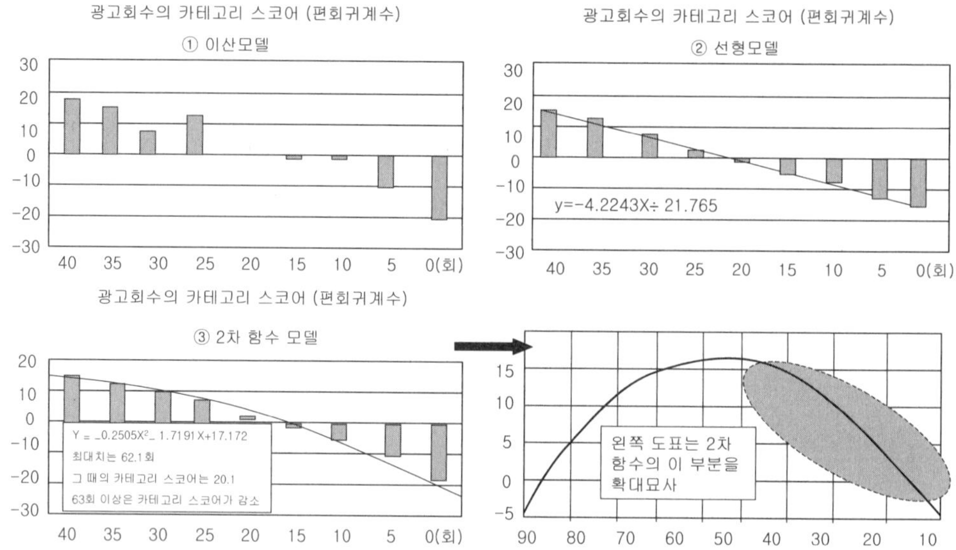

컨조인트분석에서는 까다로운 점으로, 편회귀계수의 명칭이 바뀐다. 중회귀분석에서는 「편회귀계수」, 수량화I류에서는 「카테고리 스코어」 이지만, 컨조인트분석에서는 「효용치 (유틸리티 스코어)」 가 된다.

> 편회귀계수의 명칭은 해석기법에 따라 다르다.
> • 중회귀분석 ...... 편회귀계수
> • 수량화I류 ...... 카테고리 스코어
> • 컨조인트분석 ...... 효용치 (유틸리티 스코어)

컨조인트분석은 제품의 기능별 효용 (중시하는 것, 필요한 것)을 예측하기 위해 개발되었으므로 편회귀계수를 효용 값이라고 부른다. 또 수량화I류에서 말하는 레인지 (카테고리의 최대치 - 최소치의 값)를 요인별로 합계하여, 그 구성비를 요인별 중요도라고 칭한다. 이에 따라 어느 기능이 중요한가, 기능별로 효용이 높은 카테고리는 어떤 것인가를 알 수 있다.

또 컨조인트분석은 실험계획표 (다음 페이지 참조)에 따라 앙케트조사를 하는 설명변수의 짜맞추기 (조합)도 행하기 때문에 실험계획표 + 수량화I류라고 하는 시스템적인 해석기법이다. 또 개인별로 효용치를 산출하므로 개인 속성별 효용치의 분석도 가능하다.

컨조인트분석의 활용 순서

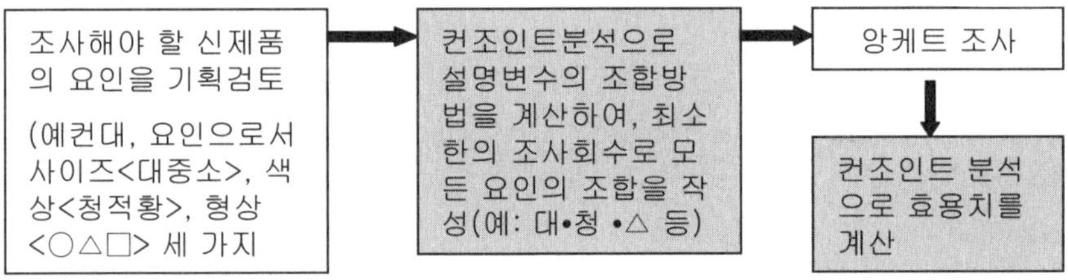

(3) 실험계획법이란

과학분야에서는 온도와 높이 등 물리적 요인을 변화시키면 어떠한 효과가 있는지 하는 것 등을 실험 조사하곤 한다. 실험은 어떤 결과를 낳는 복수 요인을 엄밀히 컨트롤함으로써 인과관계를 해명하며, 요인별 효과와 요인간의 상승효과 (복수요인이 상호 영향을 주고받는 교호(交互)작용이라고 칭한다)를 조사하는 경우에 쓴다.

「광고를 많이 낼수록 판매량은 증가하는가?」

「저가격일수록 판매량은 증가하는가?」

「광고량과 가격의 상호작용은 있는가?」

「POP (점포의 전시물)는 효과가 있는가?」

「포장의 색깔은 어떤 것이 좋은가?」 등을 효과적으로 조사한다고 하자.

하나만의 요인 (예컨대 광고), 2가지 요인 (광고와 가격), 3가지 요인 (광고, 가격, 시공품) 그리고 넷 이상의 요인을 평가 하고자 하는 경우 등 여러 가지다. 실험계획표를 활용하면 각 요인의 효과 (**주효과**라고 말한다.)와 복잡한 교호작용을 적은 실험횟수로써 측정할 수 있다.

실험의 할당은 한 가지 요인의 경우는 간단하다. 이를테면, 광고를「많다 – 적다」의 2 종류 (**수준**이라고 한다), 3 종류이면「많다 – 보통 – 적다」의 3 수준으로 비교한다. 2 요인 2 수준이면「광고가 많고 고가격 – 광고가 많고 저가격 – 광고가 적고 고가격 – 광고가 적고 저가격」의 4 종류의 비교 (2 × 2), 3요인 2 수준이면 2 × 2 × 2 = 8 종류의 조합 비교를 한다. 또 4 요인 2 수준이면 2 × 2 × 2 × 2 = 16 종류의 비교가 된다. 8 종류의 실험이면 간단하다고 생각되지만, 16종류가 되면 대단히 복잡하다.

1요인 2수준

광고
많다
적다

2요인 2수준

광고
많다
적다

가격
높다
싸다

1요인 3수준

광고
많다
보통
적다

	광고		가격	
	많다	적다	높다	싸다
실험 1	○		○	
실험 2	○			○
실험 3		○	○	
실험 4		○		○

이와 같은 경우, 실험계획법의 **직교표(直交表)** (요인과 수준을 조합한 할당표)를 이용하면, 모든 조합보다 적은 실험횟수로써 요인의 효과를 조사할 수 있다. 실험 계획표에서는 직교표를 사용한 실험 이외에도 여러 가지 방법이 있다.

실험계획법은 효과의 가법성(加法性 : 가산되는 성질)을 전제로 고안한 방법이다.

이를테면 페트병의 평균판매량이 30병이라고 하자. 판매조건을 바꾼 경우의 판매량은, 광고가 많을 때 35병, 적을 때 25병, 가격이 정상가격일 때 20병·특매일 때 40병, 색깔이 투명한 것이 33병·색깔이 파란 것이 27병이라고 하자.

광고가 많다·특매·청색이라고 하는 조합의 경우,

평균의 30병에,

광고가 많은 효과 (35 - 30 = 5)

특매의 효과 (40 - 30 = 10)

청색의 효과 (27 - 30 = -3)

을 더한 값 42병 (= 30 + 5 + 10 - 3)의 판매가 예측된다고 추정한다.

실험결과와 요인 조합에 따른 판매량의 예측

	광고		가격		색		판매량	비고
	많다	적다	표준	특매	투명	청색		
판매수	35	25	20	40	33	27	30	평균
요인효과 (요인별 판매수-평균)	5	-5	-10	10	3	-3		
조합효과의 예측	○		○		○		28	=30+5-10+3
	○		○			○	22	=30+5-10-3
	○			○	○		48	=30+5+10+3
	○			○		○	42	=30+5+10-3
		○	○		○		18	=30-5-10+3
		○	○			○	12	=30-5-10-3
		○		○	○		38	=30-5+10+3
		○		○		○	32	=30-5+10-3

원래 실험계획법은 농업분야에서 개발된 것이다. 농산물의 수확량을 최대로 하는 데는 어떤 품종을 언제 파종하며 비료를 어떻게 뿌리는가 하는 요인의 주효과나 요인 간의 교호 (交互)작용을 장기간 조사하는 노고를 절약하려고 하는 과정에서 생긴 것인데 농업 이외의 다양한 분야에서도 활용되고 있다. 복수의 요인 효과를 조사하는 테스트 마케팅의 목적과 농업실험의 목적은 분야는 다르지만 조사 방법은 유사하다.

실험계획법을 응용해 신제품의 기능을 어떻게 조합하느냐에 따라 어떠한 평가를 얻을 수 있는지를 소수 샘플의 앙케트조사, 이를테면 회합장테스트 등에서 조사할 수 있다. 앙케트의 대상자도 모든 것을 조합한 수많은 질문에 응답하는 수고를 줄일 수 있다.

컨조인트분석의 통계 소프트웨어 패키지 (SPSS)는 직교계획 (직교표를 컨조인트 카드라는 명칭으로 작성)과 컨조인트분석을 세트로 하여 아주 쉽게 조작할 수 있다.

수고를 해도 좋거나 소프트웨어를 구입하고 싶지 않은 사람은 실험계획의 직교표를 공부하면 간단히 직교계획을 짤 수 있다. 또 인터넷의 웹사이트에서 직교계획의 무료 소프트웨어를 다운로드 할 수도 있다.

직교계획으로 작성한 데이터를 수량화I류로 해석하면, 컨조인트분석과 같은 결과가 된다. 단, 직선 모델이나 2차 함수 모델을 실행하고 싶은 사람은 시판 소프트웨어를 구입하기를 권장한다.

(4) 컨조인트분석의 계산 예

신제품 컨셉트를 생각해 보고자 한다. 조사하고 싶은 요인은 3요인 (3종의 기능) 3수준 (한 기능 당 3종류의 선택안)으로 한다.

계산 예는 휴대용 페트병 물의 신제품의 기능을 검토하는 것인데, 좋아하는 순서로 1위에서 9위의 순서를 붙인다.

① 평가 대상 상품의 요인과 수준

사이즈, 모양, 색 3요인으로 각 요인의 수준은 아래와 같다.

수준	사이즈	용기의 모양	색
1	350㎖	원통형	투명
2	500㎖	기둥형	옅은 그린
3	750㎖	콜라병형	짙은 그린

② 컨조인트카드 (직교표에 따른 요인·수준의 할당)

3요인 3수준을 조합하면, 27가지 (= 3 × 3 × 3)가 되지만, 실험계획법의 직교표를 사용하면 9종이지만, 27종을 조사한 결과가 추계된다.

컨조인트분석의 통계소프트웨어를 사용해, 직교표를 아웃풋한 보기를 다음 페이지에 제시한다.

컨조인트 카드

Card 1	사이즈 : 750ml
	용기형 : 콜라병형
	색 : 투명
Card 2	사이즈 : 350ml
	용기형 : 기둥형
	색 : 짙은 그린
Card 3	사이즈 : 750ml
	용기형 : 원통형
	색 : 짙은 그린
Card 4	사이즈 : 350ml
	용기형 : 콜라병형
	색 : 옅은 그린
Card 5	사이즈 : 500ml
	용기형 : 콜라병형
	색 : 짙은 그린
Card 6	사이즈 : 750ml
	용기형 : 기둥형
	색 : 옅은 그린
Card 7	사이즈 : 500ml
	용기형 : 기둥형
	색 : 투명
Card 8	사이즈 : 500ml
	용기형 : 원통형
	색 : 옅은 그린
Card 9	사이즈 : 350ml
	용기형 : 원통형
	색 : 투명

<참고> 직교표 L9 (3^4) 형

조합 No.	a	b	c
1	1	1	1
2	1	2	3
3	1	3	2
4	2	1	2
5	2	2	1
6	2	3	3
7	3	1	3
8	3	2	2
9	3	3	1

③ 앙케트조사의 데이터 예

앙케트조사로서는 조사대상자로부터 9종의 신제품 조합 (컨조인트 카드)에 대해, 마음에 드는 순위 (또는 평가득점)의 응답을 얻을 수 있으면 좋다.

계산표 데이터 (1위~9위 순위 데이터) 예

샘플 No.	Card 1	Card 2	Card 3	Card 4	Card 5	Card 6	Card 7	Card 8	Card 9
1	6	3	8	5	2	1	4	7	9
2	7	3	8	9	1	6	4	2	5
3	2	6	4	7	1	3	5	8	9
4	7	6	8	5	1	3	2	4	9
5	2	3	6	5	1	4	8	7	9

컨조인트분석에서는 1위 9점, 2위 8점, …8위 2점, 9위 1점으로 하여 중회귀분석을 행한다.

위의 데이터를 수량화I류의 데이터로 하는 데는 설명 변수로서 card 1 ~ 9의 요인 및 수준별 조합과, 순위 데이터를 득점화한 값 (10점 마이너스 순위)을 목적변수로 한다. 이를테면 아래와 같이 한다.

수량화I류로 계산하기 위한 데이터 예

샘플 No.	사이즈	용기형	색	순위	순위의 득점화
1	3	3	1	6	4
1	1	2	3	3	7
1	3	1	3	8	2
1	1	3	2	5	5
1	2	3	3	2	8
1	3	2	2	1	9
1	2	2	1	4	6
1	2	1	2	7	3
1	1	1	1	9	1
2	3	3	1	7	3
2	1	2	3	3	7
2	3	1	3	8	2
2	1	3	2	9	1
2	2	3	3	1	9
2	3	2	2	6	4
2	2	2	1	4	6
2	2	1	2	2	8
2	1	1	1	5	5

1 샘플 9데이터가 된다.

컨조인트카드 1~9를 카테고리데이터로서 표현. 모든 샘플 공통이다.

순위를 득점환산한 값을 목적변수. 이때 9위 까지이므로 득점은 1위 9점, 2위 8점, · · · ·, 9위 1점이다

이것은 평가대상에 평가득점과 순번을 붙이는 「평정형(平定型) 컨조인트 분석」 을 설명하고 있다. 그 밖에 마음에 드는 컨셉트 하나만 선택하는 「선택형 컨조인트 분석」 도 있다.
컨조인트분석은 실험계획법으로 평가요인을 할당하고 할당한 것에 대해 평가한 데이터를 바탕으로 수치나 소속하는 그룹을 예측•판단하기 위한 선형 또는 비선형의 다변량 해석의 총칭이라 할 수 있다.

컨조인트분석의 분류

실험계획법에 기초하는 요인 배치

- 평정형 컨조인트 분석
  - • 중회귀분석 • 수량화 I류 • 프로빗분석
- 선택형 컨조인트 분석
  - • 판별분석 • 로지스틱스 회귀분석 • 수량화 II류

④ 순위 데이터에 근거한 계산결과

a) 이산모델

컨조인트분석의 이산모델은 다음과 같이 아웃풋 된다.

중요도	효용치 (편회귀계수 또는 카테고리 스코어)	카테고리 (수준)	요인
31.8%	-1.7472	350 ㎖	사이즈
	0.4395	500 ㎖	
	1.3077	750 ㎖	
39.1%	-1.9890	원통형	형상
	0.2144	기둥형	
	1.7748	콜라병형	
29.1%	-1.4945	투명	색
	0.1868	옅은 그린	
	1.3077	짙은 그린	
—	5.0000	CONSTANT	상수

Pearson's R= .994 Significance= .0000

주) 피어슨의 상관계수는 중상관계수에 상당한다.

각 요인의 효용

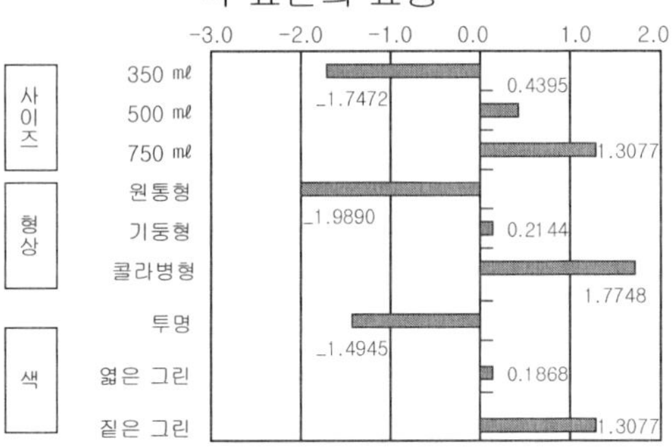

<결과의 해석>

- 페트병 물의 선택에 영향을 주는 중요도는 형상, 사이즈, 색의 순
- 사이즈는 750㎖, 형상은 콜라병형, 색은 짙은 그린이 선호된다.

중요도의 요약

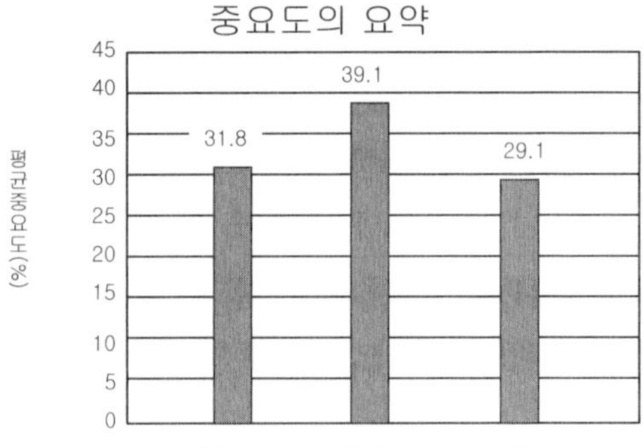

- 중요도는 각 요인의 효용레인지(최대치- 최소치)의 구성비

b) 선형모델

사이즈는 대중소의 차례로 나란히 되어 있고, 큰 쪽이 선호되고 있는 경향이 있는 것 같다. 여기서 사이즈와 관련, 1차 함수로 계산해 보았다. 컨조인트분석에서는 사이즈처럼 수치로 표현한 카테고리는 1차식 (선형모델)에서 효용치를 계산할 수 있다.

중요도	효용치 (편회귀계수 또는 카테고리 스코어)	카테고리 (수준)	요인
31.8%	1.5275	350㎖	사이즈
	3.0549	500㎖	
	4.5824	750㎖	
39.1%	-1.9890	원통형	형상
	0.2144	기둥형	
	1.7748	콜라병형	
29.1%	-1.4945	투명	색
	0.1868	옅은 그린	
	1.3077	짙은 그린	
—	5.0000	CONSTANT	

Pearson's R = .994 Significance = .0000

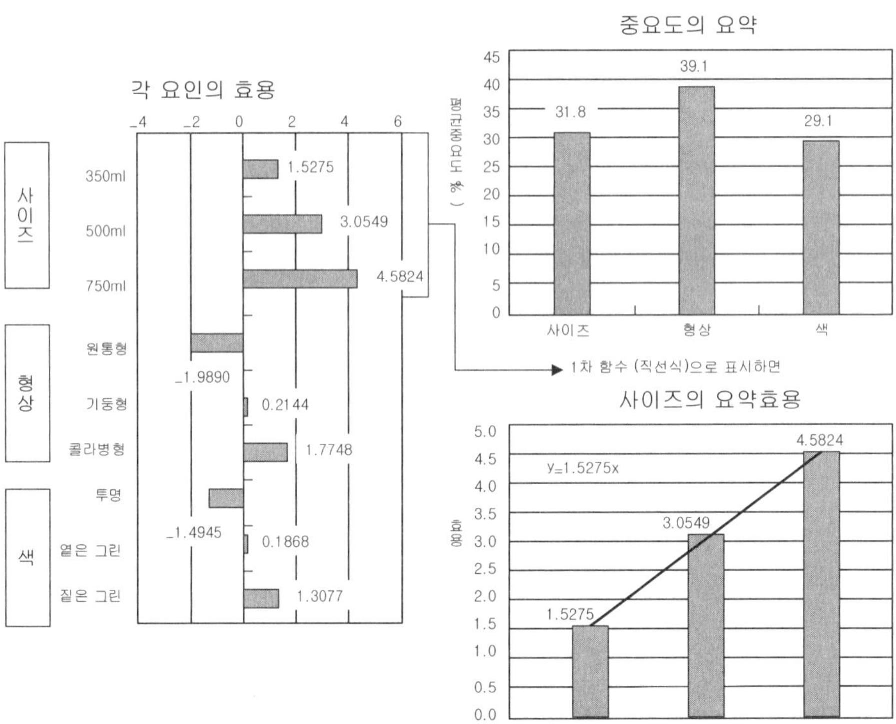

c) 2차함수 모델

다음으로 사이즈가 크면 좋다는 것을 알았다. 하지만 지나치게 커도 문제가 있으리라고 생각되어 2차함수를 할당해 보았다. 그 결과를 채택한다고 하면, 휴대용 페트병들의 사이즈는 750㎖ 정도의 효용치가 최대이고, 이 이상이면 효용치가 떨어진다고 생각된다. 형상은 콜라병형, 색은 짙은 것이 선호된다고 결론내릴 수 있을 것이다.

중요도	효용치 (편회귀계수 또는 카테고리 스코어)	카테고리 (수준)	요인
31.8%	3.5055	350㎖	사이즈
	5.6924	500㎖	
	6.5604	750㎖	
39.1%	−1.9890	원통형	형상
	0.2144	기둥형	
	1.7748	콜라병형	
29.1%	−1.4945	투명	색
	0.1868	옅은 그린	
	1.3077	짙은 그린	
—	5.0000	CONSTANT	

Pearson's R = .994 Significance = .0000

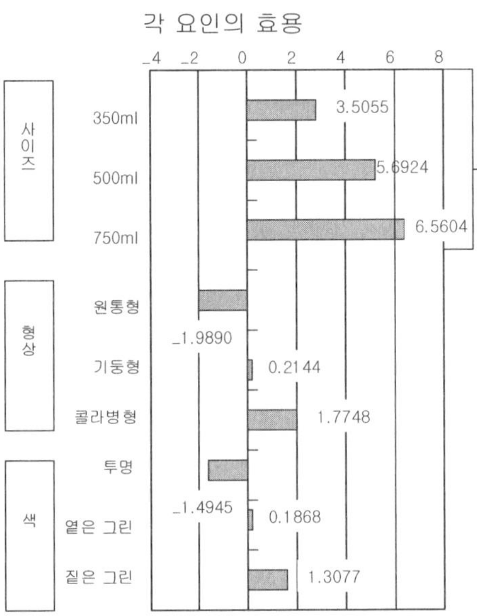

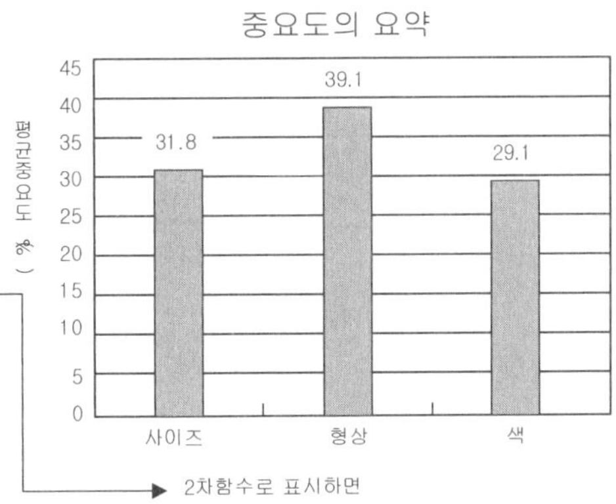

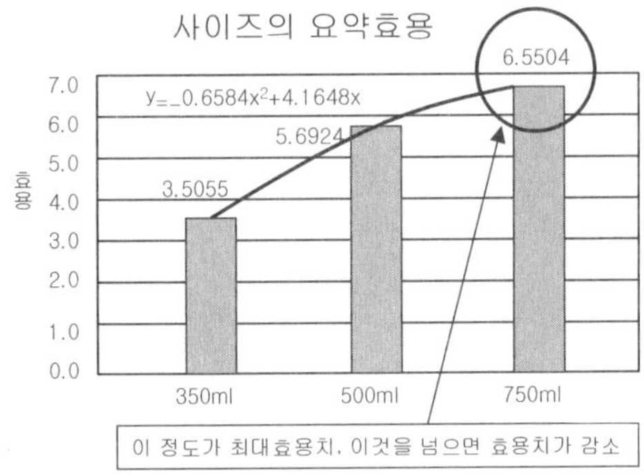

63 소속하는 유저그룹 (User group)을 예측하는 판별분석

그룹의 차이를 구분하는 경계선을 찾아내는 해석기법

(1) 어떤 경우에 쓰는 방법인가?

판별분석은 그룹을 구분하는 경계선을 구하는 회귀식을 도출한다.

① 이용목적의 예

판별분석은 아래의 조사 테마를 분석하기 위한 유효한 도구의 하나다.

- 특정상품의 헤비유저(heavy user : 구입 빈도가 높은 이용자)와 라이트유저(light user : 구입 빈도가 낮은 이용자)의 차이를 알고자 한다. 어느 변수가 유저그룹을 구분하는 데 효과가 있는가?
- 브랜드 A와 브랜드 B의 유저를 구별하는 특성이 무엇인지를 찾아내어 광고 캠페인을 계획하고자 한다.
- 개인의 특성이나 라이프스타일 특성 차이로부터 자사 차를 살 것인가 타사 차를 살 것인가를 예측하고자 한다.

② 필요한 데이터의 예

위에서 말한 이용예의 경우, 아래와 같은 데이터가 필요하다. 설명변수는 수치 데이터가 되어야 할 필요가 있다. 단, 카테고리 데이터도 각 카테고리에 해당하는지의 여부를 1이나 0으로 변환하는 데 쓰인다.

판별분석에 필요한 데이터 예

목적변수	설명변수
헤비유저와 라이트유저의 구별	연령, 연수입, 동거가족수 등
브랜드 A와 브랜드 B의 유저의 구별	연령, 연수입, 동거가족수, 라이프스타일 의견항목에 대한 찬성득점, TV 시청시간, 좋아하는 프로 등
자사 고객과 타사 고객의 구별	연령, 연수입, 주거형태, 이전 차의 메이커, 좋아하는 차의 유형, 환경에 대한 관심 등

(2) 판별분석이란

앙케트조사 목적 중 하나는 자사 유저와 타사 유저의 차이를 알아내어 타사 유저로부터 자사 유저로 전환하도록 하는 힌트를 얻고자 하는 데 있다.

이 같은 경우, 자사 유저와 타사 유저 별로 질문 항목간의 크로스집계를 하며, 그룹간의 구성비의 차이를 보고 어디에 차이가 있는지를 판단한다. 하지만 크로스 분석만으로는 불충분하다. 그룹 사이의 차이를 설명하는 변수와 그것들의 중요도를 알기 쉽게 하는 해석을 구할 수 있다.

중회귀분석에서는 목적 변수가 수량이었으나, 판별분석에선 그룹의 종류라고 하는 카테고리 값이다. 판별분석은 그룹과 그룹을 더욱 잘 분리하는 경계선을 긋고자 하는 해석기법이다. 판별분석에선 경계선을 중회귀분석과 같은 식으로 나타낸다. 그리고 그 식을 판별함수라고 부른다.

판별분석의 이미지 1

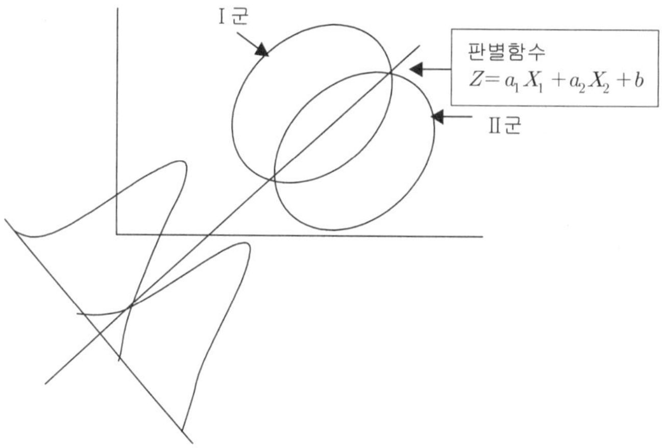

판별분석의 이미지 2

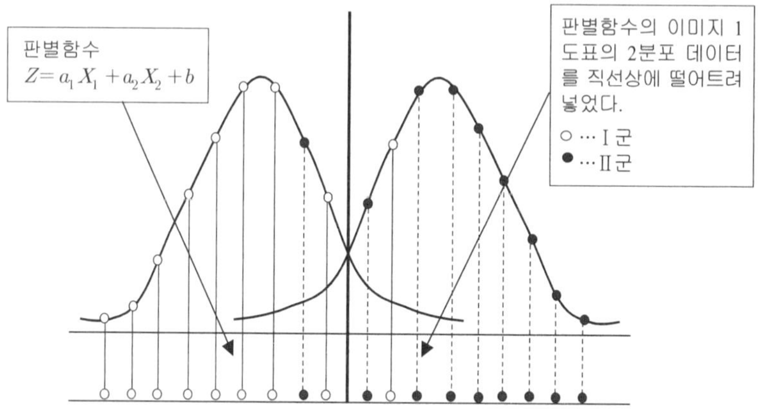

판별함수는 설명변수가 2개인 경우 아래 식으로 나타낸다.

$$Z = a_1X_1 + a_2X_2 + b$$

어느 그룹에 속하는지는, Z의 크기가 0이상인가 0미만인가로 판정을 내린다. 계산한 Z는 판별득점이라 칭한다.

Z를 구하기 위한 사고방식에는, 분산이나 표준편차로 설명한 평방(**平方**)합이 나온다.

판별득점의
총평방합 = 그룹간 평방합 + 그룹내 평방합
평방합 = (개개의 판별득점 - 판별득점의 평균)의 제곱합

이 된다.

여기서 그룹간 평방합 ÷ 총평방합 (**상관비**라고 한다)이 최대가 되는 Z를 구한다.

판별분석의 해석기법은 대개 둘로 나누어진다.

① 직선식으로 판별 경계선을 긋는 방법 정준(定準)판별분석 (판별분석이라는 방법을 정교화 한 것) **② 2차식으로 판별경계선을 긋는 방법** 2차판별함수에 의한 판별분석.

판별방법은 두 가지로 나누어진다.

① 판별득점으로 나눈다. 판별득점으로 판정한다. **② 마하라노비스의 범(汎)거리로 나눈다.** 인도 수학자 마하라노비스가 생각한 지표인데, 그룹의 중심(重心)과 개별 데이터의 거리. 개별 데이터는 거리가 가까운 그룹에 속한다고 생각한다.

또 판별분석에 쓰는 설명변수를 중회귀분석처럼, 변수증감법 (스텝와이즈법)[33]으로 선택하는 방법도 있다.

(3) 판별분석의 계산 예

두 종류의 맥주 이미지에 관련한 앙케트조사 결과를 보기위해, 판별분석의 계산방법을 설명한다.

샘플은 12명, 두 가지 의견항목에 대한 찬반을 7단계로 질문한다. 7점… 꼭 그렇다, 4점… 어느 쪽도 아니다, 1점… 전혀 그렇게 생각하지 않는다라고 했다.

33) 변수증감법 (스텝와이즈법) → p.175 참조

① 데이터 예

그룹1은 A브랜드의 맥주 유저, 그룹2는 B브랜드의 맥주 유저이다.

그룹	알코올 도수가 높다	맛이 좋다
1	6	5
1	7	7
1	6	4
1	5	5
1	7	5
1	5	4
2	2	3
2	1	1
2	3	3
2	1	3
2	6	6
2	1	2

그룹 통계량

그룹		평균치	표준편차
1	알코올 도수	6.0000	0.8944
	맛	5.0000	1.0954
2	알코올 도수	2.3333	1.9644
	맛	3.0000	1.6733
합계	알코올 도수	4.1667	2.4058
	맛	4.0000	1.7056

이 데이터를 산포도(**散布度**)로 나타내면, 아래와 같이 된다.

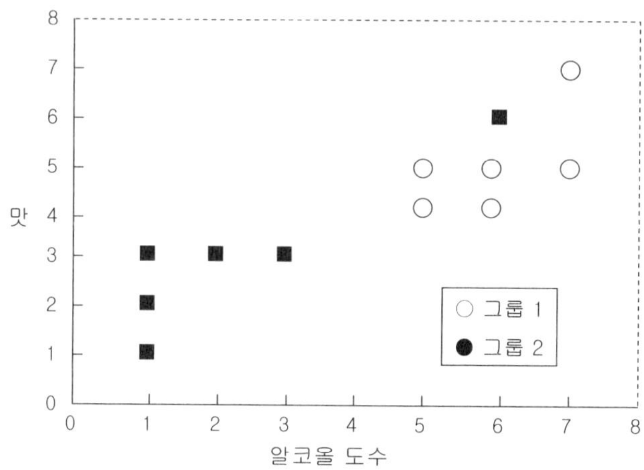

데이터를 그룹별로 모았다.

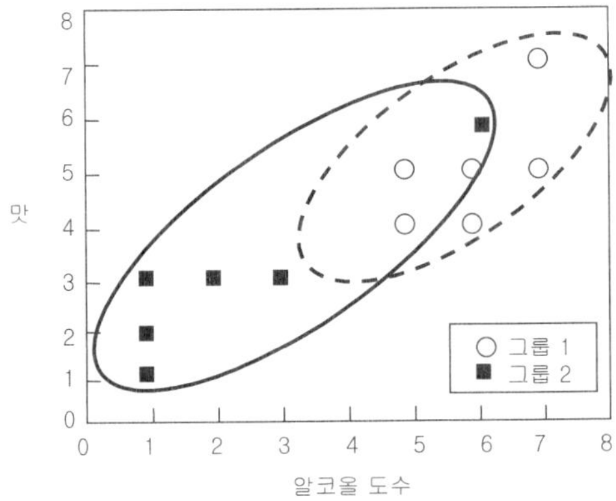

두 그룹을 나누는 직선이 가능할 것 같다.

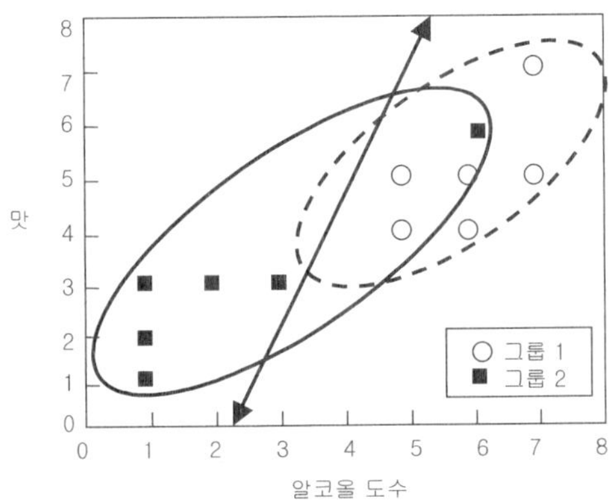

정준(定準)판별분석으로 정준판별함수(선형식)을 구하면 아래와 같이 된다.

Z = 0.997 × 알코올 도수평가 - 0.516 × 맛 평가 - 2.09

이러한 식에서는 설명변수의 단위 (예컨대 kg과 g이나 cm)가 다르므로, 어느 변수가 판별에 있어서 효과가 있는지 확인할 수 없다. 표준화한 정준판별함수를 계산하면 어느 변수가 판별에 효과가 있는가, 즉 중요도를 알 수 있다. (표준화는 평균 0, 표준편차 1의 데이터. 중회귀분석의 표준편회귀 계수와 같은 의미)

표준화한 식을 보면 알코올 도수가 두 그룹으로 나누는 주요인으로 보인다.

표준화 판별함수 Z = 1.523 × 알코올 도수평가 - 0.730 × 맛 평가

이 식은 브랜드 간의 차이는 알코올 도수에 대한 평가차이라고 말한다. A브랜드 유저는 알코올 도수가 높은 것을 선호하고, B브랜드 유저는 알코올 도수

가 낮은 것을 선호한다는 것을 알 수 있다.

정준판별분석 결과를 분석하면, 아래와 같이 된다. (이 표도 통계계산 소프트웨어로 아웃 풋 된다)

정준판별분석 결과가 실제와 어느 정도 일치하는지 (판별적중율은 어느 정도인가)는 이 표에 의거해 판단한다.

판별분석 결과의 요약 아웃풋

샘플 No.	실제 그룹	예측한 그룹	그룹 중심(重心)에의 마하라노비스의 거리의 제곱		판별득점
			그룹1과의 거리	그룹2와의 거리	
1	1	1	0.000	6.885	1.312
2	1	1	0.001	6.699	1.276
3	1	1	0.267	9.862	1.828
4	1	1	0.995	2.646	0.315
5	1	1	0.995	13.113	2.309
6	1	1	0.231	4.593	0.831
7	2	2	8.740	0.111	− 1.644
8	2	2	8.530	0.088	− 1.609
9	2	2	3.838	0.442	− 0.647
10	2	2	15.631	1.768	− 2.642
11	2	1	0.267	4.441	0.795
12	2	2	11.814	0.661	− 2.125

(주) 샘플 No. 11은 실제의 소속 그룹과 예측한 그룹이 다르다.

판별득점은 0 이상이 그룹1, 0 미만은 그룹2라고 판정한다.

따라서 샘플 No. 11은 판별득점이 플러스이므로 그룹1이라고 판정한다.

각 그룹 중심에의 마하라노비스의 거리 제곱치를 비교해 판별할 수도 있다. 이를테면, 샘플1은 그룹1과 2를 비교하면, 그룹1이 가깝기 때문에 그룹1에 속한다고 판정해도 좋다.

샘플 No. 11도 그룹1이 가까운 결과가 나타난다.

어느 그룹에 속하는지를 분석자가 결정할 때도 있다. 예컨대, 암인가 아닌가를 진단할 때, 암을 지닌 사람을 암이 아니라고 오진하는 경우와 암이 아닌 것을 암이라고 오진하는 경우를 생각할 수 있다. 암을 지닌 사람을 암이 아니라고 진단하는 확률을 줄이는 것이 좋다고 판단했다고 하자. 그런 경우, 예컨대 판별 경계점을 0.5나 − 0.5로 하는 것도 가능하다. 판별경계점에 계산결과를 채용할 필요성은 없으므로 잘 생각해서 사용해야 한다.

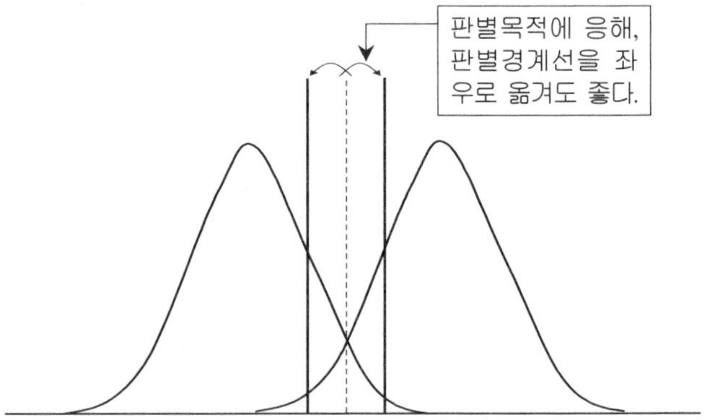

판별적중율은

바르게 판정된 샘플수 ÷ 전 샘플수 × 100%

로 산출된다.

이 보기에서는 판별적중율은 91.7% (= 11 ÷ 12)이다. 또 판별적중율의 반대용어는 오(誤)판정율이다.

판별적중율의 기준은 대략 아래와 같다.

판별적중율	평가
90% 이상	좋다
80%~90% 미만	약간 좋다
50%~80% 미만	좋지 않다

판별적중율은 마케팅 분야에서는 낮아도 좋다는 의견이 있다. 실제로, 브랜드 유저를 판별분석하여 판별적중율이 100%이면, 그 시장 규모가 작거나 특수시장이라고 할 수 있다. 경쟁이 심한 시장이라면 자사 유저와 타사 유저가 뒤섞여 복잡한 양상을 나타내고 있다.

이를테면, 맥주시장은 한 사람이 복수 브랜드의 유저라는 형태가 당연하므로, 판별적중율은 낮아진다. 이것을 찬스라고 생각할 수 있다. 즉 타사 유저인데도 자사 유저로 잘못 판정된 사람은 자사의 잠재유저이다. 역으로 자사 유저가 타사 유저로 잘못 판정된 사람은 변덕스런 사람일지 모른다.

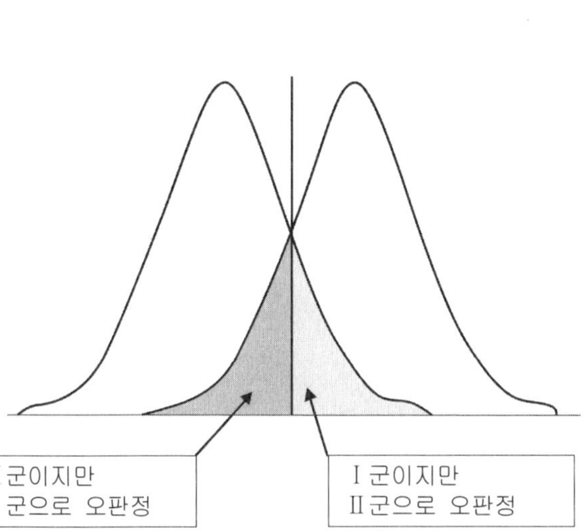

오판정율이 높은 (즉 판별적중율이 낮은) 것을 역발상으로 이용하는 것도 가능하다. 경합 브랜드에 닮은, 또는 경합 브랜드의 제품을 능가하는 성능·기능을 지닌 제품을 개발해 시장에 투입함으로써 자사의 몫을 유지, 확장하는 것이 가능하다. 브랜드 다양화, 또는 버라이어티 전략을 검토하는 근거로서 판별분석을 활용하는 것도 생각할 수 있다.

계산 예는 **2군판별분석**으로 했지만, 3군(群) 이상의 **다군(多群)판별분석**의 경우는 어떻게 될까.

정준판별분석의 경우, 판별경계선이 그룹 수에서 1을 뺀 만큼 증가하기 때문에, 그만큼 복잡해진다. 하지만 본질적인 생각은 2군의 경우와 다르지 않다.

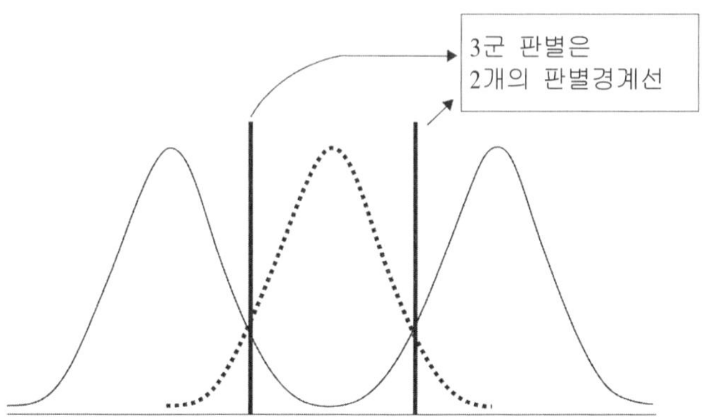

판별분석은 1930년대에 휘셔에 의해 개발되었다. 그 후 마하라노비스와, 라오 등이 개선해 왔다. 당초는 인골과 민족의 판별에 이용됐으나, 의학의 계량진단 심리학의 적정진단, 정치학, 마케팅 등에서도 사용되고 있다. 또 정준판별분석은 휘셔의 판별분석의 방법을 확장한 것이다.

소속하는 유저그룹 (User group)을 비선형모델로 예측한다.

64 로지스틱 회귀분석

의학이나 약학분야에서 개발된 리스크 요인의 해석기법

(1) 어떤 경우에 쓰는 방법인가

① 이용목적의 예

- 특정상품의 헤비유저 (구입빈도나 사용량이 많다)와 라이트유저 (구입빈도나 사용량이 적다)의 차이를 알고자 한다.
- 어느 변수가 유저 그룹을 구분하는 데 효과가 있는지를 알고자 한다.
- 브랜드 A와 브랜드 B의 유저를 구별하는 특성은 무엇인지를 알아내 광고 캠페인을 계획하고자 한다.
- 개인특성이나 라이프스타일 특성으로부터 자사 차를 살 것인지, 타사 차를 살 것인지를 예측하고자 한다.

② 필요한 데이터의 예

위의 이용예의 경우, 아래 표와 같은 데이터가 필요하다. 설명 변수는 판별분석과 같이 수치 데이터라야 할 필요가 있다. 카테고리 데이터[34]는 더미변수[35] (해당 1, 해당 안 됨 0)를 써서 수치화 한다.

로지스틱 회귀분석에 필요한 데이터 예

목적변수	설명변수
헤비유저와 라이트유저의 구분	연령, 연 수입, 동거가족 수 등
브랜드 A와 브랜드 B의 유저의 구별	연령, 연 수입 동거가족 수, 라이프스타일 의견 항목에 대한 찬성득점, TV 시청시간, 선호하는 프로 등
자사 고객과 타사 고객의 구별	연령, 연 수입, 주거형태, 이전 차의 메이커, 선호하는 차의 유형, 환경에 대한 관심 등

34) 카테고리 데이터 → [61 수량화 I 류 참조]
35) 더미변수 → 189페이지의 각주 참조

(2) 로지스틱 회귀분석이란

로지스틱 회기분석은 판별분석과 마찬가지로 복수 그룹의 차이를 명확히 할 때 쓰이는 해석기법이다. 단, 판별분석에서는 그룹의 경계선을 가르는 선형식을 구하지만, 로지스틱 회귀분석은 유저와 비사용자 (non-user)의 비 (比)를 목적변수로 하는 비선형식을 구하고, 예측값의 대소로써 소속 그룹을 판별한다.

이를테면 광고를 보느냐 보지 않느냐, 또는 상품을 구입하느냐 하지 않느냐의 확률은 성별, 연령, 직업 등에 따라 변한다고 하자. 여기서 광고를 보는 (또는 구입하는) 확률 [P]와 광고를 보지 않는 (또는 구입하지 않는) 확률[1 – P]와의 비를 **오즈비(比)**라고 한다. 오즈비 (odds ratio)는 돈을 거는 노름에서 말하면 이기는 확률과 지는 확률의 비다. 의학에선 치유확률과 사망확률의 비가 된다.

그리고 오즈비의 자연대수[36]를 취한 것을 **대수 (對數)오즈**라고 한다.

대수로 환산하면 확률P는 0과 1 사이의 값을 취하게 된다.

로지스틱 회귀분석은 목적변수를 P라고 했을 때,

$$\log\frac{P}{1-P} = \alpha_1 x_1 + \alpha_2 x_2 + \cdots + \alpha_k x_k + \beta$$

라는 중회귀식을 생각한다. 또 log는 자연대수, α는 회귀계수, x는 설명변수, β는 상수다.

대수오즈비의 식을 P에 관해 풀면,

$$P = \frac{1}{1+e^{-(\alpha_1 x_1 + \alpha_2 x_2 + \cdots + \alpha_k x_k + \beta)}}$$

이 된다. (e는 자연수로 약 2.718)

이 식은 보급률의 수요예측에서 사용되고 있는 로지스틱 곡선과 같은 식이다. 또 로지스틱이라는 용어는 물류나 병참 (兵站)이라는 의미가 아니고, 시그몬드 (S자형) 곡선을 대수함수식으로 나타냈으므로 logistic이라는 이름을 붙였다고 생각된다.

목적변수를 판별하는 그룹이 둘로 나눠는 경우는 **2항 로지스틱 회귀분석**, 세 그룹 이상인 경우는 **다항 로지스틱 회귀분석**이라 부른다.

36) **자연대수** → 임의의 정수 X는 a (a>0, a≠1)의 누승으로 나타낼 수 있다. 즉 X=a^Y라고 표시한다. 이때 Y를 X의 대수라고 부르며, a를 대수의 밑이라고 한다. 그리고 Y를 구하는 식은, Y=logaX라고 표시한다. 이것을 a를 밑으로 하는 대수라고 하며, 자연수 e (약 2.718)를 밑으로 하는 대수를 자연대수라고 부른다.

2항 로지스틱 회귀분석의 그룹 판정기준은,
P의 값이 0.5 이상이나 미만인지로써,
어느 그룹에 속하는지에 대한 판정을 행한다. (판별분석은 판별득점 0 이상이나 미만으로 판정하고 있다.

또한 로지스틱 회귀분석의 회귀계수의 추정에는 프로빗분석과 마찬가지로 최우법 (最尤法)을 사용한다.

(3) 로지스틱 회귀분석의 계산 예

구입률을 예측하는 모델을 검토하기 위해 업종A의 광고에 의한 구입희망률을 성별과 연령으로써 예측하는 보기를 설명해 보자. 데이터 예에선 광고를 보고 구입을 희망하는 것은 여성 40대 이상이 많은 것 같다.

① 데이터 예

광고를 보고 구입을 희망 (1:사고 싶다, 0:사고 싶지 않다)	성별 (1 : 여성, 0 : 남성)	연령
0	1	16
1	1	25
1	1	31
1	1	45
1	1	55
0	0	18
0	0	22
0	0	39
1	0	41
1	0	51
0	1	29

이 데이터를 가지고,

log (사고 싶다 / 사고 싶지 않다) = $\alpha_1 \times$ 성별 $+ \alpha_2 \times$ 연령 $+ \beta$

라는 로지스틱 회귀식을 구한다.

② 계산결과

통계 소프트웨어로써 로지스틱 회귀분석을 계산하면 회귀계수와 회귀계수를 지수변환한 오즈비 등이 나타난다. 이 계산 예에서는 변수의 유의확률이 0.05 이상이므로 예측에는 도움이 되지 않는 결과가 된다. 오즈비는 카테고리 데이터를 주목한다. 성별의 오즈비는 남성보다 여성이 약 68배나 구입하는 것을 의미한다.

계산결과는 아래와 같다.

	회귀계수 α	표준오차	검정통계량	유의확률	오즈비 Exp(a)
성별	4.212281	3.7556	1.2580	0.2620	67.51035
연령	0.304917	0.2454	1.5443	0.2140	1.356513
정수	− 12.1426	0.0181	1.4691	0.2255	5.33E − 0.6*

*5.33 × 10^{-6}이라는 것

개인별로 구입희망의 확률을 계산해 보자. 이 계산은 예측에도 쓰인다.

여성의 16세는,

$$y = 4.212281 \times 1 + 0.304917 \times 16 - 12.1426 = -3.051667152$$

가 된다.

다음에는 아래의 계산을 한다.

$P = e^y/(1+e^y)$ 자연수 e의 y승의 값 (자연수 $e \fallingdotseq 2.7183$)

Excel 함수에서는 e^y를 Exp(y)로 표시하므로,

P = Exp(y) / (1 + Exp(y))

P = Exp(− 3.05) ÷ (1 + Exp(− 3.05)) = 0.04728 ÷ 1.04728 ≒ 0.04515

가 되어, 0.5보다 작으므로「사고 싶지 않다」라고 판정한다.

전체 데이터에 관해 확률 P를 계산한 결과는 아래와 같다.

광고에 의한 구입희망자의 유무 (1 : 사고 싶다. 0 : 사고 싶지 않다.)	성별 (1 : 여성 0 : 남성)	연령	중회귀식의 계산결과 ($y=4.212281\times$성별$+0.304917\times$연령-12.1426)	사는 확률 $P = e^y/(1+e^y)$	판정 (1 : 사고싶다 0 : 사고 싶지 않다)
0	1	16	-3.05167	0.04515	0
1	1	25	-0.30741	0.42375	0
1	1	31	1.52209	0.82085	1
1	1	45	5.79093	0.99695	1
1	1	55	8.84010	0.99986	1
0	0	18	-6.65411	0.00129	0
0	0	22	-5.43445	0.00434	0
0	0	39	-0.25085	0.43761	0
1	0	41	0.35898	0.58879	1
1	0	51	3.40815	0.96796	1
0	1	29	0.91226	0.71346	1

판정은 확률 P의 값이 0.5 미만은 사고 싶지 않다, 0.5 이상은 사고 싶다라고 판정한다. 위의 표에서는「사고 싶다」라고 하는 여성 25세가「사고 싶지 않다」로 그리고「사고 싶지 않다」의 여성 29세가「사고 싶다」로 잘못 판정돼 있다.

판정결과를 판별적중률표에 정리해 보면, 전체의 판별적중률은 81.8%가 된다. 광고를 보고 구입을 희망하는지 어떤지는 성별과 연령으로 대략 판별될 수 있음을 알 수 있다. 이로써 구입할 것 같은 성별연령층을 위한 광고를 방영하는 것이 효과적이라고 하는 결론이 도출된다. 또 구입을 희망하지 않는 층을 위한 새로운 컨셉트의 상품을 개발하는 것도 고려할 수 있다.

판별적중률표

		예측		판별적중율
		사고싶지 않다	사고싶다	
관측	사고싶지 않다	4	1	80.0%=(4÷5)
	사고싶다	1	5	83.3%=(5÷6)
전체의 판별적중율				81.8%=(9÷11)

마케팅에서는 2군을 판별하는 문제, 또는 다군 (多群)판별과 관련된 문제는 많이 있다. 카테고리 값을 목적변수로 하는 판별분석에서 만족스럽게 설명되지 못한 데이터에 관해서, 오즈비를 목적변수로 하는 로지스틱 회귀분석을 사용해 판별을 시도하는 것을 생각할 수 있다.

카테고리데이터를 써서 판별하는

65 수량화Ⅱ류

그룹의 차이를 구분하는 경계선을 카테고리데이터를 써서 찾아내는 해석기법

(1) 어떤 경우에 쓰는 방법인가

① 이용목적의 예

수량화Ⅱ류는 판별분석과 마찬가지로 그룹의 경계선을 구하는 해석기법이며, 설명변수가 카테고리 데이터뿐이라는 점에서 다르다. 그리고 판별분석이나 로지스틱 회귀분석과 동일한 조사 데이터를 분석하기 위해 이용한다.

② 필요한 데이터의 예

211 페이지와 같은 이용 예의 경우, 아래와 같은 데이터가 필요하다. 판별분석이나 로지스틱 회귀분석과 다른 것은 설명변수가 모두 카테고리 데이터라는 점이다. 연령과 연수입 등 수치 데이터는 카테고리 데이터로 변환해 사용한다.

수량화Ⅱ에 필요한 데이터 예

목적변수	설명변수
헤비유저와 라이트유저의 구별	성별, 연령(20대, 30대 •••), 연수입 (1,000만 원 미만, 2,000만 원 미만 •••), 직업(관리직, 사무직, 상공업자, 주부 •••), 학력(대졸, 고졸 •••)등
브랜드A와 브랜드B의 유저의 구별	성별, 연수입, 라이프스타일 의견항목에 대한 찬반별, TV시청시간(1시간미만, 2시간미만 •••), 선호하는 프로(뉴스, 버라이어티 •••) 등
자사고객과 타사고객의 구별	연령, 연수입, 주거형태(단독, 아파트 •••), 이전 차의 메이커 (A사, B사 •••), 선호하는 차형 (세단, 원복스 •••), 환경에 대한 관심 유무 등

(2) 수량화Ⅱ류(類)란?

수량화Ⅰ류는 목적변수가 수량, 설명변수가 카테고리인 경우의 중회귀분석이다. 수량화Ⅱ류는 목적변수가 그룹의 종류라고 하는 카테고리 값, 설명변수가 모두 카테고리인 경우의 판별분석이다.

수량화Ⅱ류의 데이터 형식은 아래와 같다.

목적변수 (외적기준)	No.	아이템 1			아이템 2			…	아이템 P		
		카테고리 1	카테고리 2	⋮	카테고리 1	카테고리 2	⋮		카테고리 1	카테고리 2	⋮
그룹 1	1	V					V			V	
	2		V				V			V	
	…										
	n_1			V	V					V	
그룹 2	1		V				V		V		
	2	V			V						V
	…										
	n_2		V		V					V	
…											
그룹 k	1			V		V					V
	2		V			V					V
	…										
	n_k	V			V					V	

수량화Ⅱ류는 정준판별분석과 마찬가지로, 상관비 (위의 데이터 형식에선 상관비의 평방근이 중상관계수가 된다)를 최대로 하도록 그룹을 구분하는 경계선을 긋도록 강구되어 있다.

그리고 2군판별에서는 경계선은 하나, 3군 이상의 판별에선 그룹 수 빼기 1에 해당하는 수의 경계선들이 그어진다. 판별득점 (수량화Ⅱ에서는 샘플스코어 라고 한다)은 표준화 (평균 0, 표준편차 1)해서 계산된다.

이 샘플스코어를 바탕으로 개인이 어느 그룹에 속하고 있는지를 판정한다. 이때의 판정 기준은 판별 경계점이다. 판별 경계점보다 크면 그룹1에, 작으면 그룹2에 속한다고 판정한다.

또 판별 경계점은 아래와 같은 생각으로 정할 수 있지만, 통계 소프트웨어에 의해 달라지는 경우도 있으므로 주의해야 한다.

① 그룹의 중심(重心)과 중심의 중간 점

2군판별의 경우는 그룹1의 샘플스코어 (판별득점)의 평균과 그룹2의 샘플스코어의 평균을 합해서 2로 나눈 값으로 한다.

다군판별의 경우는 그룹1과 2의 판별 경계점, 그룹2와 3의 판별 경계점을 구한다.

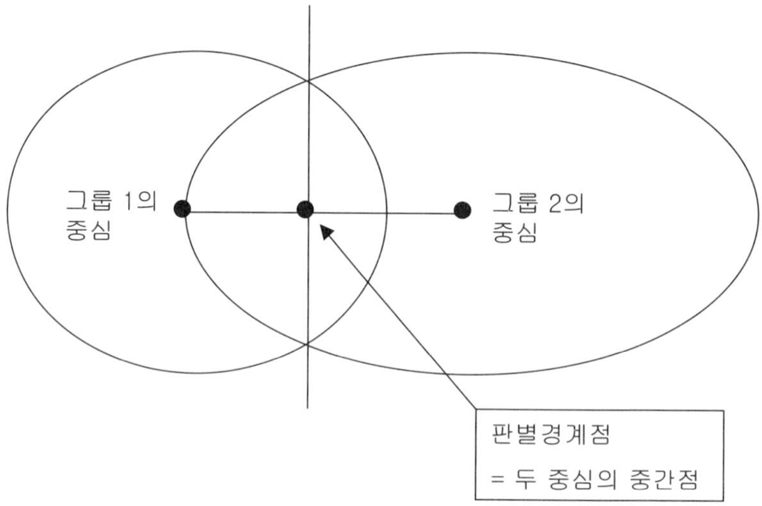

② 그룹 평균과 표준편차를 가미한 점

2군판별의 경우는 아래 식으로 구한다.

판별경계점 = (그룹1의 표준편차 × 그룹2의 평균 + 그룹2의 표준편차 × 그룹1의 평균) ÷ (그룹1의 표준편차 + 그룹2의 표준편차)

③ 그룹에 속하는 확률

어느 그룹에 속하는지의 적중확률을 계산해, 확률이 가장 높은 그룹에 속하는 것으로 판정한다. 평균으로부터의 편차에 포함되는 확률이다.

(3) 수량화 Ⅱ류의 계산 예

브랜드의 애호자를 성별 연령별로 판별하기를 원한다고 하자.

브랜드는 A·B·C의 세 그룹, 연령대는 20대~50대의 카테고리, 직업은 회사원·자영·관리·무직 등의 4가지 카테고리이다. 본래의 데이터와 해석용 데이터를 아래에 제시한다.

본래의 데이터

그룹	연대	직업
브랜드 A	20대	회사원
	20대	자영
	20대	무직
	40대	회사원
	40대	회사원
	40대	회사원
	50대	회사원
	50대	관리
브랜드 B	20대	자영
	20대	자영
	20대	관리
	30대	관리
	30대	무직
	40대	회사원
	50대	회사원
브랜드 C	30대	자영
	30대	관리
	40대	회사원
	50대	관리
	50대	무직
	50대	무직

해석용 데이터

그룹	연대	직업
1	1	1
1	1	2
1	1	4
1	3	1
1	3	1
1	3	1
1	4	1
1	4	3
2	1	2
2	1	2
2	1	3
2	2	3
2	2	4
2	3	1
2	4	1
3	2	2
3	2	3
3	3	1
3	4	3
3	4	4
3	4	4

그룹별의 항목 집계의 크로스집계 결과는 아래와 같다.

항목명	카테고리	전체	그룹 1	그룹 2	그룹 3
		21	8	7	6
연령대	20대	6	3	3	0
	30대	4	0	2	2
	40대	5	3	1	1
	50대	6	2	1	3
직업	회사원	8	5	2	1
	자영	4	1	2	1
	관리	5	1	2	2
	무직	4	1	1	2

또 항목간 크로스집계표는 다음 페이지 상단의 표로 나타난다.

항목 간 크로스집계표가 흩어지는 경우는 문제가 없지만, 대각선 상에만 있으면 계산이 되지 않을 때도 있다.

예를 들면, 20대 6인이 모두 회사원이면, 20대 = 회사원이 되어 판별이 되지 않는다.

항목	카테고리	전체	연대				직업			
		21	20대	30대	40대	50대	회사원	자영	관리	무직
연령대	20대	6	6				1	3	1	1
	30대	4		4			0	1	2	1
	40대	5			5		5	0	0	0
	50대	6				6	2	0	2	2
직업	회사원	8	1	0	5	2	8			
	자영	4	3	1	0	0		4		
	관리	5	1	2	0	2			5	
	무직	4	1	1	0	2				4

통계 소프트웨어를 사용하여 계산하면 카테고리 스코어 (중회귀분석의 편회귀계수)는 아래와 같다.

항목명	카테고리	카테고리 스코어 (편회귀계수)		레인지	
		제1축	제2축	제1축	제2축
연령대	20대	-1.4198	-0.7127	2.0716	2.1649
	30대	0.4210	-1.2421		
	40대	0.5847	0.9228		
	50대	0.6519	0.7718		
직업	회사원	-1.0739	0.0227	2.0887	0.6297
	자영	1.0148	-0.1869		
	관리	0.3776	-0.2170		
	무직	0.6610	0.4127		

	제1축	제2축
상관비	0.3762	0.1177

두 축의 상관비 (중상관계수의 평방근)를 보면, 제1축이 제2축보다 상관비가 크고, 판별에 기여하고 있다고 할 수 있다.

판별은 제1축에선 제1그룹인지 그 이외인지, 제2축에선 제2그룹인지 그 이외인지를 판정하며, 제1그룹도 제2그룹도 아닌 사람은 제3그룹으로 판정된다.

판별득점을 근거로, 그룹에 속하는 확률이 샘플 각각에 계산되어 소속하는 그룹이 추정된다. (확률계산에 관해서는 설명을 생략한다. 또 그룹의 평균 판별득점과 표준편차로부터 판별경계점을 계산하는 방법도 있다.) 관측한 그룹과 판정한 소속그룹의 관계는 아래와 같이 아웃풋 된다.

<소속그룹의 추정>

샘플 No.	관측그룹	제1축의 판별득점	제2축의 판별득점	그룹1의 소속확률	그룹2의 소속확률	그룹3의 소속확률	추정소속 그룹
1	1	-2.4937	-0.6900	61.1	37.5	1.4	1
2	1	-0.4049	-0.8996	30.4	54.5	15.1	2
3	1	-0.7588	-0.3000	44.4	43.4	12.2	1
4	1	-0.4892	0.9454	56.2	24.1	19.6	1
5	1	-0.4892	0.9454	56.2	24.1	19.6	1
6	1	-0.4892	0.9454	56.2	24.1	19.6	1
7	1	-0.4220	0.7945	53.0	26.2	20.8	1
8	1	1.0294	0.5549	18.1	20.4	61.5	3
9	2	-0.4049	-0.8996	30.4	54.5	15.1	2
10	2	-0.4049	-0.8996	30.4	54.5	15.1	2
11	2	-1.0422	-0.9297	38.7	53.7	7.6	2
12	2	0.7986	-1.4591	11.4	53.1	35.5	2
13	2	1.0820	-0.8294	11.6	37.9	50.5	3
14	2	-0.4892	0.9454	56.2	24.1	19.6	1
15	2	-0.4220	0.7945	53.0	26.2	20.8	1
16	3	1.4359	-1.4290	6.7	40.4	52.9	3
17	3	0.7986	-1.4591	11.7	53.1	35.5	2
18	3	-0.4892	0.9454	56.2	24.1	19.6	1
19	3	1.0294	0.5549	18.1	20.4	61.5	3
20	3	1.3129	1.1846	15.3	12.1	72.6	3
21	3	1.3129	1.1846	15.3	12.1	72.6	3

판별적중률은 아래 표에 따라 14 ÷ 21 = 66.7%이다. 이러한 수치는 좋은 판별결과라고 할 수 없다. 하지만 요행으로 맞는 확률(3군판별에서는 셋 가운데 하나가 맞는 확률은 1 ÷ 3 = 33.3%)보다는 높다고 할 수 있다.

<판별적중률>

	전체	추정그룹 1	추정그룹 2	추정그룹 3
관측	21	9	6	6
그룹 1	8	6	1	1
그룹 2	7	2	4	1
그룹 3	6	1	1	4

소비자 심리를 탐색, 이미지를 분석하는

66 요인분석

라이프스타일, 상품과 서비스에 대한 잠재적 태도를 분류, 소비자 심리를 탐색하는 해석기법

(1) 어떤 경우에 쓰는 방법인가

① 이용목적의 예

요인분석은 아래의 조사 테마를 분석하기 위한 유효한 도구의 하나다.

- 다수의 라이프스타일 의견항목에 잠재하는 차원 (요인이라고 한다)을 발견하고자 한다.
- 개인별로 요인을 어느 정도 가지고 있는지를 알아내어, 대상자 특성별로 비교하고자 한다.
- 브랜드 이미지의 구조를 알고자 한다 (이미지를 소수의 잠재요인으로 설명하고자 한다)

  또는 소비자 태도를 몇 가지로 요약하고자 한다.
- 교통량 등의 물리적 값과 「교통이 많다고 생각한다 — 적다고 생각한다」 등의 심리적 척도치 등 다수의 변수 간 (물리적 량만, 심리적 량만, 양자 혼재도 포함)에 닮은 것을 구하고자 한다.
- 100항목 이상의 질문항목의 측정치를 소수의 차원으로 감소하고자 한다. 또 질문항목은 무엇을 측정하는가를 확인하고자 한다.
- 중회귀분석과 판별분석 등의 설명변수로서 쓸 수 있는 변수를 알아내고자 한다. 중회귀분석의 다중공선성 (174페이지 참조)을 피하기 위해, 설명변수들의 상관관계가 적은 것이 필요하기 때문에 같은 분류에 들어간 변수는 사용하지 않도록 한다.

② 필요한 데이터의 예

- 라이프스타일 의견항목에 대한 찬반 데이터 (3단계 이상의 척도). 득점을 부여하는 방식은, 제일 부정적 의견에 1점, 긍정측에 +1점을 가산하는 간이득점화와 시그마값 ([57 시그마값법]참조)으로 환산하는 방법
- 다른 수량에 관한 편차치화 (偏差値化) (평균 50, 표준편차 10)와 표준화 (평균 0, 표준편차 1)한 데이터

(2) 요인분석이란

① 요인이란

요인이란, 어떤 현상의 원인이나 선행조건이 되는 것이다. 요인분석은 심리학자가 인간의 심리적 능력을 파악하기 위해 개발한 것이다. 원래, 여러 종류의 학력테스트의 상관관계를 설명하기 위해 고안된 방법이다.

심리학에서는 학력테스트 상호간의 상관계수표 (상관행렬)를 보고, 다음과 같은 것을 생각했다.

상관관계수가 높다고 하는 건, 두 테스트 간에 공통으로 작용하는 잠재적 부분이 있다는 것이지

	영어	수학	국어	이과	사회
영어	1.000	0.471	0.611	0.450	0.663
수학	0.471	1.000	0.204	0.642	0.177
국어	0.611	0.204	1.000	0.329	0.737
이과	0.450	0.642	0.329	1.000	0.331
사회	0.663	0.177	0.737	0.331	1.000

공통적으로 잠재적 부분을 요인(factor)이라고 부른다.

★ 영어 득점은 사회 득점과 가장 상관이 높고, 수학은 과학과, 국어는 사회와 상관도가 최대다.
★ 요인을 많이 가진 사람 (잠재적 변수의 값인데 인자득점이라고 칭한다)은 양쪽 테스트에서 고득점을 얻고, 반대로 적게 가진 사람은 낮은 득점을 갖는다. 그러므로 테스트의 상관성이 설명 되는 것이다.

복수의 인자가 존재한다. 또는 테스트에 포함되는 (또는 포함되지 않는) 인자의 비율은 다르다.

② 요인분석의 모델

요인분석에 관해 설명해 나가고자 하는데, 행렬이나 회전 (回傳)의 이야기 등 문과계 사람들은 잘 모르는 분야일지 모르겠다. 실제로는, 이론을 모르더라도 요인분석은 할 수 있다. 최소한 필요한 작업은 요인분석에 필요한 데이터를 준비하고, 통계 소프트웨어로 계산, 아웃풋의 숫자를 바탕으로 요인해석을 할 뿐이다. 수식이 어려운 사람은 221페이지의 요인해석까지는 이해하는 정도라도 상관없다.

심리학자 사스톤은 1940년대에 다요인설을 생각했다. 다 (多)요인설은 여러 종류의 공통요인이 있다고 하는 사고방식이다. 테스트 성적은 여러 종류의 공통요인의 1차식으로 표시할 수 있는 수학 모델이다.

테스트 성적=

$$a_1 \times 공통요인_1 + a_2 \times 공통요인_2 + \cdots + a_m \times 공통요인_m + 독자요인$$

$$Z = a_1 f_1 + a_2 f_2 + \cdots + a_m f_m + u$$

위의 식은 중회귀식과 유사하다.

이 식으로,

테스트 성적 (Z)는 표준화 (평균0, 표준편차1)되고 있다.

공통요인 (f)은 요인득점이라고 불리우고, 이것도 표준화되고 있다.

a는 공통요인의 웨이트인데 중회귀계수에 상당하며 심리학에서는「요인부하량(**負荷量**)」이라고 부른다.

독자(**獨自**)요인 (u)은, 실은 특수요인 (특정 테스트에만 관계하며, 다른 테스트와는 무관계한 요인)과 측정오차를 합한 것이다.

$$Z = A \times F + e$$

(p변수× 명) (p변수 ×m요인) (m요인 ×n명) (p변수 ×n명)

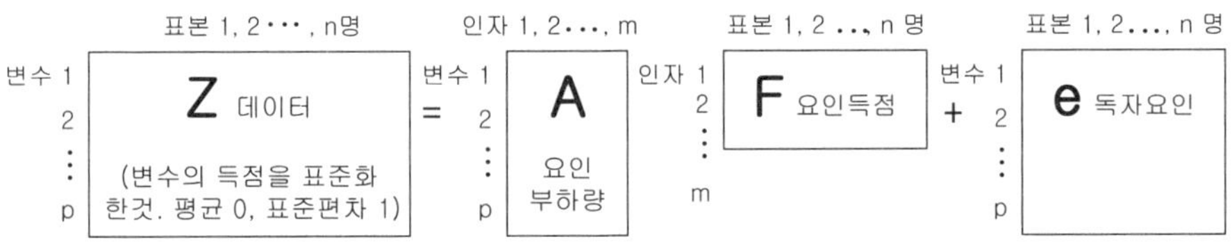

Z는 변수의 표준화득점행렬 (P개의 변수 × n명)

A는 요인부하량 행렬 (p변수 × m요인)

F는 요인득점행렬 (m요인 × n명)

e는 독자요인

(　　)안은 행렬의 행과 열의 크기를 나타낸다.

p는 변수의 수

n은 데이터 수(샘플 수)

m은 요인의 수

중회귀식에서는 목적변수는 하나뿐이다. 하지만 요인분석 모델식은 목적변수인 테스트 성적이 여러 개 있다. 여기서 요인분석 모델을 행렬의 이미지로 나타내면, 위의 식이 된다.

③ 상관계수와 요인부하량

요인분석 모델에서는 요인부하량 A를 구하면 요인득점 F (= AZ)가 계산된다.

요인부하량 A는 변수 간의 상관계수 행렬에서 구한다. 하지만 독자요인도 있기 때문에 여러 가지의 가정을 한다.

가정

공통요인간, 즉 요인 득점 간에는 상관이 없다 (상관계수는 0, 즉 기하학적으로는 직교). 이것이「**직교요인**」의 가정이다.

직교요인의 또 다른 개념은 사교요인 (**斜交要因**)인데, 이에 관해선 뒤에서 설명한다.

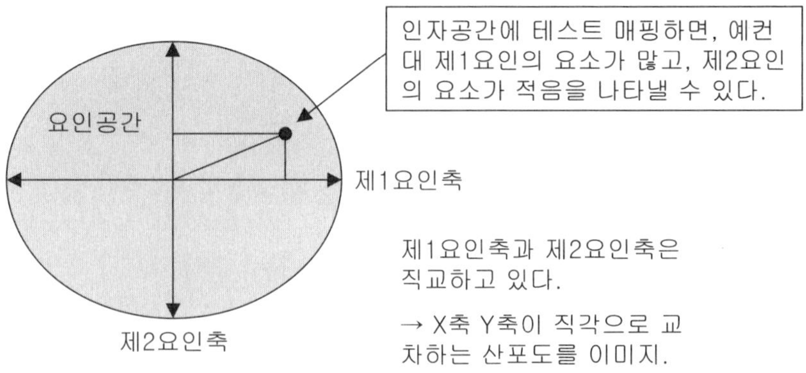

직교요인를 가정하면

어느 테스트 (변수)에서도 요인부하량의 제곱의 합은 1

이 된다.

복수의 공통요인과 하나의 독자요인으로 나누어 생각하면,

변수의 분산 = 공통요인의 제곱 합 + 독자요인의 제곱

이 된다.

공통요인, 즉 요인부하량의 제곱 합을「**공통성**」으로 하고 공통성이 얼마나 존재하는지를 가정하고 각 개인의 테스트 득점 Z는 표준화 하고 있으므로 테스트 j와 k의 상관계수 r_{jk}는, 상관계수 행렬에서 요인부하량을 구할 때의 출발조건으로 한다.

r_{jk} = (테스트 득점j × 테스트 득점k ÷ 데이터 수 n이 되고, 다시 전개하면 r_{jk} ≒ 요인부하량을 서로 곱해서 합계한 것

으로 구해진다.

직교요인을 가정하면, 변수 간의 상관관계수는 그 변수에 포함되는 공통요인의 요인부하량을 서로 곱해서 합계한 것이 된다. 그러므로 공통성이 작은 요인은 상관에 대한 기여정도가 작아 상관관계가 낮아진다. 역으로 공통성이 크면 상관관계가 높아진다.

상관행렬 R에서 요인부하량 행렬을 추계할 때 중요한 점은 공통성을 어떻게 추계하느냐이다. 공통성을 추정하지 않고서는 요인부하량이 추정되지 않는다.

(3) 요인분석의 해법

① 해석의 수순

요인분석의 수순은 상관행렬에서 출발, 공통성의 추정과 요인수의 추정을 근거로 요인부하량을 계산한다. 다음에 요인축을 회전하여 요인득점을 계산한다.

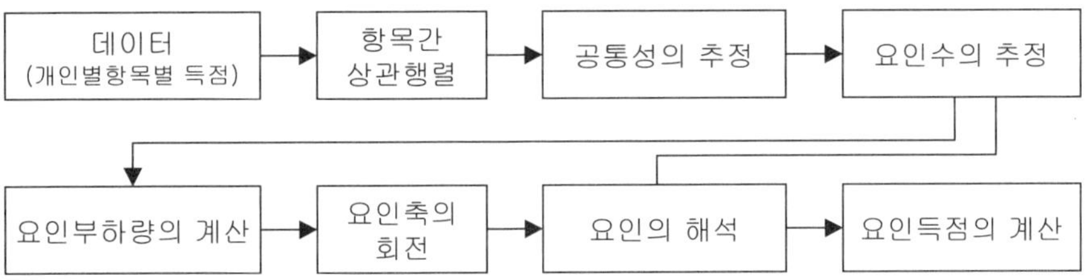

② 공통성의 추정방법

요인분석이 고안된 당시는 계산기가 없었고 손으로 계산을 했으므로, 요인분석을 행하는 것만으로 학위를 취득할 만큼 대단한 노고였다. 그래서 당시의 공통성의 추정은 단순히 상관행렬의 절대값의 최대값을 맞추고 있었다. 그 후 중회귀분석으로 추정하는 방법이 개발되었다.

그것이 1950년대에 개발된 SMC (중상관계수의 제곱, squared multiple correlation)라고 불리는 방법이다.

SMC의 사고방식은,

변수 j의 공통성 = 변수 j를 목적변수, 다른 변수를 설명변수로 하는 중회귀분석의 중상관계수의 제곱

으로 추정한다.

③ 요인수의 추정방법

공통성의 추정결과를 이용해 상관계수 행렬 또는 상관행렬의 대각성분 (**對角成分**)을 공통성으로 치환한 행렬을 근거로 요인수의 추정을 실행한다.

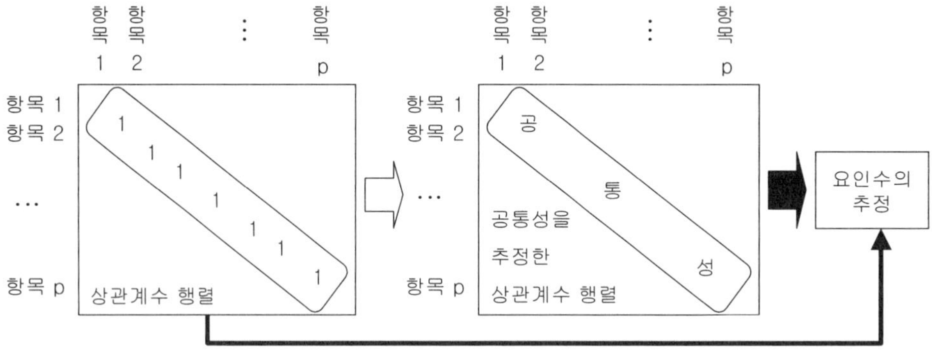

요인수를 추정하기 위해서는 주성분분석을 하여 고유 (**固有**)값을 구한다.

주성분분석에 관해서는 상세한 설명을 생략하지만, 요인분석과 마찬가지로 상관계수를 해석하고, 모든 데이터가 지닌 정보량 (분산)을 가급적 적은 변수의 변동으로 설명하고자 하는 것이다. 데이터의 압축이라 할 수 있다.

<참고> 주성분 분석과 고유값

주성분 분석으로 고유값과 고유 벡터라고 불리는 합성변수가 계산된다. 고유 벡터는 요인분석에서 말하는 요인부하량에 상당한다.

고유값이란 변수의 정보량의 크기를 나타내는 지표다. 고유값이 크면 클수록 중요한 성분이라 할 수 있다.

요인수를 추정하는 방법은 주로 세 가지 종류를 사용한다.

- **고유값의 값을 근거로 하는 경우**

  고유값이 1.0 이상의 수를 요인수로 한다.

- **스크리 플롯 (고득점부터 차례로 플롯하면 낭떠러지 같은 형으로 그려진다)을 근거로 하는 경우**

  고유값을 최대값에서 최소값까지 차례로 세워, 그 감소하는 모습을 본다. 어떤 단계부터 갑자기 작은 고유값이 되며, 그 이후에는 안정적인 단계를 요인수로 하고 그 이하는 오차요인이라고 생각한다.

- **누적고유값의 퍼센티지를 근거로 하는 방법**

  고유값의 누적 퍼센티지를 계산, 누적 퍼센티지가 60% ~ 80%가 되는 수를 요인수로 한다.

라이프스타일에 관한 의식 (50변수)의 상관계수 행렬에 관해 고유값의 스크리 플롯과 누적 퍼센티지를 아래에 예시한다.

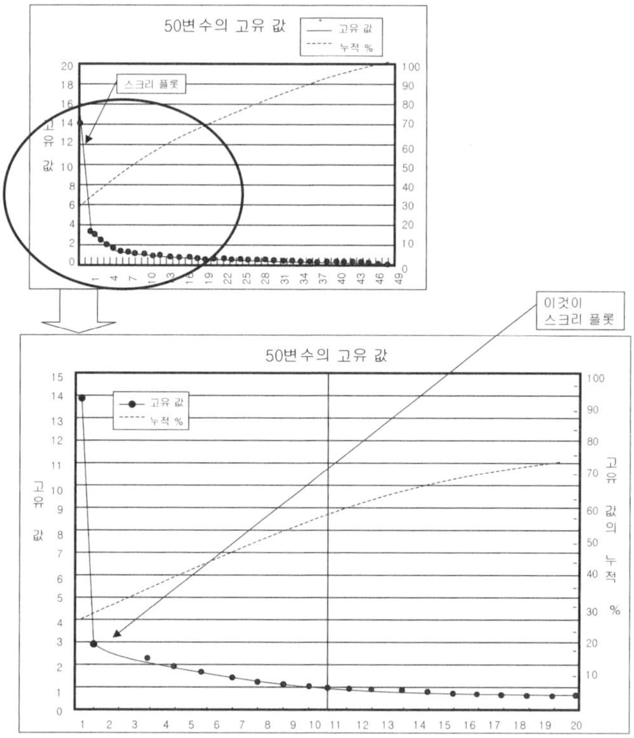

고유값의 스크리 플롯은 10개를 초과하면서 안정되어 가고 있다. 또 고유값이 1.0 이상의 수는 10개이고, 누적 %는 57%이다. 이상으로써 이 데이터로는 10요인으로 추정했다.

요인수는 이 단계에선 가 (假)결정이라고 생각해 요인분석을 실행하고, 회전 후의 요인부하량 행렬의 해석을 시도하고, 요인이 해석불능인 경우는 요인수를 적게 해 재계산을 하는 것이 바람직할 것이다. 역으로 요인수를 늘려 재계산을 시도하기도 한다.

④ 요인부하량의 계산

요인수의 추정이 끝나면 요인부하량 행렬의 추정계산을 한다. 요인부하량 행렬을 구하는 방법에는 여러 가지 해법이 있다. 대표적 방법으로서,

- **반복주요인법**…공통성을 반복 추정
- **비반복주요인법** 또는 **주성분분석**
- **최우법**…다변량 정규분포를 가정한 추정
- **최소제곱법**…다변량 정규분포를 가정하지 않는 추정

등이 있다.

어느 것을 할지 갈피를 잡기 어렵지만, 저자는 요인축의 회전방법에 따라, 사용을 달리하고 있다.

- 직교회전을 한다 ⇒ 반복주요인법
- **사교(斜交)**회전을 한다 ⇒ 최우법

⑤ 요인축의 회전

계산된 요인부하량에 따라 요인을 해석하고, 의식구조를 찾는 것이야 말로 요인분석의 핵심이다. 하지만 계산된 요인부하량은 그대로는 해석하기가 어렵다.

변수의 요인부하량이 1이나 0이면, 요인의 해석은 단순하다.

예컨대, 제1요인은 변수 a· b· c의 셋이 관계하며, 다른 변수는 무관계이므로 abc의 셋을 이미지화하는 해석을 하면 좋다. 이같은 생각을「**단순구조**」라고 한다. 단순구조로 하기 위해서는 요인부하량 행렬의 숫자를 1이나 0이 되게 요인축을 회전시키면 된다. 개발된 당시는 요인부하량의 산포도를 보고 회전각도를 눈으로 확인하여 정하고 있었다.

회전시키기 전 요인부하량의 산포도 (제1축은 횡축, 제2축은 종축) 위에 직교회전을 한 경우와 사교회전을 한 경우의 이미지를 표시했다.

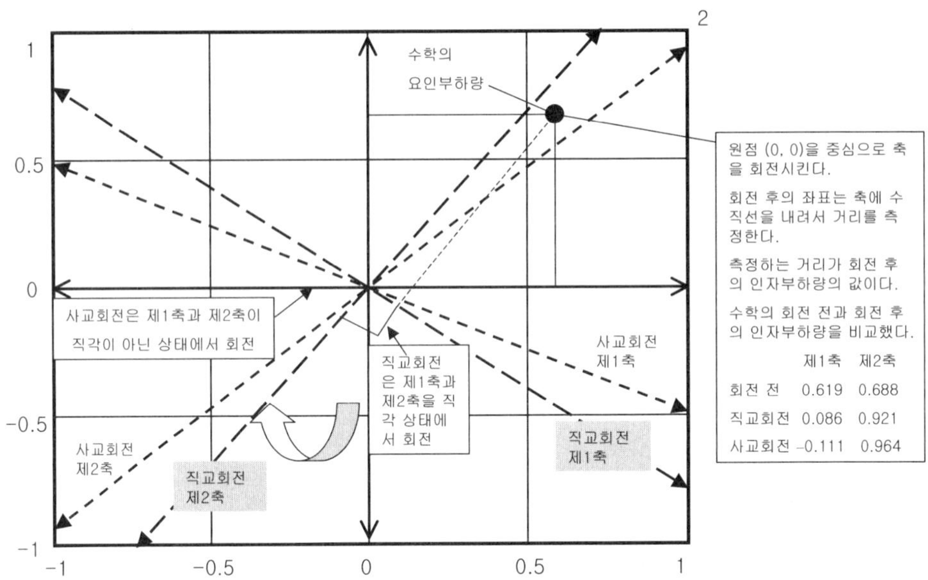

회전시키기 전의 수학의 요인부하량을 ●표로 표시하고 있는데, 회전 전후의 요인부하량은 변화되어 있고 단순구조에 가까워져 있는 것을 알 수 없다.

직교회전은 축과 축의 관계를 직각으로 지닌 상태에서 회전을 하기 때문에 요인 간의 상관계수는 0이다.

사교회전은 요인 간에 어느 정도의 상관정도를 허용해, 단순구조에 가까워지게 하는 회전방법이다.

회전 전과 회전 후의 요인부하량의 값을 아래에 제시한다.

변교	회전 전 요인부하량		직교회전 후의 요인부하량		사교회전 후의 요인부하량	
	1축	2축	1축	2축	1축	2축
영어	0.863	−0.090	0.746	0.443	0.699	0.307
수학	0.619	0.688	0.086	0.921	−0.111	0.964
국어	0.786	−0.445	0.896	0.113	0.932	−0.079
이과	0.699	0.537	0.241	0.848	0.071	0.851
사회	0.798	−0.469	0.920	0.100	0.960	−0.098

회전방법에도 여러 방법이 있는데, 아래와 같은 명칭이 있다.

- **직교회전**

  베리맥스 회전…가장 많이 보급되어 있는 방법

  오소맥스 회전…일반적 방법

  등

- **사교회전**

  프로맥스 회전…요인의 단순구조를 추구하는 방법

  오브리민 회전…상이한 요인 간의 공분산을 최소로 하는 방법

  등이 있다.

회전 후의 요인부하량은, 직교회전은 + 1부터 − 1 사이의 값을 취하지만 사교회전은 ±1의 값을 초과하는 경우가 있다.

주요인법을 이용한 경우, 회전 후의 요인부하량 행렬에 따라 요인의 크기(**기여율**이라고 하며, 요인부하량의 제곱 합에서 각 요인의 제곱 합이 차지하는 비율)를 측정해 공통요인의 크기로 생각한다. 물론 각 항목의 요인부하량의 제곱화는 공통성이다.

공통성과 기여율의 작성방법을 아래 표에 제시한다.

항목 (변수)	요인부하량				공통성
	1	2	…	m	
1	a11	a12		a1m	$a11^2+a12^2+ \ldots a1m^2$
2	a21	a22		a2m	$a21^2+a22^2+ \ldots a2m^2$
…					
p	ap1	ap2		apm	$ap1^2+ap2^2+ \ldots apm^2$
제곱 합	$a11^2+a21^2+ \ldots +ap1^2$	$a12^2+a22^2+ \ldots +ap2^2$		$a1m^2+a2m^2+ \ldots +apm^2$	자승 합계(w)
기여율	A1%=상기÷ w	A2%=상기÷ w		Am%=상기÷ w	100%=w

⑥ 요인의 해석

요인의 해석 자체가 요인분석의 목적이라고 해도 과언이 아니다.

요인해석은 회전 후의 요인부하량 행렬 (사교회전의 경우는 요인패턴 행렬)의 숫자를 보고나서 검토한다.

<요인해석 힌트>

- 단순구조의 사고방식을 적용하여 요인부하량의 절대치가 0.25 이하는 오차로 간주해 무시한다. 요인부하량은 절대치가 큰 것일수록 그 요인과의 관계가 강하다.
  - 요인마다 요인부하량의 절대치가 큰 것으로부터 차례로, 항목 (변수)을 나열하면 해석하는데 편리하다.
  - 요인부하량이 플러스 항목은, 의견항목이라면 「그렇게 생각한다, 찬성」 등 긍정적 방향이라고 간주한다. 반대로 마이너스 항목은 「그렇게 생각하지 않는다, 반대」 등 부정적 방향이라고 본다.
- 요인의 네이밍 (이름 짓기)을 생각해 본다. 요인마다 절대치가 큰 항목을 포함할 수 있도록 요인을 네이밍한다.
  - 네이밍은 두 종류로 한다. 하나는 약칭이고 다른 하나는 상세한 네이밍이다. 약칭의 네이밍이 잘되면 다른 네이밍은 필요가 없다.
  - 조사보고회에서 요인분석을 설명할 때, 해석과 관련하여 이해가 되는지 아닌지의 구분점은 네이밍이다. 보고를 받는 측의 입장에서 알기 쉬운 말로 요인의 이름을 지어 주기 바란다.

저자가 기획분석을 실시한 요인 네이밍의 예를 소개해 보겠다. 「심리적 돈지갑의 측정과 분석」(아사히신문 오사카본사 광고부, 1972년)에서는 다음과 같이 네이밍을 생각했다.

<참고 요인분석의 네이밍 예>

각종 상품·서비스에 돈을 지불하는 것이,「아프다 ⇔ 아프지 않다」인가를 6단계 척도(어느 쪽도 말하지 않음을 제외하는 강제선택 척도)로 질문한 앙케트 결과를 요인분석했다.

제1요인 더 높은 취미지향의 심리적 필수품 지불

	요인부하량
미술전집	0.742
문화전집	0.735
카셋레코더	0.695
백화사전	0.618
8미리카메라	0.580
팝·재즈 음악회	0.577
스테레오	0.576
LP 레코드	0.555
클래식 음악회	0.549
기타	0.547
책장	0.541
피아노	0.525
그림·조각 전시회	0.517

제2요인 교제용 지불

	요인부하량
친구와 외식할 때의 식사대	0.671
외출시 혼자 먹은 석식대	0.596
이발·헤어셋 대	0.530
근무지에서의 평소 중식	0.517
고급 레스토랑에서 친구와의 식사대	0.517

제3요인 여성의 모양내기용 지불

	요인부하량
핸드백	0.685
헤어피스	0.675
향수	0.671
영양크림	0.643
외출용 원피스	0.643
페던트·브로치	0.622
루즈	0.592
네크레스	0.582
네그리제	0.535
꽃꽂이 연습료	0.503

제4요인 (질병 등의)불안에 대한 건강용 지불

	요인부하량
종합비타민제	0.770
비타민C제	0.756
근육통약	0.665
두통약	0.640
영양드링크제	0.585
간장보건약	0.574
안약	0.511

제5요인 일상생활 필수용품 지불

	요인부하량
전기세탁기	0.682
전기냉장고	0.678
옷장	0.550

제6요인 생활수준 향상용 지불

	요인부하량
승용차	0.570
에어콘	0.540

제7요인 휴식용 지불

	요인부하량
츄잉껌	0.633
쵸콜렛	0.592
만화책	0.521

⑦ 요인득점의 계산

전체 요인 패턴을 알면, 다음엔 개인별로 요인을 어느 정도 가지고 있는지 조사한다. 조사목적에 따라서는, 요인의 해석으로 완료할 때도 있다.

요인득점은 요인분석 모델에서

$$F = ZR^{-1}A$$

F : 요인득점행렬 (n명 × m요인, 표준화되어 있다.
Z : 변수의 표준화 득점행렬 (n명 × p개의 변수)
R^{-1} : 상관행렬의 역행렬
A : 회전 후 요인부하량 행렬

위의 식으로 구하지만, 요인득점을 구하는 방법에도 복수의 방법이 있다. 독자성을 최소로 하는 추정방법, 공통요인에 의한 최소제곱적 추정방법 등이다. 물론 구해진 요인득점은 평균 0, 표준편차 1로 표준화되어 있다.

요인득점을 활용하여 아래 분석을 하는 게 바람직할 것이다.

- **그룹별 요인득점의 평균치 비교**

  크로스집계와 마찬가지로 성별, 연령 별 등의 크로스키 항목으로 요인득점의 평균치를 비교하면, 그룹의 특징이 명확해진다.

  분산분석을 하면 그룹 간의 차가 통계적으로 명확해진다.

  요인득점의 득점랭크 별로 크로스분석을 하는 것도 고려할 수 있다.

- **새로운 다변량해석의 데이터로**

  요인득점을 사용해 클러스터분석([67 클러스터 분석] 참조)을 할 수 있다. 데이터의 에센스가 요인득점에 결말지어 있으므로 다른 다변량해석에도 충분히 활용된다.

성별 평균 요인득점의 비교

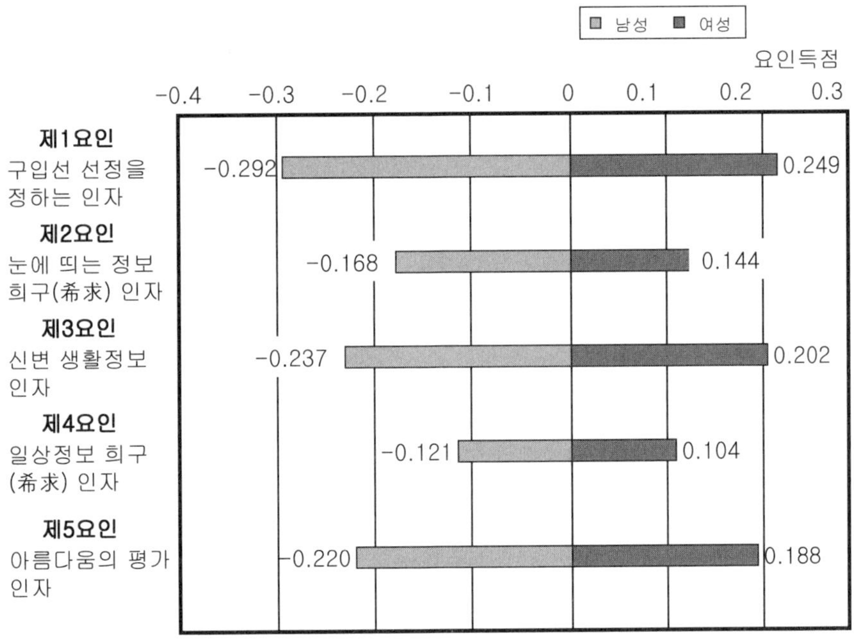

위의 그래프는 광고 정보에 관한 요인분석의 결과인데, 요인득점의 평균치를 성별에 비교했다. 예컨대, 아래와 같은 사항을 알 수 있다.

- 성별차가 지극히 크다. 여성은 광고정보에 대해 긍정적 태도, 남성은 부정적 태도이다.

요인 득점을 상위 25%, 하위 25%, 중위 50%로 나누어 상위 하위 분석을 실시해도 흥미있는 결과가 나타날 것이다.

		성별	
		남성	여성
제1요인 구입선 선정을 정하는 요인	상위	10.0%	75.0%
	중위	20.0%	20.0%
	하위	70.0%	5.0%
…	상위	…	…
	중위	…	…
	하위	…	…
제5요인 아름다움의 평가 요인	상위	…	…
	중위	…	…
	하위	…	…

시장을 세분화하는

67 클러스터분석

사람과 물건을 그룹으로 나누는 해석기법, 다른 다변량해석 결과를 계속해 활용하는 경우도 많다.

(1) 어떤 때 쓰는 방법인가

① 이용목적의 예

클러스터분석은 세분화(segmentation)의 유효한 도구다.

- 앙케트 조사의 응답자를 상품에 대한 의견항목에서의 찬반을 바탕으로 몇 개의 그룹으로 나누고자 한다. 또 그룹을 한데 모으는 과정을 시각적으로 보고자 한다.
- 대규모 샘플 (1000명 이상)을 그룹핑하고자 한다.
- 요인분석의 결과, 계산된 요인득점에 따라 응답자를 몇 개 그룹으로 나누고자 한다.
- 질문항목을 그룹핑하고지 한다.

② 필요한 데이터의 예

요인분석 데이터 예와 유사하다.

- 라이프스타일 의견항목에 대한 찬반 데이터
- 상이한 수량에 대한 표준화 (평균 0, 표준편차 1) 데이터
- 요인분석의 요인득점 데이터와 수량화Ⅲ류의 샘플스코어

(2) 클러스터분석이란?

클러스터 (cluster)는 포도 등의「송이」「동류(同類)의 무리」「집단」이라는 의미의 영어다. 그러므로 클러스터분석이란 각양각색의 특성을 가진 샘플 (앙케트조사의 대상자)을 유사성의 지표에 따라 닮은 것 끼리를 모아, 몇 개의 그룹 (클러스터)으로 분류하는 방법의 총칭이다.

클러스터분석은 그룹을 나누는 기준을 알아보는 판별분석과는 달리, 몇 개의 그룹이 있는지의 정보가 존재하지 않는 단계에서 출발하기 때문에 갖가지 방법이 고안되고 있다.

더구나, 유사성의 지표도 다수 있다. 그러므로 같은 방법이라도 다른 유사성의 지표를 쓰면 다른 결과가 되는 경우도 생긴다. 클러스터 분석의 방법과 유사성 지표에 대해 클러스터 분석을 하지 않으면 안 된다는 이야기도 있다.

어떤 의미에선 분석자의 식견이 설문되기 때문에 복수 (複數)의 클러스터분석을 실시해, 조사목적이나 조사가설의 검증이라는 시점에서 단 하나의 해석결과를 선정하게 된다.

① 유사성의 지표

클러스터분석에서는 유사성의 지표로서 유사도와 비 (非)유사도의 두 가지 지표를 생각한다.

유 사 도	- 가까우면 가까울수록, 큰 값이 된다. 보기 : 상관계수
비유사도	- 멀면 멀수록, 큰 값이 된다. 보기 : 거리

거리지표: 비유사도 지표

비유사도 지표는 거리지표라고도 칭하며, 거리의 대소를 클러스터로 만들 때의 지표로 한다.

거리에도 여러 가지가 있다. 쉽게 말하면 지도에서 a지점부터 b지점까지의 직선거리다. 이것을 통계학에선 유클리드 거리라고 부르고 있다.

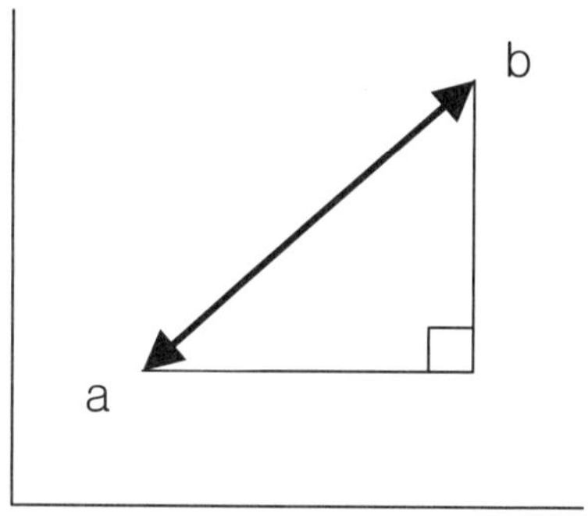

유클리드 거리

도시의 시내를 이동할 때는 직선거리로 이동할 수 없다. 바둑의 선 같은 도로를 상정해 보자. a지점에서 b지점으로 가는 데 있어서, a지점을 통하는 도로를 지나 다음에 b지점을 지나는 도로를 가게 된다. 이것이 **시가지 거리**이다.

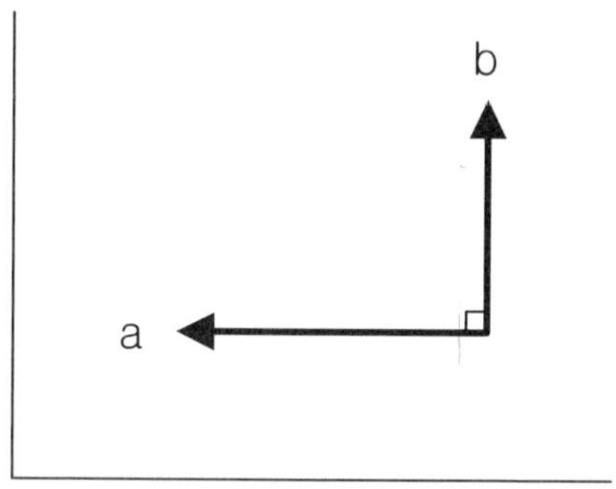

시가지 거리

거리지표를 정리하면 아래와 같다.

- **유클리드 거리**
- **시가지 거리**
- **민코프스키 거리** (유클리드 거리와 시가지 거리를 포함한 일반적 지표)
- **마하히노비스의 범(汎)거리** (분산 공분산행렬의 추정치를 사용한 지표)

등

유사도지표

유사도지표도 변수의 척도에 대응하여 다양하게 고안되어 있다. 변수의 척도에 대응해서 아래와 같은 값을 산출, 그 대소로써 클러스터를 만들어 간다.

구간척도

- 피어슨의 상관계수 ([55 상관계수란] 참조)

$$\text{상관계수} = \frac{XY\text{의 편차평방합}}{\sqrt{X\text{의 편차평방합}} \times \sqrt{Y\text{의 편차평방합}}}$$

순서척도

- 굿만·크라스클의 γ(감마)

$$\gamma = \frac{\text{샘플 } A\text{와 } B\text{에서 데이터의 순서가 일치한 대(對)의 수}}{\text{샘플 } A\text{와 } B\text{에서 데이터의 순서가 불일치한 대(對)의 수}}$$

등

명목척도

		샘플 A (카테고리는 1 이나 0)		
		계	1	0
샘플 B (카테고리는 1이나 0)	1	a + b	a	b
	0	c + d	c	d
	계	n=a + b + c + d	a + c	b + d

- 일치계수 = (a + d) ÷ n
- 파이계수 = $\frac{ad - bc}{\sqrt{(a+b)(a+c)(b+d)(c+d)}}$
- 유사비 = a ÷ (n – d)

등

참고로 저자는 간격척도는 상관계수, 순서척도는 굿만·크라스클의 γ (감마), 명목척도는 파이계수를 쓴다.

② 클러스터분석의 방법

클러스터분석의 방법은 여러 가지가 있기 때문에, 어느 것을 사용할까 갈피를 못 잡을 때가 종종 있다.

클러스터분석은 두 가지로 대별된다.

- **계층적 방법**

  유사한 것 끼리를 합해서 몇 개의 클러스터로 모으는 방법.

  수상도 (樹狀圖, 덴드로그램)로 클러스터의 병합과정을 알 수 있다.

- **비계층적 방법**

  집단 전체에서 출발하여, 닮은 것 끼리 함께 클러스터에 들어가도록 집단분할하고, 최종적으로 개체 레벨까지 분할하는 방법. 클러스터 수를 지정할 필요가 있어, 이를테면 2, 3, …, 7 클러스터 등 하나씩 시산하여 클러스터에 포함되는 샘플 수가 어떻게 변하는가를 보고 클러스터 수를 결정한다.

클러스터 분석의 방법은 아래와 같다.

클러스터분석의 종류

	방법명
계층적 방법 (닮은 것 끼리 병합해 몇 개의 클러스터로 모은다)	최근린법 (最近隣法)
	최원린법 (最遠隣法)
	군평균법 (群平均法)
	중심법 (重心法)
	메디언법
	워드법
	기타
비계층적 방법 (집단 전체에서 출발, 닮은 것 끼리 함께 클러스터에 들어가도록 집단을 분할하고, 최종적으로 개체 레벨까지 분할)	최적화법 (K평균법)
	기타

계층법에 의한 클러스터 분석의 주된 방법의 사고방식, 즉 클러스터를 만들 때의 거리 측정법을 이미지로 나타내면, 아래와 같다.

최근린법 (최단거리법)

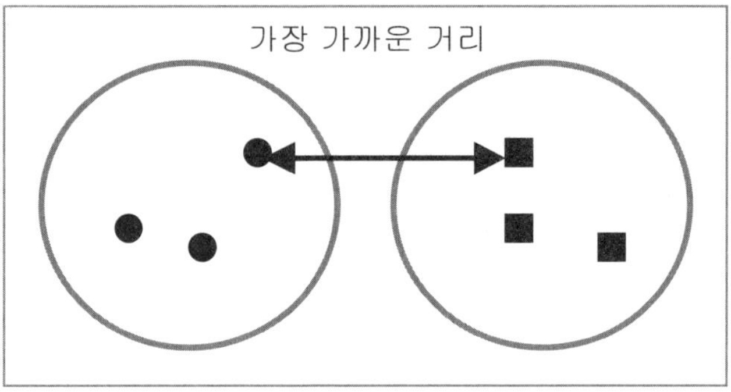

최원린법 (최원거리법)

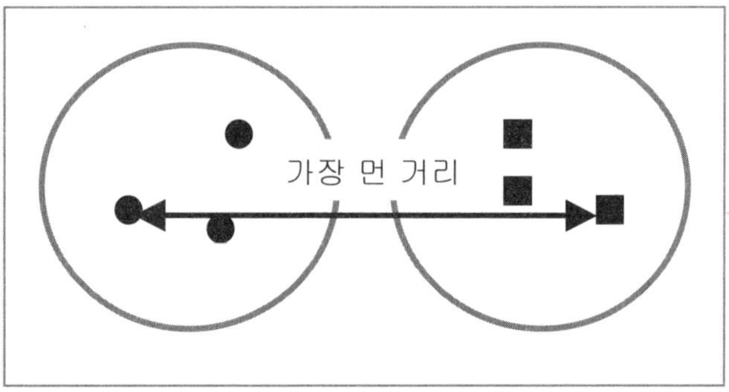

군평균법 (그룹간 평균연결법)

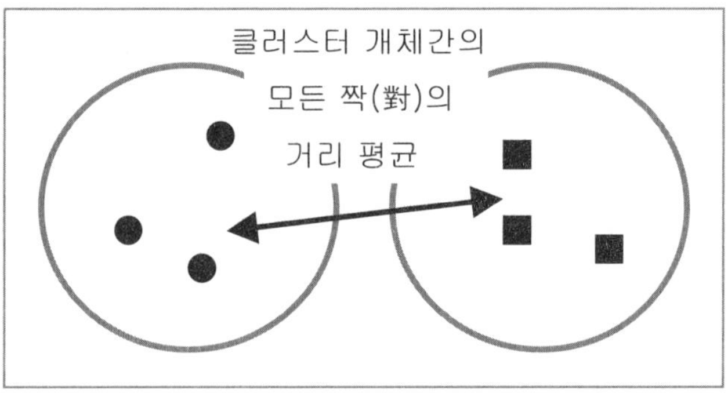

중심법

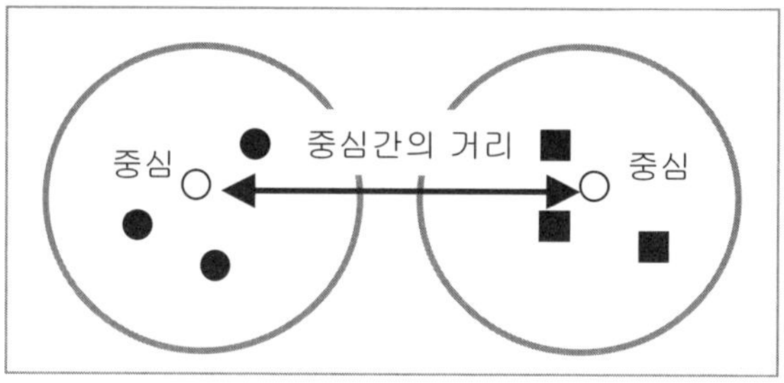
중심
중심간의 거리
중심

메디언법

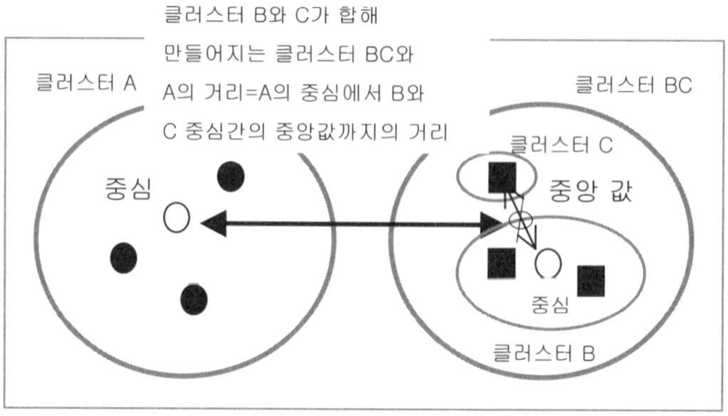
클러스터 B와 C가 합해 만들어지는 클러스터 BC와 A의 거리=A의 중심에서 B와 C 중심간의 중앙값까지의 거리
클러스터 A
클러스터 BC
클러스터 C
중심
중앙 값
중심
클러스터 B

워드법

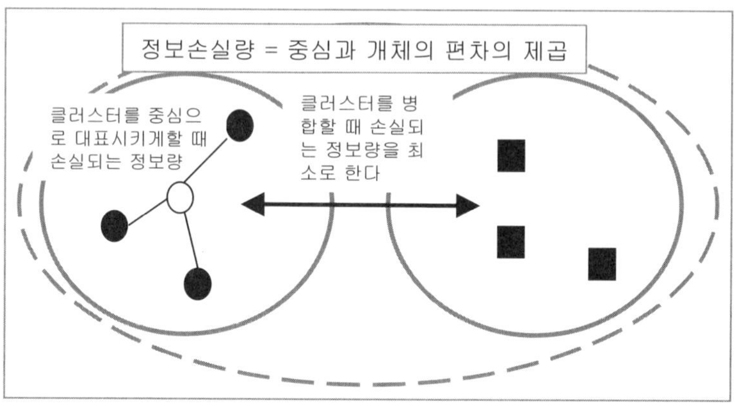
정보손실량 = 중심과 개체의 편차의 제곱
클러스터를 중심으로 대표시키게할 때 손실되는 정보량
클러스터를 병합할 때 손실되는 정보량을 최소로 한다

비계층법의 K평균법은 아래와 같은 사고방식으로 클러스터화 한다.

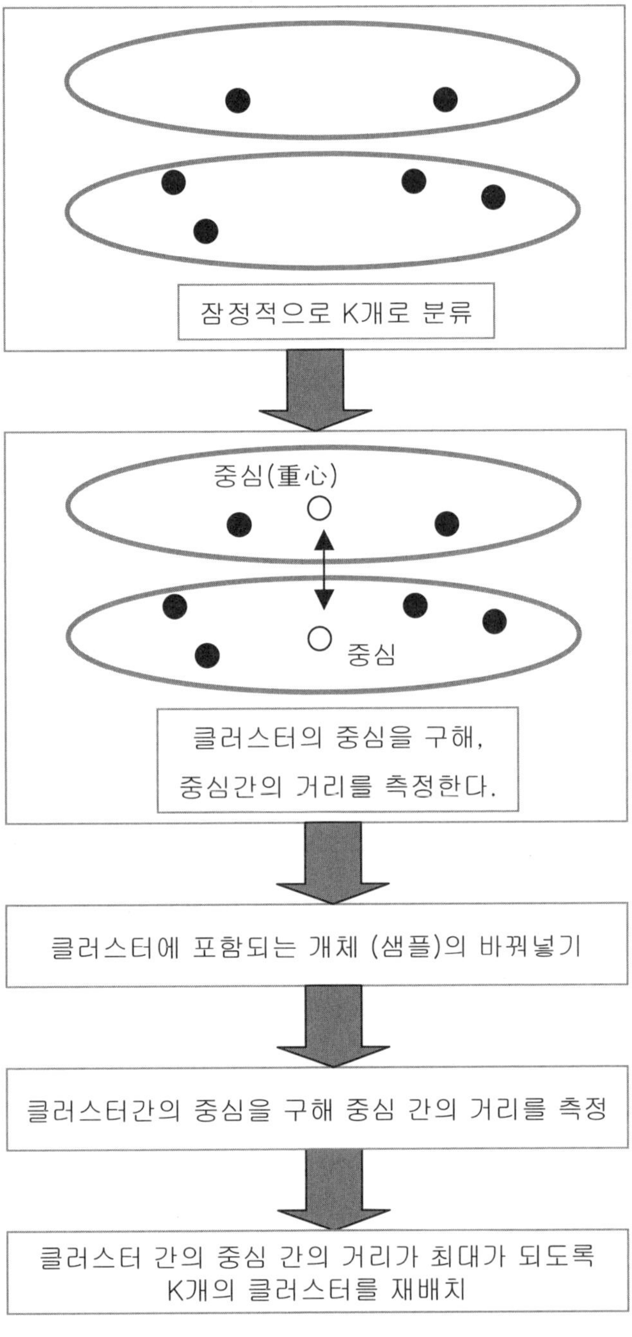

③ 클러스터분석의 방법과 유사성 지표의 관계

클러스터분석의 방법과 유사성 지표 간에는 적합 · 부적합의 관계가 있다.

클러스터 분석의 방법과 유사성 지표의 관계 (O 적합, × 부적합)

	거리지표	유사도지표
최근린법	○	○
최원린법	○	○
군평균법	○	○
중심법	유클리드 거리만	×
메디언법	유클리드 거리만	×
워드법	유클리드 거리만	×

최근린법, 최원린법, 군 (君)평균법, 거리지표, 유사도지표 어느 것이라도 쓸 수 있다. 그러나 중심법, 메디언법, 워드법은 유클리드거리 뿐이다. 왜냐면, 유클리드 거리가 주어지는 것이 해석의 전제조건이기 때문이다. 통계 소프트웨어를 쓸 때, 클러스터분석 방법에 있는 유사성지표를 선택하면 된다.

비계층법의 K평균법도 유클리드 거리를 쓰고 있다. 계산할 때는 유사성지표의 지정은 하지 않는다. 비계층법의 클러스터 분석은 대규모 샘플의 클러스터화를 행할 때 사용한다.

계층법과 비계층법의 사용 구분을 저자는 아래와 같이 하고 있다.

샘플 수

100이하 → 계층법

100~300 → 계층법과 비계층법 양쪽

300이상 → 비계층법 (경우에 따라 샘플 추출에서 계층법)

(2) 클러스터분석의 계산 예

데이터는 학생 20명의 수학과 국어의 성적이다. 두 성적에서 학생들을 그룹핑 해보자.

샘플	수학	국어
1	82	74
2	95	75
3	52	82
4	44	75
5	42	66
6	64	54
7	36	69
8	89	57
9	46	55
10	68	41
11	73	47
12	59	61
13	73	72
14	32	49
15	50	69
16	35	47
17	56	55
18	40	36
19	37	59
20	32	61

이 데이터에서

- 수학과 국어 모두가 고득점
- 수학과 국어 모두가 저득점
- 수학이 고득점, 국어가 저득점
- 수학이 저득점, 국어가 고득점

의 네 클러스터가 만들어 질 것이다.

어느 클러스터분석 결과를 채용할 것인가를, 독자인 여러분이 판단하세요.

샘플 (학생)간의 유클리드 거리는 아래와 같다.

케이스	1	2	3	4	5	6	7	8	9	10	11	12	13	14	15	16	17	18	19	20
1		170	964	1445	1664	724	2141	338	1657	1285	810	698	85	3125	1049	2938	1037	3208	2250	2669
2	170		1898	2601	2890	1402	3517	360	2801	1885	1268	1493	493	4645	2061	4384	1921	4546	3620	4165
3	964	1898		113	356	928	425	1994	765	1937	1666	490	541	1489	173	1515	745	2260	754	841
4	1445	2601	113		85	841	100	2349	404	1732	1625	421	850	820	72	865	544	1537	305	340
5	1664	2890	356	85		628	45	2290	137	1301	1322	314	997	389	73	410	317	904	74	125
6	724	1402	928	841	628		1009	634	325	185	130	74	405	1049	421	890	65	900	754	1073
7	2141	3517	425	100	45	1009		2953	296	1808	1853	593	1378	416	196	485	596	1105	101	80
8	338	360	1994	2349	2290	634	2953		1853	697	356	916	481	3313	1685	3016	1093	2842	2708	3265
9	1657	2801	765	404	137	325	296	1853		680	793	205	1018	232	212	185	100	397	97	232
10	1285	1885	1937	1732	1301	185	1808	697	680		61	481	986	1360	1108	1125	340	809	1285	1696
11	810	1268	1666	1625	1322	130	1853	356	793	61		392	625	1685	1013	1444	353	1210	1440	1877
12	698	1492	490	421	314	74	593	916	205	481	392		317	873	145	772	45	986	488	729
13	85	493	541	850	997	405	1378	481	1018	986	625	317		2210	539	2069	578	2385	1465	1802
14	3125	4645	1489	820	389	1049	416	3313	232	1360	1685	873	2210		724	13	612	233	125	144
15	1049	2061	173	72	73	421	196	1665	212	1108	1013	145	538	724		709	232	1189	269	388
16	2938	4384	1514	865	410	890	485	3016	185	1125	1444	772	2069	13	709		505	146	148	205
17	1037	1921	745	544	317	65	596	1093	100	340	353	45	578	612	232	505		617	377	612
18	3208	4546	2260	1537	904	900	1105	2842	397	809	1210	986	2385	233	1189	146	617		538	689
19	2250	3620	754	305	74	754	101	2708	97	1285	1440	488	1465	125	269	148	377	538		29
20	2669	4165	841	340	125	1073	80	3265	232	1696	1877	729	1802	144	388	205	612	689	29	

유클리드 거리는 아래와 같이 구한다.

샘플 1과 2의 거리는

$$수학\,(82-95)^2 + 국어\,(74-75)^2 = 13^2 + 1^2 = 169 + 1 = 170$$

거리행렬의 데이터를 사용해서 계층법에 의한 클러스터분석을 해보았다.

어느 클러스터분석의 계산결과를 채택하느냐는, 각 클러스터의 인원수의 밸런스로 보거나, 본래의 데이터에 할당해 보거나, 클러스터 마다 데이터를 크로스집계하든가 해서 검토한다.

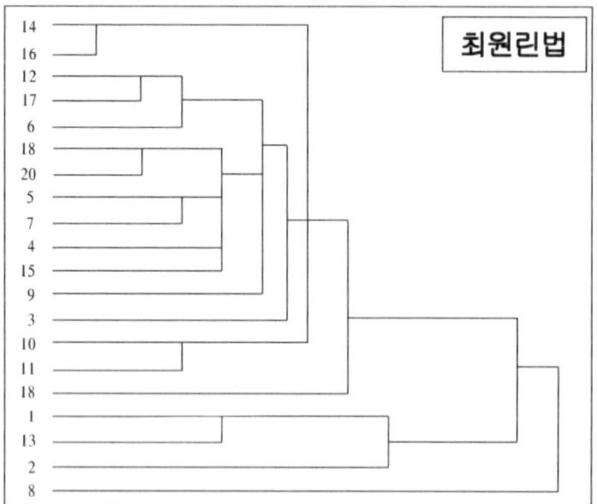

세 클러스터가 있고,

더구나 No.8이 떨어져 있다.

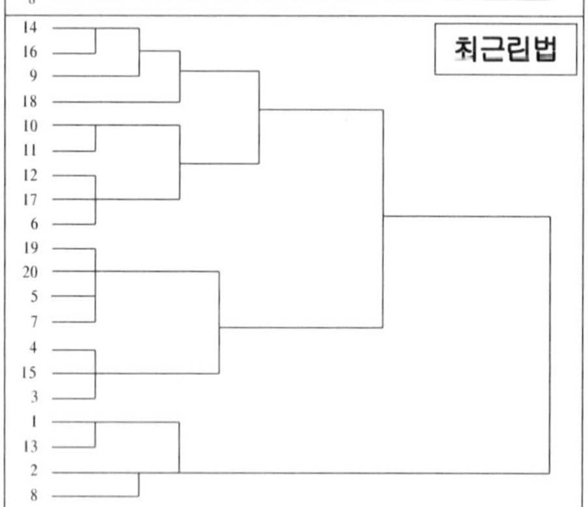

두 클러스터로 나누었을 때, 클러스터에 속하는 인원수가 불균형

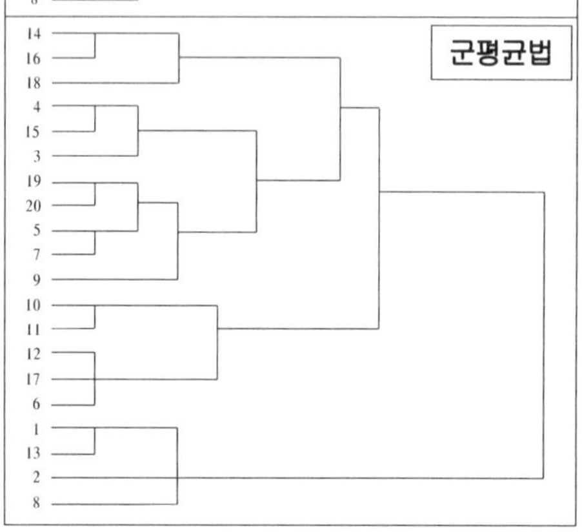

위와 같음

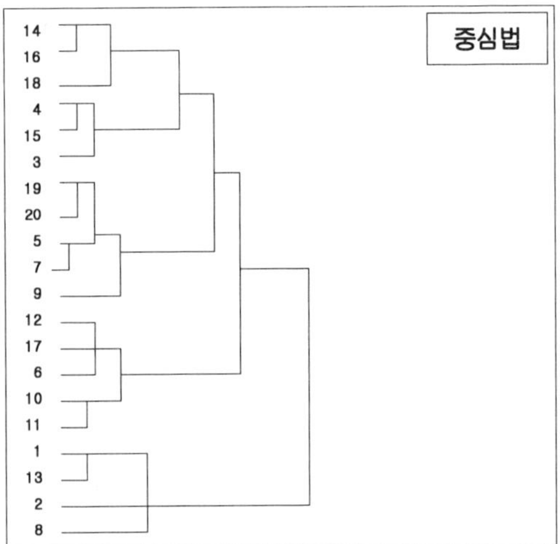

두 클러스터로 나누었을 때, 클러스터에 속하는 인원수가 불균형

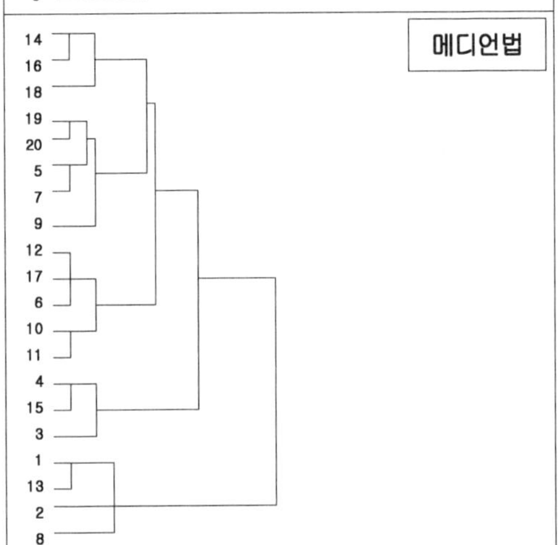

위와 같음

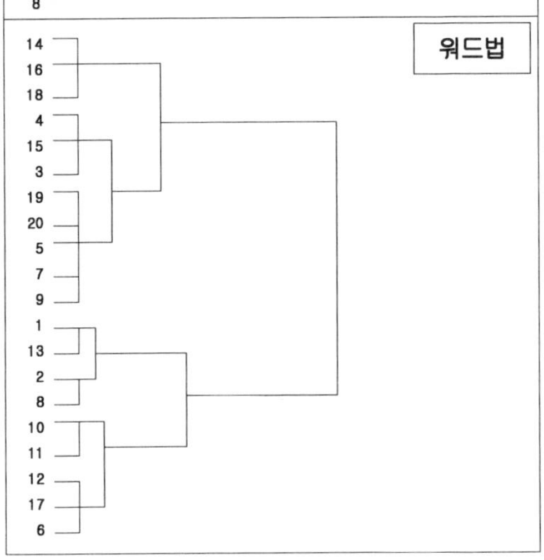

두 클러스터로 나누었을 때, 클러스터에 속하는 인원수가 밸런스가 잡혀 있다

1이나 0의 카테고리데이터를 사용해서 이미지를 패턴 분석한다.

68 수량화Ⅲ류

카테고리값을 1이나 0의 수치로 바꾸고, 닮은 것을 모으는 해석 기법

(1) 어떤 때 쓰는 방법인가

수량화Ⅲ류는 요인분석과 닮은 이용을 한다. 단, 수량화Ⅲ류는 의견항목의 찬반에 대해 「예」나 「아니오」로 2분류한 카테고리 데이터를 사용한다.

① 이용목적의 예

- **다수의 라이프스타일 의견항목에 잠재하는 차원 (상관축이라고 한다)을 발견하고자 한다. 또 개인별로 요인을 어느 정도 지니고 있는지를 알아내어, 대상자를 특성별로 비교하고자 한다.**
- **브랜드 이미지를 나타내는 항목을 중복 응답 (해당하는 것에 O표로 응답)으로 질문한 결과에 따라 브랜드 이미지의 구조를 알고자 한다.**

② 필요한 데이터의 예

- **라이프스타일 의견항목에 대한 찬반 데이터 (긍정에 1, 부정에 0).**

(2) 수량화Ⅲ류란?

수량화Ⅲ류는 개인별 앙케트 데이터에 의거한 크로스집계표의 **表側** 카테고리 (샘플)와 표 머리 카테고리 (질문의 응답 카테고리) 사이의 상관을 최대로 하는 것을 목표로 하는 다변량해석이다.

수량화Ⅲ류는 샘플 × 카테고리의 데이터 행렬 (어떤 카테고리에 반응을 1, 무반응을 0으로 한, 1이나 0의 데이터)이 있을 때, 응답패턴의 유사성에 따라, 그것을 반응이 많은 샘플부터 차례로, 그리고 거의 대각형이 되도록 「행」과 「열」을 바꾸어 넣어, 샘플과 카테고리의 상관을 최대로 하는 방법이다.

수량화Ⅲ류의 이미지

항목•카테고리

샘플	1	2	3	…	r
1	V		V	…	V
2		V	V	…	
3		V		…	V
…				…	
n	V	V		…	

V표는 반응 있음인데, 데이터적으로는 값 1이 된다.

표가 없는 것은 값이 0이 된다.

⬇

	1'	2'	3'	…	r
1	V			…	
2		V	V	…	
3		V	V	…	
…				…	
n				…	V

수량화Ⅲ류의 해석결과는 주성분분석이나 요인분석의 회전 전의 요인부하량 행렬 ([66 요인분석])과 거의 일치한다. 요인분석은 요인해석을 위해 요인축을 회전하지만, 수량화Ⅲ류는 축회전은 하지 않는다.

여기서 지금까지 설명한 수량화 Ⅰ류, Ⅱ류 그리고 수량화Ⅲ류의 특징을 일람표로 요약하면 다음과 같다.

수량화 Ⅰ류, Ⅱ류, Ⅲ류의 특징

	목적	목적변수와 설명변수의 타입	해법의 사고방식	다른 다변량해석과의 관계
수량화 Ⅰ류	있는 항목을 복수 요인으로 예측, 설명 한다.	목적변수는 정량적 데이터 (수량), 설명 변수는 정성적 데이터 (카테고리)	상관계수를 최대 또는 예측오차의 제곱의 평균을 최소	더미변수(1이나 0의 변수)를 이용한 중회귀분석에 상당
수량화 Ⅱ 류	그룹을 복수 요인으로 판별한다.	목적변수는 정성적 데이터 (그룹 종류), 설명변수는 정성적 데이터 (카테고리)	상관비 (그룹간 평방합÷총평방합)를 최대 <주>평방합=(개개 판별득점−판별득점의 평균)의 제곱	더미변수를 사용한 판별분석에 상당
수량화 Ⅲ 류	• 닮은 것끼리 모은다. • 변수간의 관련성을 도시(圖示)한다. • 변수간의 관계를 요약한다. • 항목간의 상관관계를 설명하는 잠재적 구조를 알아낸다.	설명변수는 정성적 데이터 (카테고리). 목적변수 없다.	크로스표의 표측과 표머리(개인×카테고리)의 상관을 최대	더미변수를 사용한 주성분분석•요인분석에 상당

(3) 수량화Ⅲ류의 계산 예

광고 이미지의 분석을 예로 설명해 보고자 한다. 데이터는 광고에 대한 평가인데, 그대로라고 생각하면 1, 그렇게 생각하지 않으면 0으로 표시한다. 샘플은 성별 연령별로 한 사람씩이다.

	신뢰할 수 있다	관심이 있다	알기 쉽다	인상에 남는다	친근해지기 쉽다	쓸모있다	상품 내용을 안다	기업에 친근감을 느낀다	최신정보를 얻을 수 있다	지역정보를 잘 안다	유익한 정보를 얻을 수 있다
남성•10대	1	0	0	0	0	1	1	0	0	0	1
남성•20대	0	0	1	1	0	0	0	0	0	0	0
남성•30대	0	0	0	0	1	0	1	1	0	0	0
남성•40대	1	1	0	1	1	1	0	0	0	0	0
남성•50대	1	0	0	1	1	0	1	0	1	0	0
남성•60대	1	0	0	1	0	1	1	1	1	1	0
남성•70대	1	0	0	0	0	0	0	1	0	1	1
여성•10대	1	1	0	0	0	1	0	0	1	1	1
여성•20대	1	0	1	0	0	0	0	0	0	1	1
여성•30대	0	1	0	0	1	0	0	0	0	0	0
여성•40대	0	1	1	1	0	1	1	1	1	1	1
여성•50대	0	1	1	0	1	1	1	0	1	1	1
여성•60대	0	0	0	0	0	0	0	1	1	0	0
여성•70대	0	0	1	0	0	1	1	0	0	1	0

계산 결과로서 카테고리 스코어 (요인분석의 요인부하량 행렬에 상당)와 샘플스코어 (요인분석의 요인득점에 상당)가 아웃풋 된다. 아래의 예는 제3축까지 추출한 경우다.

카테고리스코어	제1축	제2축	제3축
신뢰할 수 있다	-0.049	0.004	-0.103
관심이 있다	0.182	-0.119	-0.145
알기 쉽다	-0.137	-0.197	0.188
인상에 남는다	0.046	-0.104	0.267
친근해지기 쉽다	0.312	-0.035	-0.029
쓸모 있다	-0.031	-0.053	-0.053
상품 내용을 안다	0.015	0.038	0.051
기업에 친근감을 느낀다	0.006	0.321	0.088
최신정보를 얻을 수 있다	0.015	0.147	0.054
지역정보 잘 안다	-0.128	-0.009	-0.063
유익한 정보를 얻을 수 있다	-0.130	-0.010	-0.165

각 축에서 플러스 방향 마이너스 방향에서 수치가 큰 것을 마크

카테고리 스코어와 제1축과 제2축의 산포도를 그린다.

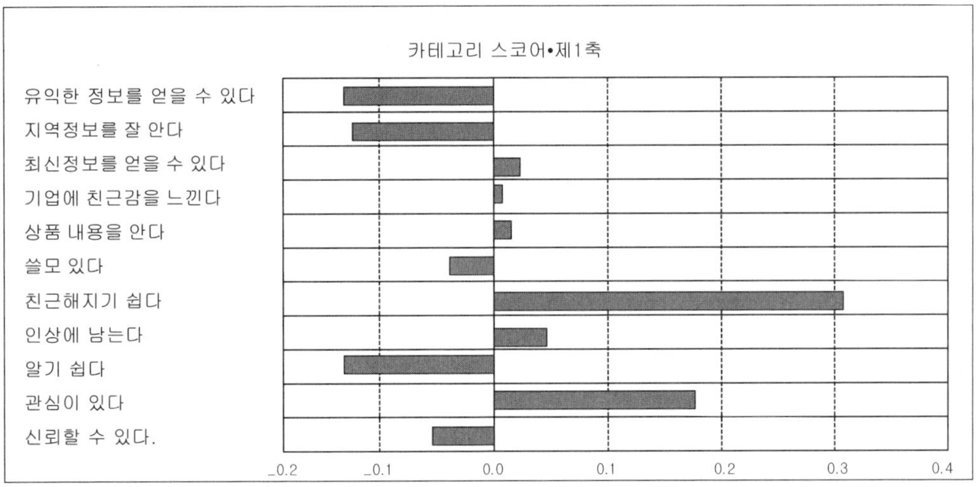

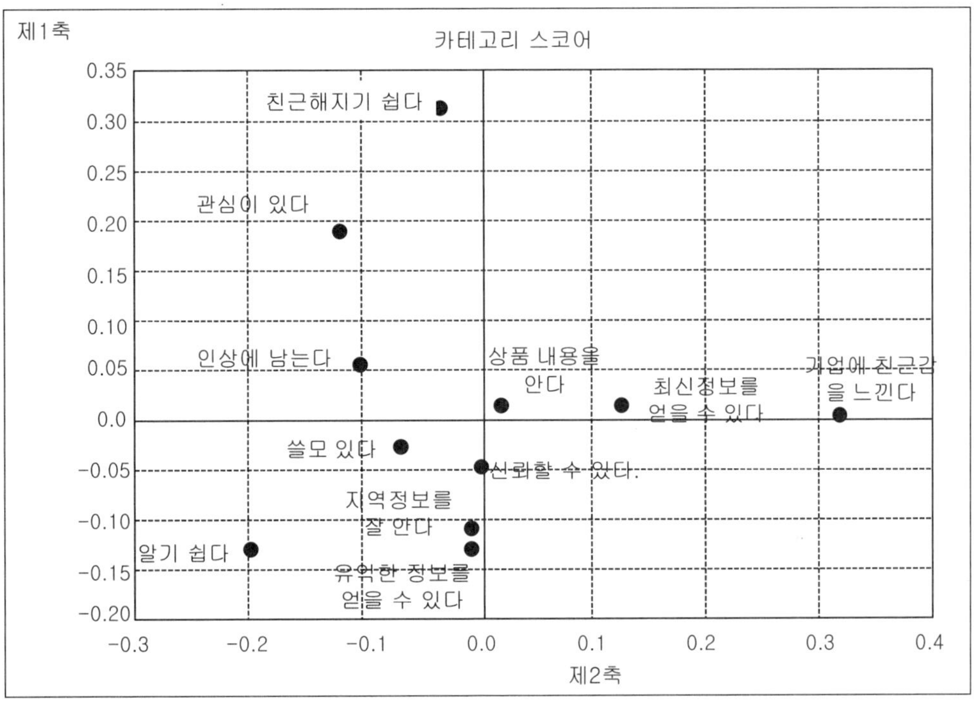

이 사례에서는 축해석은 명확하지는 않지만, 각 축의 플러스 방향과 마이너스 방향의 절대치의 카테고리를 보고 해석을 한다.

여기서는 평가대상의 광고는「기업에 대한 친근 ― 알기 쉬움」과 「친근 ― 유익한 정보」라는 차원에서 평가되고 있다고 생각된다.

샘플 스코어는 아래 표와 같다.

샘플스코어

	제1축	제2축	제3축
남성•10대	-0.049	-0.005	-0.068
남성•20대	-0.046	-0.151	0.227
남성•30대	0.111	0.108	0.037
남성•40대	0.092	-0.062	-0.013
남성•50대	0.068	0.010	0.048
남성•60대	-0.018	0.049	0.034
남성•70대	-0.075	0.076	-0.061
여성•10대	-0.023	-0.007	-0.079
여성•20대	-0.011	-0.053	-0.036
여성•30대	0.247	-0.077	-0.087
여성•40대	-0.018	0.001	0.025
여성•50대	0.012	-0.030	-0.020
여성•60대	0.010	0.234	0.071
여성•70대	-0.070	-0.055	0.031

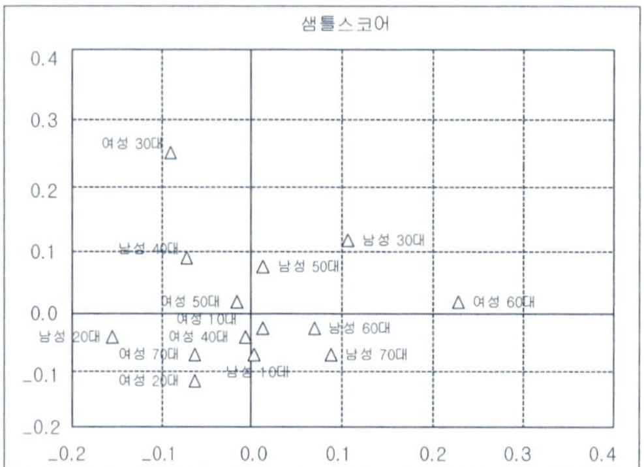

샘플 스코어의 산포도를 그려, 이것에 카테고리 스코어를 겹쳐 합한다.

그렇게 하면, 예컨대 「여성 30대 및 친근해지기 쉽다」, 「여성 20대 및 알기 쉽다」, 「남성 50대 및 상품내용을 잘 안다」 등이 가까운 관계에 있음을 알 수 있다.

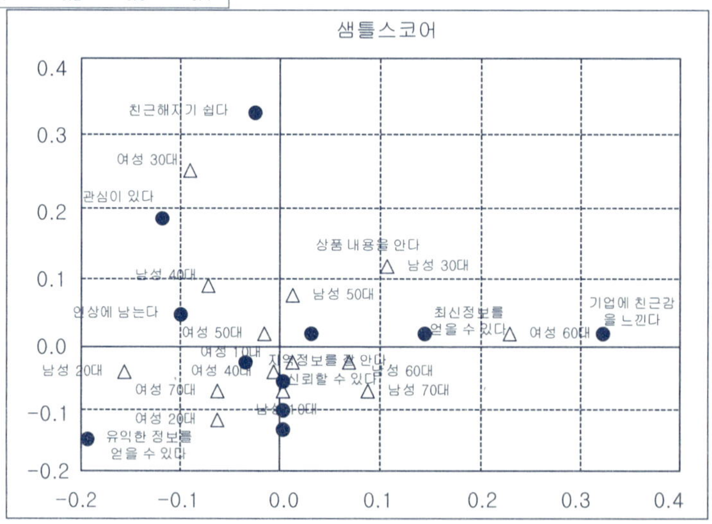

크로스집계표의 표 머리 • 표 외측 카테고리를 같은 공간에 매핑하는

69 코레스폰던스 분석

표 머리 카테고리와 표 외측 카테고리의 상관을 최대로 하는 해석기법

(1) 어떤 때에 쓰는 방법인가

① 이용목적의 예

코레스폰던스 분석은 크로스집계표가 데이터다. 그러므로 크로스 분석을 하는 것과 같은 감각으로 분석을 한다.

- **매체별로 광고효과를 나타내는 항목에 대한 찬성 유무의 크로스집계표에서 매체효과를 그림으로 나타내고자 한다.**
- **공표돼 있는 크로스집계표 (평균치표를 포함), 예컨대 동거가족수별, 가계비목별 가계비나 거주지 지역별로 중점적으로 실시하길 원하는 시책 등을 그림으로 나타내고자 한다.**

② 필요한 데이터의 예

- 크로스집계표 (빈도나 평균치) 뿐이다.

(2) 코레스폰던스 분석이란

연령과 직업 등을 주요 항목으로, 찬반의 정도 (이 중에서 하나만 선택하라고 하는 단일 응답)나 좋아하는 브랜드 (해당하는 것에 O표를 몇 개라도 해도 되는 복수 응답) 등의 2차원 크로스집계표의 빈수 (도수)를 데이터로 하여 표 머리 카테고리 (연령이면, 10대, 20대, …, 60대 등)와 표 외측카테고리 (매우 좋아한다, …, 매우 싫어한다라는 단일응답과 A브랜드, B브랜드, …, N브랜드)를 동시에 다변량 공간에 매핑 하는 것이다. 크로스집계표이면 빈도분포표 이외에 평균치표라도 해석에 이용할 수 있다.

코레스폰던스 분석은 표 외측과 표 머리의 상관이 최대가 되도록 수량화한다. 이것은 수량화III류와 같은 사고방식이다. 계산결과도 수량화III류와 닮은 결과가 되기 때문에 빈도III 류라고도 일컬어진다. 또 코레스폰던스 분석은 대응분석이라고도 불리어진다.

크로스표가 있으면, 간단히 코레스폰던스 분석을 하여 카테고리 간의 관계를 눈으로 볼 수 있으므로 편리한 다변량해석 방법이다.

코레스폰던스 분석으로 계산된 표 머리 카테고리와 표 외측 카테고리의 좌표를 데이터로서 클러스터 분석을 할 수도 있다. 클러스터 분석과 연대하여 검토하면, 알고 싶은 타깃 층과 밀접하게 관련하는 카테고리를 알 수 있다.

(3) 코레스폰던스 분석의 계산 예

코레스폰던스 분석으로 광고 이미지와 성별·연령 관계를 도표화 해 보자.

	신뢰할 수 있다	관심이 있다	알기 쉽다	인상에 남는다	친근해지기 쉽다	쓸모있다	상품 내용을 안다	기업에 친근감을 느낀다	최신정보를 얻을 수 있다	지역정보를 잘 안다	유익한 정보를 얻을 수 있다
남성•10대	1	0	0	0	0	1	1	0	0	0	1
남성•20대	0	0	1	1	0	0	0	0	0	0	0
남성•30대	0	0	0	0	1	0	1	1	0	0	0
남성•40대	1	1	0	1	1	1	0	0	0	0	0
남성•50대	1	0	0	1	1	0	1	0	1	0	0
남성•60대	1	0	0	1	0	1	1	1	1	1	0
남성•70대	1	0	0	0	0	0	0	1	0	1	1
여성•10대	1	1	0	0	0	1	0	0	1	1	1
여성•20대	1	0	1	0	0	0	0	0	0	1	1
여성•30대	0	1	0	0	1	0	0	0	0	0	0
여성•40대	0	1	1	1	0	1	1	1	1	1	1
여성•50대	0	1	1	0	1	1	1	0	1	1	1
여성•60대	0	0	0	0	0	0	0	1	1	0	0
여성•70대	0	0	1	0	0	1	1	0	0	1	0

카테고리스코어는 아래와 같다

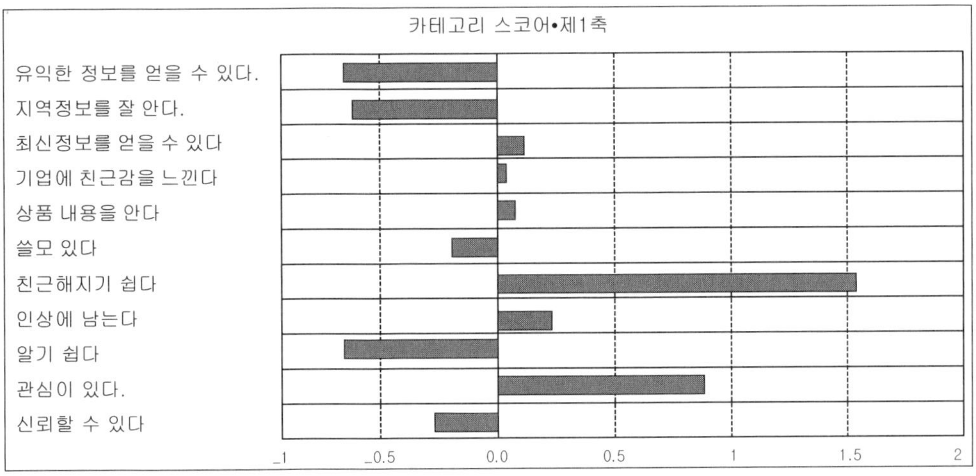

참고로 수량화Ⅲ류의 카테고리 스코어를 다시 제시해 보면, 유사하다는 것을 알 수 있다

<참고> 수량화 Ⅲ의 카테고리 스코어

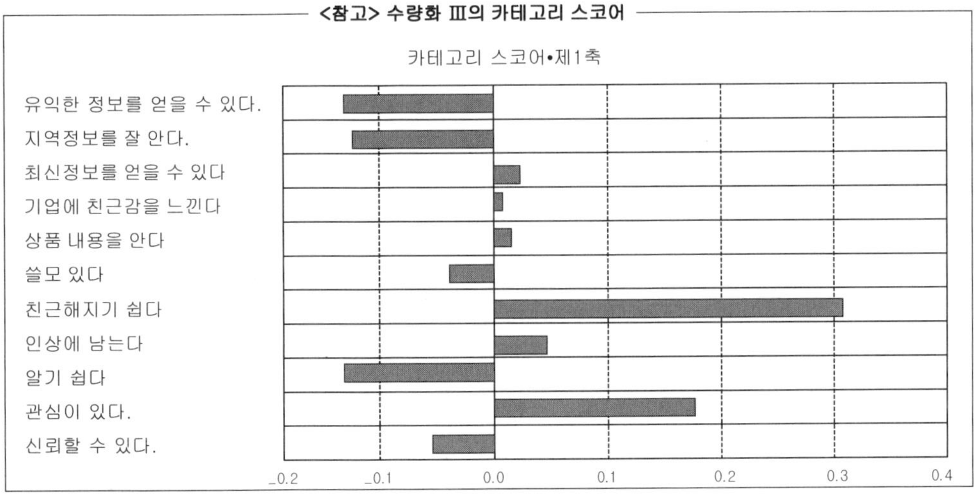

표 머리와 표 외측 카테고리를 동일한 공간에 표시하면, 아래와 같다.

성 · 연령별로 본 광고이미지

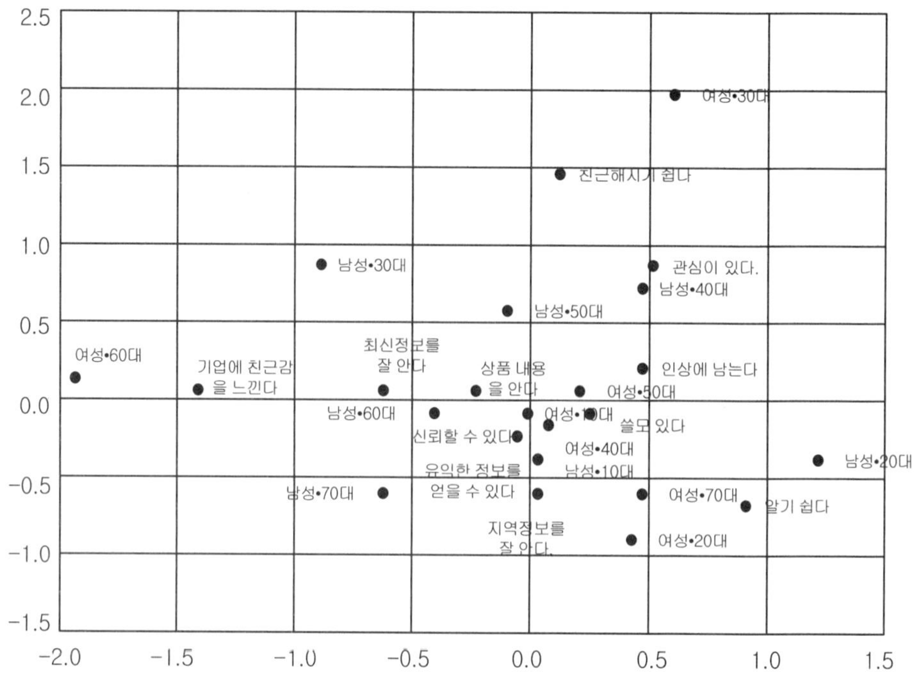

참고로 클러스터 분석 결과와 연대해 분석하는 방법을 소개하고자 한다.

코레스폰던스 분석에서 매핑한 데이터를 클러스터 분석으로 그룹화하여, 각 그룹을 선으로 둘러쌌다.

이 결과는 아래와 같이 해석이 된다.

- 남성 30대와 여성 60대는 광고를 하는 기업에 친근감을 갖는다.
- 남성 60세 이상은 「최신 정보를 얻을 수 있고」, 「상품내용을 알 수 있다」 고 평가하고 있다.
- 남성 10대와 여성 40대는 「쓸모 있다」, 「신뢰 할 수 있다」, 「유익한 정보」, 「지역정보를 잘 안다」 고 평가하고 있다.
- 여성 30대, 남성 40대와 남녀 50대는 「친근해지기 쉽다」, 「관심이 있다」, 「인상에 남는다」 라고 평가하고 있다.
- 남성 20대와 여성 70대는 「알기 쉽다」 라고 하고 있다.

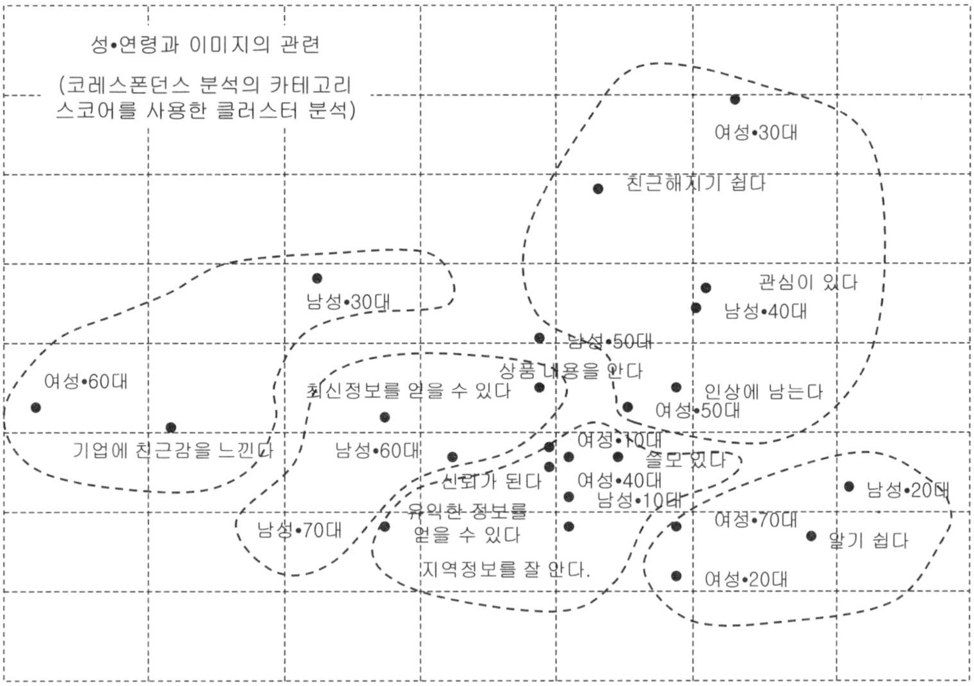

브랜드를 포지셔닝하는

70 다차원 척도법

브랜드를 다차원 심리공간 안의 점으로써 표현하고, 시각화 하는 해석기법

(1) 어떤 때 쓰는 방법인가

① 이용목적의 예

다차원척도법(尺度法)은 아래와 같은 조사 테마를 분석할 때 쓰인다.

- **판매되고 있는 상품이나, 자사 브랜드를 소비자는 어떻게 위치시키고 있는지를 알고자 한다. 즉 브랜드의 평가구조를 찾아내어 브랜드 평가 공간에 여러 가지 브랜드를 매핑하고자 한다.**

② 필요한 데이터의 예

유사성 데이터가 필요하다. 상세한 것은 다음 절에서 소개한다.

(2) 다차원척도법이란

다차원척도법은 **다차원척도구성법** 또는 **MDS** (Multi – Dimensional Scaling) 이라고 불리우고 있다. 평가하고 싶은 대상 간의 유사성 (「67 클러스터 분석」의 유사도지표와 거리지표를 참조) 데이터, 주로 거리 데이터에 따라 평가대상을 다차원공간의 점으로 표현한다.

다차원척도법의 아웃풋이미지는 아래와 같다.

공항 간의 소요 시간표(일부 추정) → 다차원척도법에 의한 공항의 위치

(단위 : 분)

	치토세	아오모리	도쿄	카나자와	오사카	히로시마	타카마쓰	후쿠오카	오키나와
치토세	0								
아오모리	45	0							
도쿄	90	70	0						
카나자와	95	80	60	0					
오사카	110	95	75	40	0				
히로시마	125	90	75	70	45	0			
타카마쓰	120	100	75	60	35	35	0		
후쿠오카	145	120	100	75	65	50	70	0	
오키나와	185	160	140	130	125	110	120	95	0

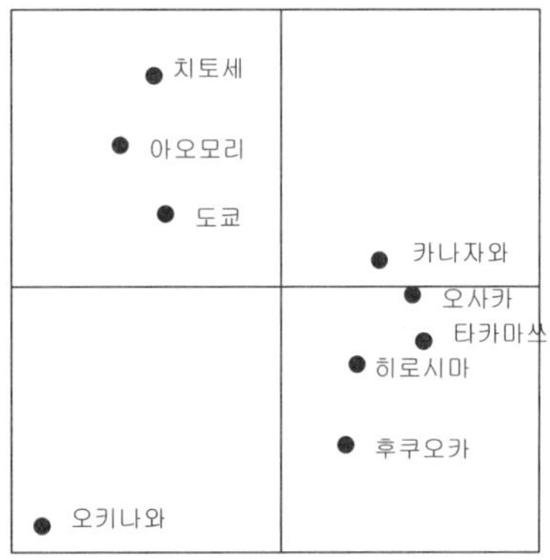

다차원척도법에서 거리를 매핑함으로써 지리적 관계가 나타난다. 소요시간과 거리는 반드시 비례하지 않기 때문에, 실제의 지리적 관계와는 다소 차이가 있다.

개인이나 특정 그룹이 느끼고 있는 브랜드 간의 유사도 평가 결과에 의거하여, 브랜드를 다차원 공간에 위치 (포지셔닝)시키고자 할 때 쓰인다.

유사성 데이터는 대상 간의 유사성을 질문하는 게 일반적이지만, 대상에 대한 좋고 싫은 두 값 (1이나 0) 데이터나 다단계 평가 데이터 등을 이용하기도 한다.

데이터가 구간척도나 비율척도로 주어지고 있을 경우는 계량적 다차원척도법이 적용된다. 또 데이터가 순서척도나 명목척도로 주어지고 있는 경우는 비계량적 다차원척도법이 적용된다.

(3) 다차원척도법의 계산 예

① 유사성을 파악하기 위한 질문

다차원척도법으로 분석을 하는 데는 매핑하고 싶은 대상간의 유사성이 있는 데이터가 필요하다. 그렇기 때문에 앙케트조사로 유사성을 질문해야 한다.

(매핑하고 싶은 대상) 차의 메이커 4개 회사

<질문 방법 1> 1대1 비교로 유사도를 질문

문제 : 자동차 메이커를 비교해 주세요. 각 조합에 대해, 닮았는지 어떠한지 적어 주세요.

	매우 닮았다	약간 닮았다	어느 쪽이라 말을 할 수 없다	그다지 닮지 않았다	전혀 닮지 않았다
A차와 B차	1	2	3	4	5
A차와 C차	1	2	3	4	5
A차와 D차	1	2	3	4	5
B차와 C차	1	2	3	4	5
B차와 D차	1	2	3	4	5
C차와 D차	1	2	3	4	5

<질문방법2> 1대1 비교로 유사순위를 질문

문제 : 자동차 메이커를 비교해 주세요. 각 조합에 대해 닮은 순서로 1위에서 3위까지 적어 주세요.

① A차와 가장 닮은 것은? 두 번째로 닮은 것은? 세 번째로 닮은 것은? ( )안에 숫자를 적어 주세요	B차 ( ) C차 ( ) D차 ( )
② B차와 가장 닮은 것은? 두 번째로 닮은 것은? 세 번째로 닮은 것은?	A차 ( ) C차 ( ) D차 ( )
③ C차와 가장 닮은 것은? 두 번째로 닮은 것은? 세 번째로 닮은 것은?	A차 ( ) B차 ( ) D차 ( )
④ D차와 가장 닮은 것은? 두 번째로 닮은 것은? 세 번째로 닮은 것은?	A차 ( ) B차 ( ) C차 ( )

<질문방법 3> 1대 1 비교로 유사점의 유무를 질문

질문방법 2의 응답양식을 사용해서 닮았으면 ○표, 안 닮았으면 × 표, 어느 쪽도 아니면 △표를 적도록 한다.

<그 밖의 질문방법> 1대 1 비교를 하지 않는 질문

요인분석과 수량화Ⅲ류 등에서 이용하는 의견항목에 대한 찬반을 근거로, 각 대상에 항목 간의 상관계수나 클러스터 분석에서 사용되는 거리 등의 유사도를 사용할 수도 있다.

② 1대 1 비교로 유사도를 질문한 경우의 계산 예

다차원척도법은 같은 테마일지라도, 해법에 따라 계산결과가 달라지기도 한다. 하지만 매핑의 상대적인 위치는 거의 같다고 해도 좋을 것이다. 여기에선, SPSS를 이용한 계산 예를 제시한다.

4종류 자동차의 컨셉트에 대한 앙케트 결과는 아래와 같다.

		매우 닮았다	약간 닮았다	어느 쪽도 아니다	그다지 닮지 않았다	전혀 닮지 않았다
샘플 1	A차와 B차	1	2	3	4	5
	A차와 C차	1	2	3	4	5
	A차와 D차	1	2	3	4	5
	B차와 C차	1	2	3	4	5
	B차와 D차	1	2	3	4	5
	C차와 D차	1	2	3	4	5
샘플 2	A차와 B차	1	2	3	4	5
	A차와 C차	1	2	3	4	5
	A차와 D차	1	2	3	4	5
	B차와 C차	1	2	3	4	5
	B차와 D차	1	2	3	4	5
	C차와 D차	1	2	3	4	5
샘플 3	A차와 B차	1	2	3	4	5
	A차와 C차	1	2	3	4	5
	A차와 D차	1	2	3	4	5
	B차와 C차	1	2	3	4	5
	B차와 D차	1	2	3	4	5
	C차와 D차	1	2	3	4	5

앙케트 결과를 유사성 행렬 (行列)이라고 간주하여, 아래와 같은 데이터로 한다.

		A차	B차	C차	D차
샘플 1	A차	0			
	B차	2	0		
	C차	5	2	0	
	D차	5	3	2	0
샘플 2	A차	0			
	B차	4	0		
	C차	4	3	0	
	D차	4	2	2	0
샘플 3	A차	0			
	B차	5	0		
	C차	4	3	0	
	D차	3	3	2	0

다차원척도법에서는 모델의 데이터에 대한 적합도로서 스트레스라는 지표가 사용된다. 사용하는 통계 소프트웨어에 따라 스트레스를 구하는 식이 달라지는 경우가 있지만, 스트레스는 0에 가까울수록 적합함이 좋다고 보고 있다.

또 중회귀분석의 관측값와 예측값의 정도 (精度)를 나타내는 결정계수로서 RSQ (squares correlation)라는 용어가 쓰인다. 결정계수는 1에 가까울수록 좋다.

아래에, 다차원척도법에 바탕을 둔 4종류 자동차의 매핑을 예시한다. 이에 따르면 조사한 4차종은 A차, B차와 C차 및 D차의 세 그룹으로 나뉘어져 있고, C차와 D차는 차종의 차별화가 있다고 할 수 있다.

자동차 메이커의 매핑

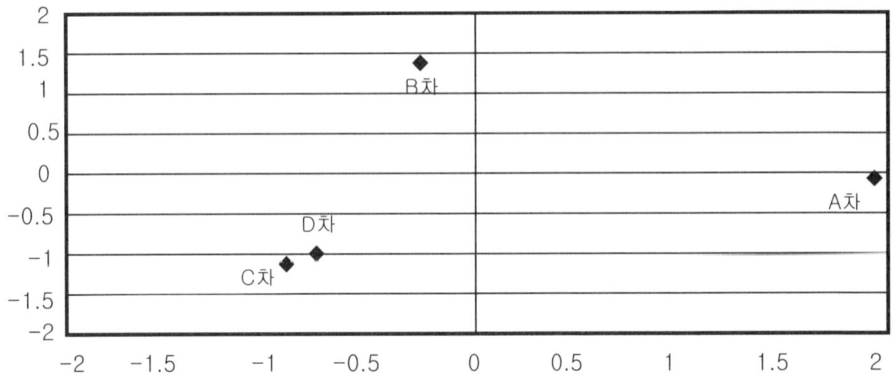

다차원척도법은 클러스터 분석 등 다른 다변량해석과 연대해 사용하면 브랜드의 차별화 전략이나 신제품 개발을 위한 컨셉트의 탐색 등의 마케팅 과제를 해결하는 데 유익하다.

인과관계를 모델화하는

71 공분산구조분석

중회귀분석과 요인분석의 두 기능을 지닌 해석기법

(1) 공분산구조분석이란

종래의 다변량해석은 관측한 변수에 따라 해석을 해왔다. 그러나 공분산구조분석은 직접관측이 되지 않는「잠재변수」를 써서, 관측변수와 잠재변수 사이의 인과관계를 분석자의 창의적 궁리에 의해 자유롭게 모델화하는 것이 가능하다. 중회귀분석과 요인분석 두 기능을 지닌 모델이다. 예를 들면, 계량경제 모델처럼 다수의 변수 인과관계를 짜 넣은 연립방정식의 모델이다. 공분산구조분석은 구미에선 SEM : Structural Equation Modeling (구조방정식 모델)이라고 불린다.

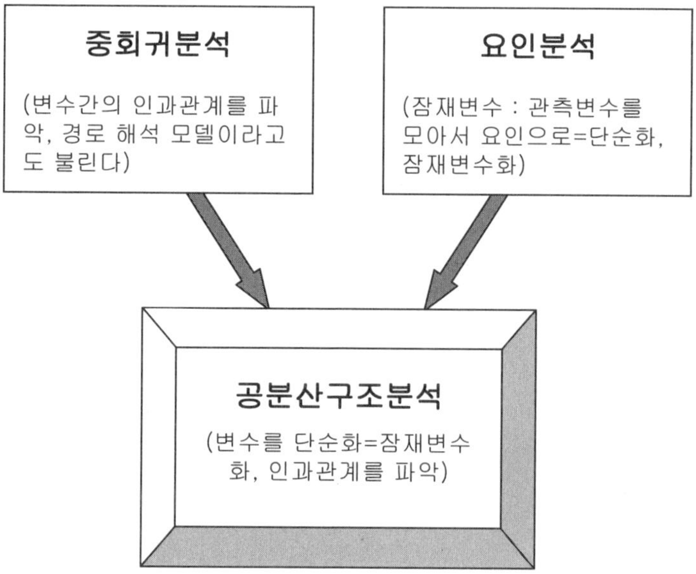

* 역자주 : 샤미센 (三味線 : 일본의 전통악기)은 나무판자 4개의 통 ; 3줄의 현 그리고 고양이 가죽 등으로 만든다.

공분산구조분석을 하는 데는 통계 소프트웨어가 필요하다. 소프트웨어 회사에 의한 학생용 등은 무료사용이 가능하며 인터넷에서 다운로드 할 수 있다.

소프트명	회사명	사이트
AMOS	Small Waters	http://www.smallwaters. com/amos/student.html
EQS	Multivariate Software	http://www.mvsoft.com/demos.htm
LISEREL	Scientific Software International	http://www.ssicentral.com/other/download.htm

여기서는 중회귀분석을 되풀이하는 경로해석이라는 방법을 설명한다. 그 뒤에 공분산구조분석을 설명하면 이해하기 쉬울 것이라고 생각한다.

① 경로해석이란

중회귀분석은 변수 간의 상관관계를 근거로 목적변수를 예측하는 방법이다.

경로 해석은 변수 간의 인과관계를 조사하는 방법이다. 상관관계와 인과관계는 다르다. 인과관계가 있으면 반드시 상관관계가 인정되지만, 상관관계가 있더라도 반드시 인과관계가 인정되는 것은 아니다.

앙케트조사의 크로스분석에서 설명한 초등학생의 학력과 발 크기의 관계를 생각해 보자. 학력과 발의 크기는 상관관계가 있지만, 인과관계는 없다.

상관관계에서 인과관계를 조사할 때, 아래의 두 조건을 충족할 필요가 있다.

경로해석에서는 변수 간의 인과관계의 강도에 주목한다. 여기서 중회귀분석의 표준편회귀계수 (데이터를 표준화 <평균 0, 표준편차 1>하기 위해, 변수의 무게가 비교 가능)를 이용해 인과관계의 강도를 알아낸다.

경로해석은 **경로도** (經路圖)라고 불리어지는 그림을 사용한다.

결과를 Y, 원인을 X라 하면, 아래와 같이 표시한다.

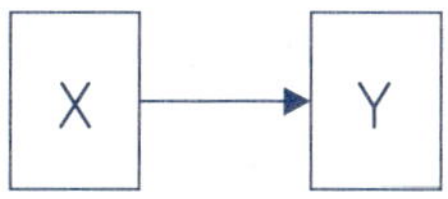

회귀분석의 식 Y = aX + b를 경로도로 나타내면,

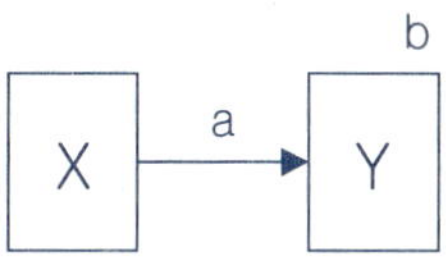

와 같이 된다.

중회귀분석에서는 Y를 목적변수, X를 설명변수라고 하지만, 경로해석이나 공분산구조분석에서는 X도 Y도 관측변수라고 부른다.

또 오차도 변수로서 조합하여 **오차변수**로서 등장시킨다. 물론 오차변수도 평균 0, 표준편차 1로 한다.

오차변수 (E)를 조합한 회귀분석 식은,

Y = a X + b E

로 나타낸다.

경로도로 나타내면,

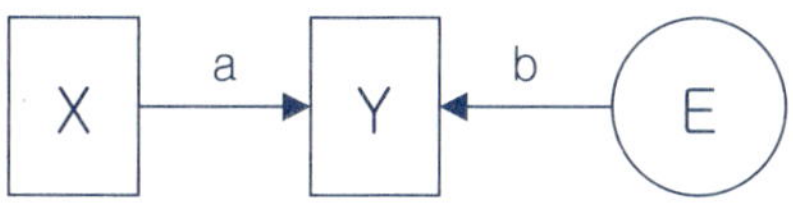

가 된다.

공분산구조분석에서도 경로도를 사용하므로 경로도의 룰을 제시한다.

경로도의 룰

- 관측변수는 4각형으로 둘러싼다.
- 잠재변수는 타원형으로 둘러싼다.
- 오차변수는 원으로 둘러싼다.
- 편방향 화살표 (↑↓ → ←)는 인과관계를 나타낸다. 화살표가 나가고 있는 변수는 원인, 화살표를 받고 있는 변수는 결과를 나타낸다.
- 화살표를 받고 있는 변수 (목적변수)에는 오차변수를 설정한다.
- 편방향 화살표에는 경로계수 (중회귀분석의 편회귀계수 또는 표준화 편회귀계수)라고 불리는 값을 표시한다. 경로계수는 인과의 강도를 나타내는 지표다.
- 쌍방향 화살표는 상관관계를 나타낸다.

② 경로해석의 계산 예 – 중회귀분석과의 비교

소비자의 절약의식 (결과, 즉 목적변수)과 잔업시간의 증감, 수입증감, 20세 이하 어린이의 수 (원인, 즉 설명변수)와 관련하여, 아래와 같은 데이터가 있다.

절약의식의 인과관계 모델 데이터

절약의식 (5 : 매우절약, …, 1: 절약하지 않는다)	20세 이하의 어린이 수	잔업시간 (5:늘었다, …, 2:꽤 감소, …, 1:없어졌다)	수입증감 (5:매우감소, …, 1:매우 증대)
5	3	1	1
1	0	5	5
2	1	3	3
3	1	3	3
4	2	2	2
3	1	2	4
5	2	3	5
4	1	4	4
1	1	2	3
2	1	4	3
1	0	3	3
3	3	3	3

이 데이터를 이용, 다음과 같은 모델을 생각할 수 있다.

변수 간의 산포도와 상관관계를 표시한다.

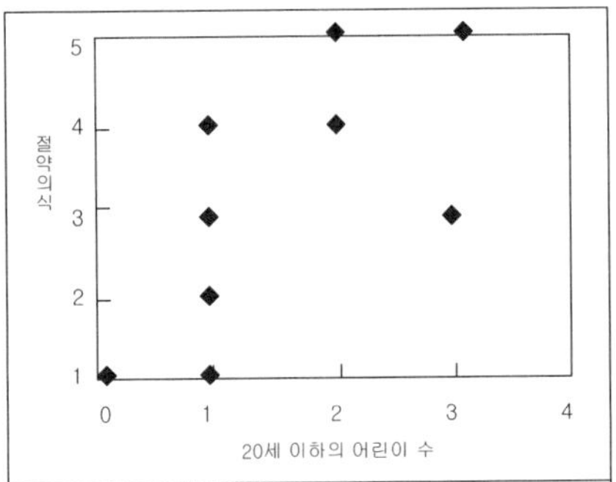

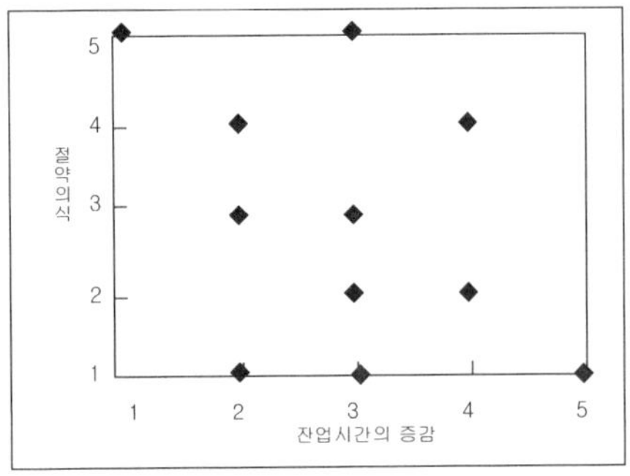

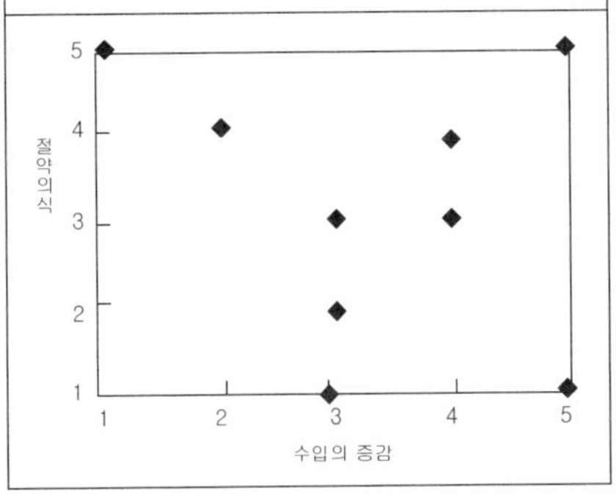

상관계수 행렬

	절약행동 (5 : 매우절약, ..., 1: 절약하지 않는다)	20세 이하 어린이 수	잔업시간 (5:늘었다, ..., 2:꽤 감소, ..., 1:없어졌다)	수입증감 (5:매우감소, ..., 1:매우 증대)
절약행동	1			
어린이 수	0.734	1		
잔업시간	-0.410	-0.568	1	
수입	-0.191	-0.487	0.682	1

절약의식을 목적변수로 하는 중회귀분석을 한다. 경로도로 중회귀분석을 나타내면, 다음과 같다.

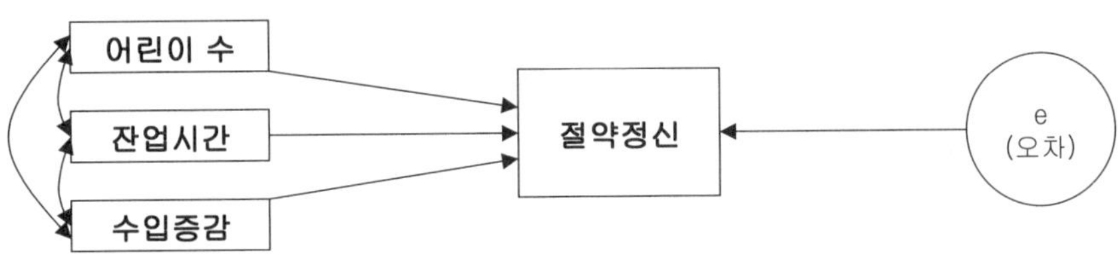

중회귀분석에서는 설명변수 간의 상관관계도 고려하고 있으므로, 설명변수 간을 쌍방향 화살표로 연결하고 있다. 경로해석에서는 설명변수 간의 상관관계는 그다지 고려하지 않는다.

중회귀분석의 결과는 아래와 같이 계산된다.

- 모델의 정도 (精度)를 나타내는 지표

  결정계수 R^2 (중상관계수의 제곱) = 0.59

- 편회귀계수는 아래와 같다.

	비표준화계수		표준화계수	t	유의확률
	B	표준오차	베타		
(정수)	0.661	1.641		0.402	0.698
20세 이하의 어린이 수	1.171	0.415	0.786	2.819	0.023
잔업시간	-0.239	0.451	-0.176	-0.529	0.611
수입증감	0.402	0.404	0.312	0.995	0.349

결정 계수의 값에서 중회귀모델의 정도 (精度)는 충분히 만족스러운 값은 아니다.

표준화 편회귀계수는 어린이 수에서만 유의한 차가 있다. (유의확률 0.05 이하). 어린이 수가 많으면 절약의식이 높다고 할 수 있다. 잔업시간이나 수입증감과 절약의식은 그다지 관계가 없는 것으로 나타났다.

변수 간의 가설도 (假說圖)를 아래에 작성해 보았다. 이 가설도에 따라 경로해석을 한다.

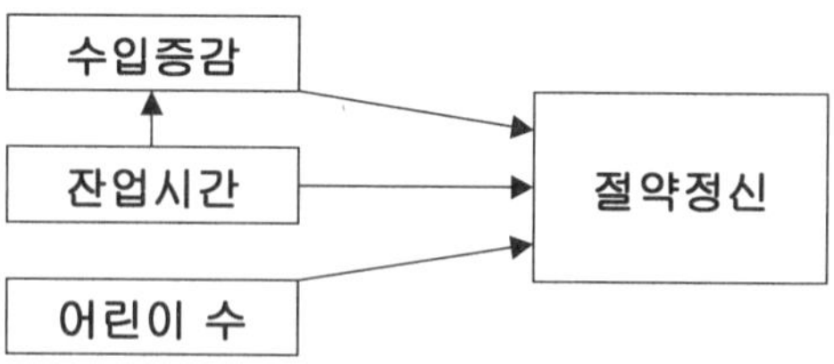

좌측 경로도의 의미는 아래와 같다.

- 절약의식은 어린이 수가 많으면 높아진다
- 잔업시간이 줄면 절약의식이 높아진다
- 수입이 줄면 절약의식이 높아진다
- 수입은 잔업시간과 관계가 있다

경로해석의 비표준해 (非標準解 ; 중회귀분석의 비표준화계수)의 결과가 표시된다. 비표준해의 결과는 중회귀식이므로 수입증감, 잔업시간, 어린이 수로부터 절약의식을 예측할 수 있다.

비표준해의 결과

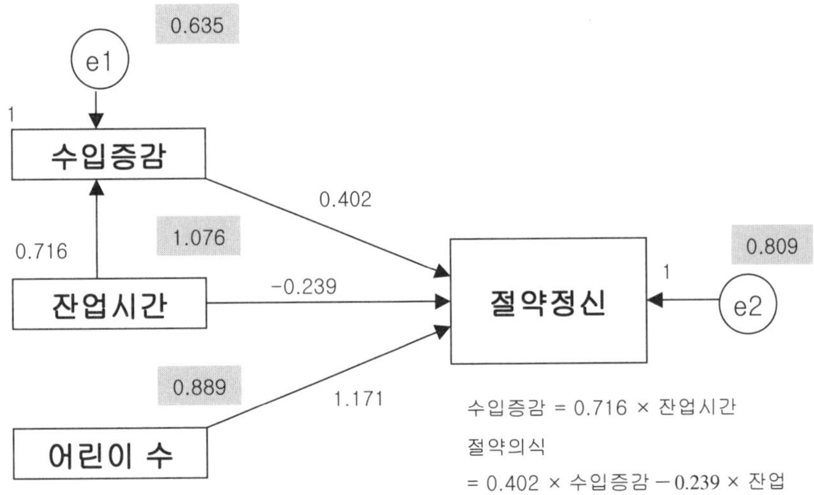

수입증감 = 0.716 × 잔업시간

절약의식

= 0.402 × 수입증감 − 0.239 × 잔업시간 + 1.171 × 어린이 수

카이제곱 = 4.558

확률수준 = 0.101

경로도에 적힌 숫자의 의미

편방향 화살표의 숫자 : 편회귀계수 (오차변수도 편회귀계수1로 가정)

설명변수의 오른쪽 어깨의 숫자 : 분산 (표준편차의 제곱)의 추정치

오차변수의 오른쪽 어깨의 숫자 : 분산의 추정치

카이제곱과 확률수준 : 데이터와 모델 적합도의 통계량이다

이 예에선, 카이제곱 값이 클수록 적합도가 양호함을 나타낸다.

확률수준이 0.05 미만의 경우는 모델을 채택해서는 안 된다.

이 경로도의 경우, 0.05 이상이므로 채택 가능하다. 채택 안하는 경우와 확률수준을 항상 시키고 싶을 때는, 경로도를 다시 그릴 필요가 있다.

또 경로해석에서는 편회귀계수를 구하는 데 최우법 (**最尤法**)을 쓰고 있다. 중회귀분석은 최소제곱법으로 구하고 있다.

경로해석의 표준해 (표준편회귀계수)도 나타난다. 표준해에 의해 인과관계의 강도를 알 수 있다.

표준해의 결과

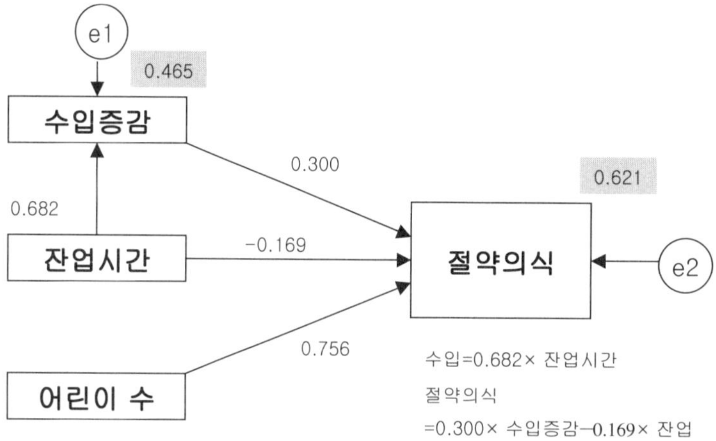

수입=0.682× 잔업시간

절약의식

=0.300× 수입증감−0.169× 잔업시간+0.756× 어린이 수

카이제곱 = 4.558

확률수준 = 0.101

경로도에 적힌 숫자의 의미

편방향 화살표의 숫자 : 표준편회귀계수

목적변수 오른쪽 어깨의 숫자 : 결정계수

비표준화계수의 검정통계량도 계산된다.

	추정치	표준오차	검정통계량	유의차
수입←잔업시간	0.716	0.232	3.091	*
절약의식←잔업시간	−0.239	0.357	−0.668	
절약의식←수입증감	0.402	0.34	1.183	
절약의식←어린이 수	1.171	0.288	4.072	*

중회귀분석과 경로해석의 정도(精度)를 비교하면 중회귀분석은 0.59, 경로해석은 0.62인데 경로해석 쪽이 정도(精度)가 약간 더 높다.

검정통계량은 1.96 이상으로 유의차가 있으므로 계수(係數)해석을 실시한다.

경로도, 모델의 적합도검정과 회귀계수의 검정결과에 따라 아래의 해석이 가능하다.

- 잔업시간이 줄면 수입이 감소하는 사람이 증가한다.
- 절약의식은 어린이 수가 많으면 높아진다. 그러나 수입증감과 잔업시간은 절약의식과 그다지 관계가 있다고 할 수 없다. 성별·연령과 처분가능 소득 등, 여기서 검토한 것 이외의 요인과 관계가 있는 것 같다.

③ 공분산구조분석의 경로도

공분산구조분석에서는 경로도는 필요불가결이다. 공분산구조분석의 통계 소프트웨어 AMOS는 경로도에서 계산해 준다.

공분산구조분석은 잠재변수 및 관측변수의 변수 간의 인간관계, 상관관계의 가설이 그 핵심이다. 자신의 원래 가설로써 경로도를 그리면, 그에 따라 통계 소프트웨어가 계산해 준다.

경로해석에서는 비표준해와 표준해 두 가지를 아웃풋 했는데, 공분산구조분석에서도 동일하다. 인과관계의 강약을 파악하는 데는 표준해의 결과를 해석하는 게 필요하다.

<요인분석 모델>

요인분석에서 소개했던「심리적 돈지갑」을 나타내는 경로도는 아래와 같다.

취미용 돈지갑 이라는 잠재변수가 있으며, 그 돈지갑을 구성하는 변수가 미술전집이나 음악회다.

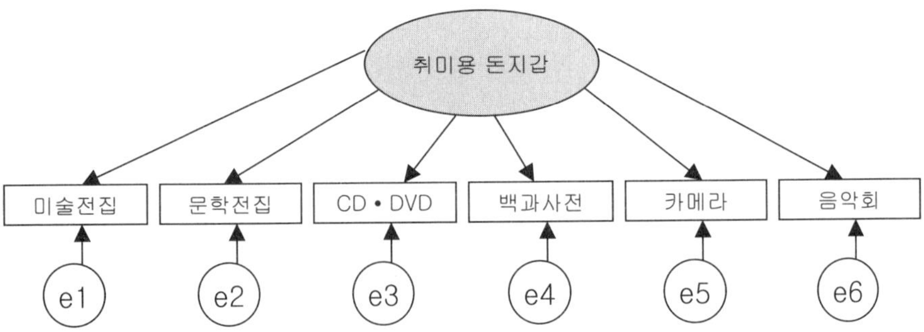

<다중지표 모델>

다중지표 모델은 요인분석 모델을 둘 이상 조합해 잠재변수로서의 요인 간에 인과관계를 지니도록 한 것이다.

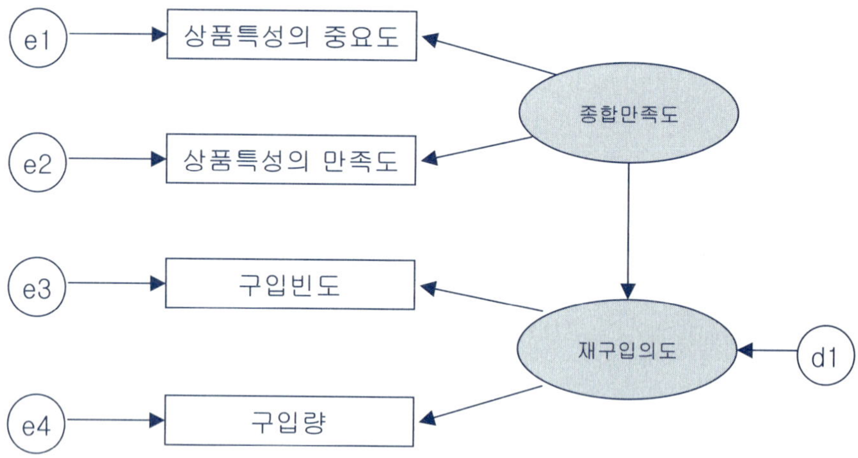

상품구입 실태조사에서, 어떤 상품특성의 중요도와 만족도의 데이터를 근거로, 중요도가 높고 만족도가 높은 것은「종합만족도(잠재변수)가 높기 때문이라고 한다.

종합만족도가 높으면 재구입의도 (잠재변수)」가 높아지며, 구입 빈도가 많아지는 등, 1회에 구입하는 양이 늘어난다고 하는 가설을 보여 주는 경로도이다.

이 경로도를 바탕으로 더 복잡한 마케팅 상황을 나타낼 수 있다. 예컨대, 각 광고미디어의 광고노출상황, 거주지역의 소매업 면적이나 대상자의 특성과 같은 변수를 추가할 수 있다.

<다(多)모집단의 동시분석>

같은 경로도를 다른 그룹에 적용하여 계산을 동시에 하는 것을 다(多)모집단의 동시분석이라고 한다.

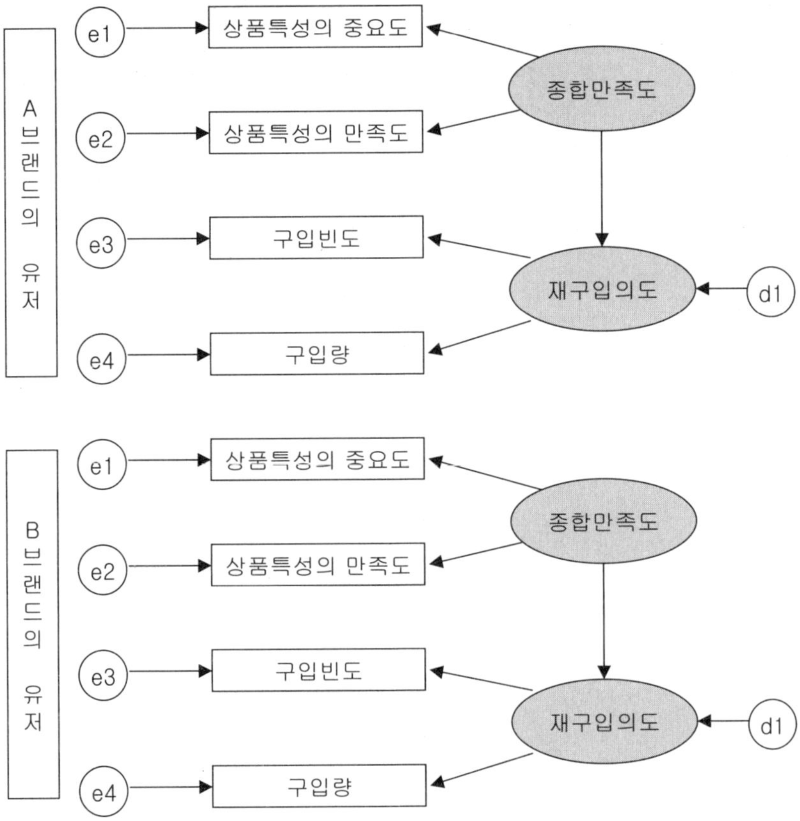

다른 그룹을 같은 경로도에 대하여 공분산구조분석을 하면, 표준편회귀계수의 크기를 비교할 수 있다. 또 그룹마다 모델의 적합도도 검정할 수 있다.

다양한 평가기준에서 의사결정을 위한

72 AHP (계층화의사결정분석방법)

다종다양한 평가항목의 중요도 웨이트를 1대1 비교에 의거해 정하는 해석기법

(1) AHP란

① 어떤 때 쓰는 방법인가

AHP (Analytic Hierarchy Process: 계층화 의사결정분석법)는 다양한 가치관이 있는 다기준(多基準)회사에 있어서 가치관의 우선 정도를 평가하기 위한 방법이다.

신제품 개발을 위한 앙케트조사에서는 여러 가지 제품 안에 대한 여러 가지 평가를 실시하여, 그 결과에서 후보 제품 하나로 최종적으로 압축한다. 이 때 제품마다 평가 웨이트가 붙으면 발매할 때의 예산배분 등에 활용될 수 있다.

AHP에선 평가항목을 계층구조(트리 化)로 하여 체계화한다. 이를테면, 아래와 같은 3층 구조이다.

AHP의 3층 구조 평가항목의 예

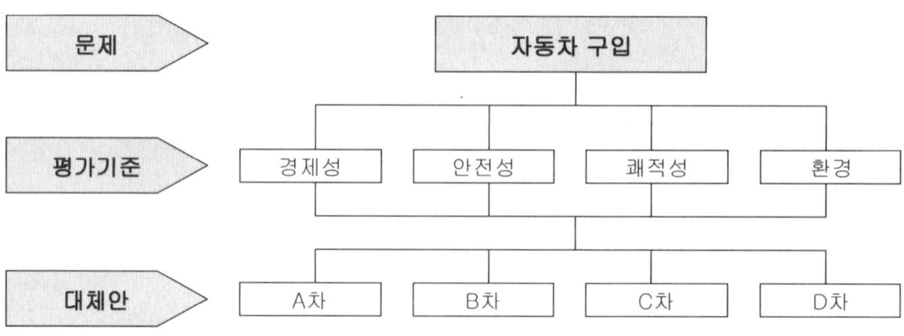

이 그림은 자동차의 구입에 있어서 네 종류의 평가기준이 있고, 평가기준마다 4개의 대체안을 검토하는 것을 의미한다. 이 같은 계층구조를 평가하기 위해서는 평가기준마다 각 대체안을 1대1 비교한다.

1대1 비교란 A차와 B차를 비교하여 어느 것이 마음에 드는지를 선택하도록 하는 것이다.

대체안이 네 가지가 있으면 조합은 여섯 종류 (A차 – B차, A차 – C차, A차 – D차, B차 – C차, B차 – D차, C차 – D차)가 있기 때문에 조합 모두에 대해 1대1 비교를 한다.

이 경우에는 평가기준에 관련된 1대1 비교가 6회, 평가기준마다 차종의 1대1 비교가 24회 (= 4종류 × 6회), 합계 30회의 1대1 비교를 하게 된다.

4층 구조의 AHP는 아래와 같다.

AHP의 4층 구조 평가항목의 예

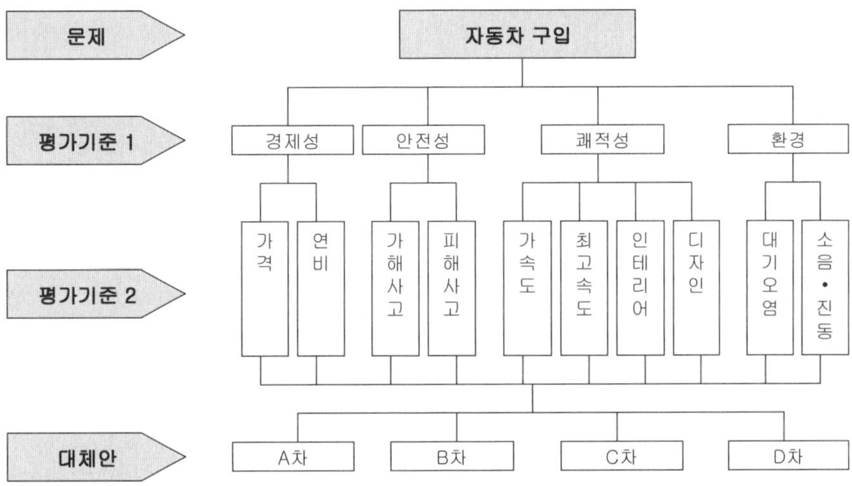

4층 구조에서는 1대1 비교의 횟수는 평가기준 1은 6회 (4종의 평가기준 1의 조합), 평가기준 2는 9회 (경제성은 가격 대 연비에서 1회, 똑같이 안전성과 환경에서 각 1회, 쾌적성에서 6회), 대체안은 60회 (평가기준 10종류 × 6회), 합계 75회가 된다.

AHP 평가는 평가항목 수나 계층구조가 많을수록 1대1 비교의 횟수가 늘어나므로, 앙케트 대상자에게 부담을 주게 된다. 또 모순되는 응답이 얻어지는 경우도 있다.

이를테면, 청색보다 적색을 선호하면 이를, 적 > 청 이라고 나타내면

적 > 청, 청 > 황, 황 > 적

의 경우는 모순되는 응답이 된다. (이러한 경우, 계산은 불가능하다).

AHP에서 질문하는 1대1 비교는 중간 포인트를 가진 9단계 척도다. 응답 양식은 아래와 같다.

AHP의 1대1 비교의 회답약식 예

	← 좌측				같은 정도	우측 →				
	최고로 중요	매우 중요	꽤 중요	약간 중요		약간 중요	꽤 중요	매우 중요	최고로 중요	
경제성										안전성
경제성										쾌적성
경제성										환경
안전성										쾌적성
안전성										환경
쾌적성										환경

AHP에선 개인별로 응답결과를 분석한다. 또한 브레인스토밍을 통해, 그룹으로서 하나만의 응답결과를 구하고, 평가항목의 웨이트를 산성하여 그룹의 총의(總意)로 간주할 수도 있다.

② AHP의 웨이트 구하기

AHP에선 1대1 비교는 아래의 기준척도를 이용해 1대1 비교표로 마무리한다.

1대1 비교의 기준척도

B와 비교해 A는	중요도
같은 정도	1
약간 중요	3
꽤 중요	5
매우 중요	7
최고로 중요	9
자기자신과의 비교는 중요도 1로 한다. 반대로 A와 비교한 B의 중요도는, B와 비교한 A의 중요도의 역수로 한다. (2, 4, 6, 8의 중요도 득점도 허용한다)	

평가기준의 1대1 비교표의 예

	← 좌측				같은 정도 1	우측 →				
	9 절대로 중요	7 매우 중요	5 꽤 중요	약간 중요 3		1/3 약간 중요	1/5 꽤 중요	1/7 매우 중요	1/9 절대로 중요	
경제성							○			안전성
경제성			○							쾌적성
경제성				○						환경
안전성							○			쾌적성
안전성		○								환경
쾌적성			○							환경

1대1 비교표를 기준으로 평가표를 작성한다

	경제성	안전성	쾌적성	환경
경제성	1	1/5	5	3
안전성	5	1	1/5	7
쾌적성	1/5	5	1	5
환경	1/3	1/7	1/5	1

1대1 비교표에는 기준척도의 값과 그 역수가 들어 있다. 경제성과 쾌적성을 비교한 척도치 5는 경제성 쪽이 쾌적성보다「꽤 중요」라고 응답된 것을 의미한다.

AHP는 이 1대1 비교표를 기준으로 웨이트를 산출한다. 웨이트는 고유값(「66 요인분석」 참조)를 구하고 나서 정교하게 계산하는 방법과 기하(幾何)평균(「50 대표값 란」 참조)을 구해서 계산하는 간편한 방법이 있다.

고유값을 구하는 정교한 방법은 비대칭행렬 (상관행렬은 대상(對象)행렬이지만 1대1 비교표의 경제성과 안정성, 안정성과 경제성에서의 다른 수치)을 대상으로 하는 계산을 한다.

기하평균을 구하는 간편법은 기하평균이 비례수의 대표치로서 사용되는 점을 이용하고 있다.

위의 1대1 비교표의 1행 째의

1	1/5	5	3

의 숫자는, 실은

1:1	1:1/5	1:5	1:3

이라는 의미다. 이 4개 비(比)의 평균을 내는 데는 기하평균이 최적이다.

AHP의 웨이트의 산출 과정은 아래와 같다.

AHP 웨이트의 산출과정

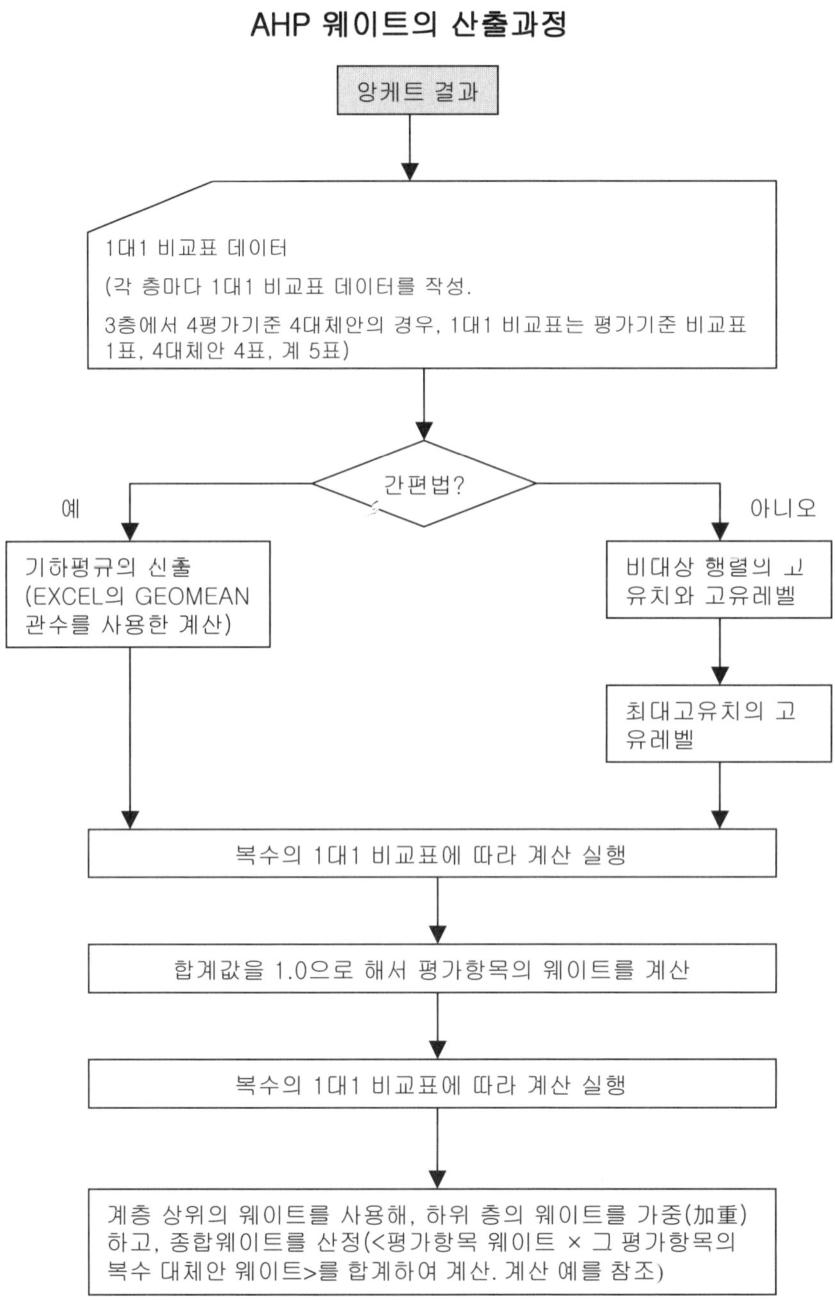

(2) 간편법에 의한 계산 예

자동차의 구입을 검토할 때의 중요도 평가를 1대1 비교표로 행하고, 간편법으로 웨이트를 계산한다.

a) 평가기준의 웨이트

	경제성	안전성	쾌적성	환경	기하평균	웨이트
경제성	1.000	0.200	5.000	3.000	1.316	0.277
안전성	5.000	1.000	0.200	7.000	1.627	0.342
쾌적성	0.200	5.000	1.000	5.000	1.495	0.315
환경	0.338	0.143	0.200	1.000	0.312	0.066
				계	4.750	1.000

b) 경제성을 고려한 차종 평가

	A차	B차	C차	D차	기하평균	웨이트
A차	1.000	0.333	0.200	2.000	0.604	0.135
B차	3.000	1.000	0.500	0.333	0.841	0.187
C차	5.000	2.000	1.000	2.000	2.115	0.471
D차	0.500	3.000	0.500	1.000	0.931	0.207
				계	4.491	1.000

c) 안전성을 고려한 차종 평가

	A차	B차	C차	D차	기하평균	웨이트
A차	1.000	2.000	0.333	0.333	0.687	0.132
B차	0.500	1.000	0.200	0.333	0.427	0.082
C차	3.000	5.000	1.000	5.000	2.943	0.564
D차	3.000	3.000	0.200	1.000	1.158	0.222
				계	5.215	1.000

d) 쾌적성을 고려한 차종 평가

	A차	B차	C차	D차	기하평균	웨이트
A차	1.000	0.200	0.333	5.000	0.760	0.158
B차	5.000	1.000	0.333	2.000	1.351	0.280
C차	3.000	3.000	1.000	3.000	2.280	0.473
D차	0.200	0.500	0.333	1.000	0.427	0.089
				계	4.818	1.000

e) 환경을 고려한 차종 평가

	A차	B차	C차	D차	기하평균	웨이트
A차	1.000	1.000	5.000	3.000	1.968	0.432
B차	1.000	1.000	3.000	1.000	1.316	0.289
C차	0.200	0.333	1.000	1.000	0.508	0.112
D차	0.333	1.000	1.000	1.000	0.760	0.167
				계	4.552	1.000

f) 종합 웨이트

	경제성	안전성	쾌적성	환경	
① 평가기준의 웨이트	0.277	0.342	0.315	0.066	
② A차	0.135	0.132	0.158	0.432	
③ B차	0.187	0.082	0.280	0.289	
④ C차	0.471	0.564	0.473	0.112	
⑤ D차	0.207	0.222	0.089	0.167	
종합 위이트	경제성	안전성	쾌적성	환경	계
A차 ①×②	0.037	0.045	0.050	0.028	0.160
B차 ①×③	0.052	0.028	0.088	0.019	0.187
C차 ①×④	0.130	0.193	0.149	0.007	0.480
D차 ①×⑤	0.057	0.076	0.028	0.011	0.172
				계	1.000

계산한 웨이트의 이전기입
a)의 웨이트
b)의 웨이트
c)의 웨이트
d)의 웨이트
e)의 웨이트

이를테면, 경제성에 관한 A차의 웨이트는 0.277 × 0.135 = 0.037으로 계산한다. 마찬가지로 안정성, 쾌적성, 환경에 대해서 계산한 뒤 합계하면 종합 웨이트가 계산된다.

AHP로 계산한 웨이트는 아래와 같이 해석한다.

4가지 평가기준의 중요도 웨이트는 안전성이 0.342, 쾌적성이 0.315, 경제성이 0.277, 환경이 0.066으로 평가되어 있다. 안전하고 쾌적한 자동차가 요구되고 있음을 알 수 있다.

차종별로 본다면, C차의 평가가 0.480 (안전성 0.193, 쾌적성 0.149, 경제성 0.130, 환경 0.007)으로, 최고이다. 환경에선 A차가 제일 높은 평가를 받고 있다.

B차와 D차는 4가지 평가기준에 따르면 특징이 보이지 않으므로, 대책이 필요하다고 하겠다.

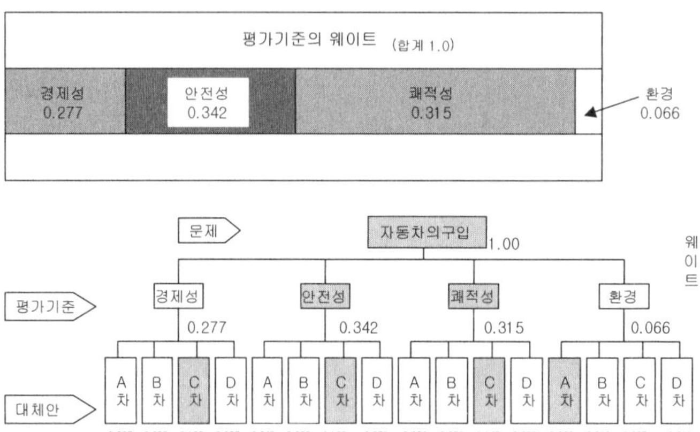

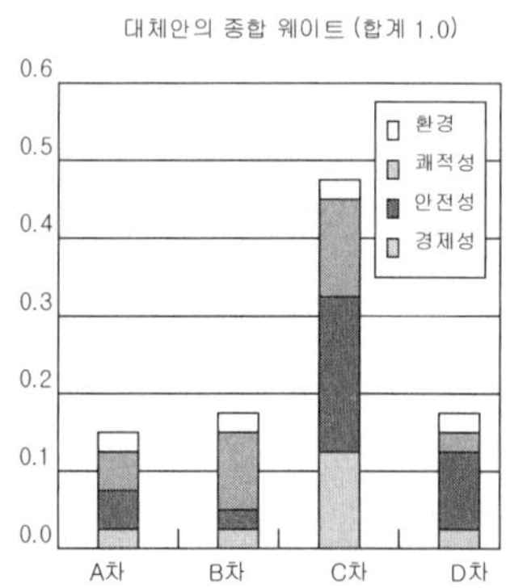

색인

숫자 / 영문자

국문

저자약력

酒井 隆 [사카이 다카시]

- (주)이크자스 대표
- 1974년 오사카시립대학 문학부 심리학과 졸업
- (주)시장조사사 입사
- 사단법인 사회개발통계연구소 연구부장 역임.
- 저서 : 「마케팅리서치 핸드북」 「도해 비즈니스실무사전 통계해석」 (일본능률협회 매니지먼트센터), 「조사·리서치활동의 진행방식」 「앙케트조사의 진행방식」 (일본경제신문사), 「문권설계, 시장조사통계분석입문」 (박지), 「능숙한 넷 앙케트 방법」 (중경출판), 「접힌 광고지 활용 매뉴얼」 (PHP연구소) 등

역자약력

박명섭

- 성균관대학교 무역학과 학 · 석 · 박사과정 수료
- 영국 리버풀대학교 경제학 박사
- 일본 코베대학 경영학부 외국인연구원 (Japan Foundation Fellow)
- 부산수산대학교 무역학과 교수 (1985.3~1996.7)
  부경대학교 국제통상학부 교수 (1996.7~2002.2)
- 현재) 성균관대 경영학부 교수, 성균관대 대학원 무역학과장
  한국해양비즈니스학회 회장

처음부터 끝까지 따라만 하면 쉽게 이해되는

앙케트조사와 통계해석

2008년 1월 23일 초판 1쇄 인쇄
2008년 1월 27일 초판 1쇄 발행
저자 / 酒井 隆
역자 / 박명섭
발행인 / 고종식
발행처 / 우용출판사
등록일 / 1997년 11월 25일
출판등록 / 제 2001-1호
주소 / 서울특별시 마포구 망원1동 338-53
전화번호 / 02)324-6577
팩시밀리 / 02)324-6177

정가 / 19,000원

ISBN / 978-89-87951-68-3